Die Einheit der Gesellschaftswissenschaften

Studien in den Grenzbereichen der Wirtschafts- und Sozialwissenschaften

Band 56

Unter der Mitwirkung von

HANS ALBERT · GERD FLEISCHMANN · DIETER FREY · KARL HOMANN
CHRISTIAN KIRCHNER · ARNOLD PICOT · VIKTOR VANBERG · CHRISTIAN WATRIN
RUDOLF WILDENMANN · EBERHARD WITTE

herausgegeben

von

ERIK BOETTCHER

Theorie des institutionellen Wandels

Eine neue Sicht der Wirtschaftsgeschichte

von

Douglass C. North

J.C.B. Mohr (Paul Siebeck) Tübingen 1988

Übersetzt aus dem Amerikanischen von Monika Streissler

CIP-Titelaufnahme der Deutschen Bibliothek

North, Douglass C.:
Theorie des institutionellen Wandels : e. neue Sicht d. Wirtschaftsgeschichte /
von Douglass C. North. [Übers. aus d. Amerikan. von Monika Streissler]. –
Tübingen : Mohr, 1988
      (Die Einheit der Gesellschaftswissenschaften ; Bd. 56)
      Einheitssacht.: Structure and change in economic history ⟨dt.⟩
      ISBN 3-16-945125-1 brosch.
      ISBN 3-16-945305-X Gewebe
      ISSN 0424-6985
NE: GT

Die Originalausgabe erschien unter dem Titel: *Structure and Change in Economic History.*
© W.W. Norton Company Inc., New York 1981

© 1988 der deutschen Ausgabe: J.C.B. Mohr (Paul Siebeck), Tübingen.

Satz von Computersatz Staiger in Unterjesingen; Druck von Gulde-Druck GmbH in Tübingen; Einband von Großbuchbinderei Heinrich Koch KG in Tübingen.

Printed in Germany.

Inhalt

Teil I: Theorie

Teil II: Geschichte

Teil III: Theorie und Geschichte

Vorwort

Dieses Buch soll ein neues Instrumentarium zur Untersuchung unserer wirtschaftlichen Vergangenheit vorstellen. Ein solches brauchen wir, weil die Werkzeuge, welche die Wirtschaftshistoriker in ihren Untersuchungen verwendet haben, sich zur Behandlung der zentralen Probleme der Wirtschaftsgeschichte als nicht geeignet erwiesen: nämlich zur Erklärung der institutionellen Struktur, die einem Wirtschaftssystem zugrundeliegt und seine Leistungsfähigkeit bestimmt, und zur Erklärung von Veränderungen dieser Struktur. Der Entwurf einer Theorie des Institutionenwandels bedeutet für den Sozialwissenschaftler eine ganz große Herausforderung. Das vorliegende Buch enthält einige – freilich keineswegs alle – Elemente einer solchen Theorie.

Seit Adam Smith bauen Wirtschaftswissenschaftler ihre Modelle auf dem felsenfesten Fundament der Handelsgewinne. Spezialisierung und Arbeitsteilung sind die Schlüssel zum *Wohlstand der Nationen*. Beim Bau ihrer Modelle haben die Ökonomen allerdings von den Kosten abgesehen, die durch derartige Spezialisierung und Arbeitsteilung entstehen. Diese Transaktionskosten sind auch Bestandteil der Institutionen, welche die Struktur politisch-wirtschaftlicher Systeme bestimmen. Der theoretische Rahmen dieses Buches schließt daher auch die anderen Sozialwissenschaften ein und erforscht sowohl politische Ordnungen als auch Ideologien als unerläßliche Erklärungsfaktoren institutionellen Wandels. Dementsprechend wendet sich das Buch auch an einen größeren Kreis als den der Wirtschaftshistoriker; und aus diesem Grunde habe ich versucht, ökonomische Fachausdrücke auf ein Mindestmaß zu beschränken. Obwohl ich in Kapitel 1 die Probleme in die formale Sprache der Wirtschaftstheorie kleide, war ich dort ebenso wie im Rest des Buches bemüht, die Argumentation auch für den Nicht-Ökonomen verständlich zu halten.

Die in Teil I vorgetragene Theorie läuft auf eine Neuformulierung eines guten Teils der Wirtschaftsgeschichte hinaus; eben diese nimmt Teil II vor – in Kapiteln, die zehn Jahrtausende abendländischer Wirtschaftsgeschichte von den Anfängen der Landwirtschaft bis ins zwanzigste Jahrhundert umspannen. Diese Gliederung der Wirtschaftsgeschichte in Abschnitte von so ungeheuren Ausmaßen läßt sich damit rechtfertigen, daß Fortschritte in der

Erklärung der Vergangenheit eine entsprechende begriffliche Grundlage voraussetzen. Unser Verständnis der Vergangenheit ist so gut wie die Theorie, die wir zu diesem Zweck heranziehen, und diese Theorie ist bislang höchst mangelhaft. Die im vorliegenden Buch gebotene Theorie und die nachfolgenden historischen Gliederungsversuche sind eine mögliche Grundlage systematischer Analyse und Überprüfung neuer Hypothesen, die ihrerseits zum Ausgangspunkt einer Suche nach neuen Beweisen werden, welche die Hypothesen abschwächen oder widerlegen.

Um einen Beitrag zu unserer Erkenntnis leisten zu können, muß die Theorie widerlegbar formuliert sein: überprüfbar entweder unmittelbar anhand von Hypothesen, die in der Untersuchung selbst enthalten sind, oder mittelbar anhand von logisch abgeleiteten Hypothesen, die aus der vorgetragenen Argumentation folgen. Insoweit als eine endgültige Überprüfung von Erklärungen der Wirtschaftsgeschichte nicht möglich ist, müssen wir erwarten, daß konkurrierende Erklärungen nebeneinander fortbestehen und zur Begründung verschiedenartiger und einander widersprechender politischer Maßnahmen herangezogen werden. Das soll nicht entmutigend klingen, sondern ist nur realistisch: Wir würden uns schlicht belügen, wenn wir glaubten, daß es eine einzige wissenschaftliche Erklärung der Vergangenheit gibt, aber wir würden andererseits der Disziplin der Wirtschaftsgeschichte einen schlechten Dienst erweisen, wenn wir nicht wenigstens versuchten, darauf hinzuarbeiten. Die fortgesetzte Suche nach überprüfbaren Hypothesen und der stete Zuwachs an Belegmaterial können die Zahl konkurrierender Erklärungen allmählich verringern. Wir werden nie in allen Fragen Einhelligkeit erzielen, aber doch in manchen, und in anderen werden wir die Menge alternativer Erklärungen verkleinern.

Dieses Buch setzt die Untersuchungen des Institutionenwandels fort, die ich mit Lance Davis (*Institutional Change and American Economic Growth*, 1971) und mit Robert Thomas (*The Rise of the Western World: A New Economic History*, 1973) begann. Ich bin beiden Mitverfassern dieser früheren Untersuchungen dankbar verpflichtet – und zudem einer großen Zahl von Ökonomen, Wirtschaftshistorikern, Historikern und Sozialwissenschaftlern anderer Disziplinen, die zu der vorliegenden Untersuchung beitrugen. Besonderen Dank schulde ich vier Lesern unterschiedlichster Herkunft, die von verschiedensten Standpunkten aus zum ganzen Manuskript eingehende Anmerkungen machten: Es sind dies George Bentson, Stanley Engerman, Margaret Levi und Mancur Olson. Außerdem verdanke ich meinem Kollegen Steven Cheung einen guten Teil meiner Kenntnisse über Transaktionskosten und Wirtschaftsordnung. Wertvolle Kommentare zu einzelnen Teilen meiner Untersuchung gaben andere Kollegen an der University of Washington ab: Yoram Barzel, Arthur Ferrill,

Michael Hechter, Paul Heyne, Robert Higgs, Levis Kochin, Carol Thomas und Dean Worcester.

Verschiedene Teile des Manuskripts dieser Arbeit probierte ich (sozusagen) an einer Reihe von Universitäten und auf verschiedenen wissenschaftlichen Tagungen aus; einzelne Kapitel legte ich außerdem Mitgliedern wieder anderer Universitäten zur Begutachtung vor. Moses Abramowitz, Armen Alchian, Ray Battalio, Richard Bean, Carl Dahlman, Victor Goldberg, Jonathan Hughes, Charles Plott, Gaston Rimlinger, Tom Saving, Theodore Schultz, Vernon Smith, Gordon Tullock, Burton Weisbrod und Oliver Williamson gaben alle besonders nützliche Kommentare ab; darüberhinaus bin ich vielen weiteren Teilnehmern von Kolloquien und wissenschaftlichen Tagungen für Verbesserungen dieser Untersuchung dankbar verbunden.

Elisabeth Case redigierte das ganze Manuskript. Dabei zwang sie mich, auf beinahe jeder Seite meine Argumentation klärend zu überdenken.

Benzonia, Michigan,
August 1980

Vorwort zur deutschen Übersetzung

Das vorliegende Buch ist von einem Wirtschaftshistoriker verfaßt, der mit seinem Werk einen wesentlichen Beitrag zur Einheit von Wirtschaftsgeschichte und Ökonomik geleistet hat. Vor hundert Jahren war die Einheit dieser Disziplinen in Deutschland mit der Vorherrschaft der Historischen Schule der Nationalökonomie fast selbstverständlich. Mit dem Vordringen der neoklassischen Ökonomik trennten sich die Disziplinen. Institutionen, die den Wirtschaftsprozeß beeinflussen, wie rechtliche Regeln, staatliche Organisationen, gesellschaftliche Werte oder Ideologien, wurden in der Ökonomik zu Daten für die Erklärung rein ökonomischer Größen wie Preise und Gütermengen; sie waren nicht mehr selbst Gegenstand ökonomischer Erklärungen, blieben aber weiterhin Probleme der Wirtschaftshistoriker. In den letzten beiden Jahrzehnten haben sich jedoch Ökonomen wieder und zunehmend mit der Erklärung der institutionellen Rahmenbedingungen des Wirtschaftsprozesses befaßt, unter anderem mit der Erklärung staatlichen Handelns, der Bildung und des Verhaltens von Interessengruppen, des Wandels von Eigentums- oder Verfügungsrechten: Viele der in der Reihe „Die Einheit der Gesellschaftswissenschaften" erschienenen Bücher zeugen davon. Diese neuen Ansätze einer institutionellen Ökonomik haben Ökonomen veranlaßt, sich wieder stärker mit historischen Fragen zu beschäftigen; andererseits haben sich Wirtschaftshistoriker − in der Bundesrepublik zum Beispiel Knut Borchardt − bei ihrer Forschung dieser Ansätze bedient.

Dem Wirtschaftshistoriker Douglass C. North kommt zweifellos das Verdienst zu, die Ansätze der institutionellen Ökonomik nicht nur anzuwenden, sondern sie auch zu einer Theorie des institutionellen Wandels weiterzuentwickeln, so daß sie den Zwecken des Historikers − und wohl auch des Ökonomen − besser gerecht werden. Der erste Teil des vorliegenden Buches dient der Entwicklung dieser Theorie, der zweite Teil ihrer historischen Anwendung und der kurze dritte Teil der Zusammenfassung von Theorie und historischer Anwendung. Da der Autor in seinem Vorwort selbst betont, daß der Zweck des Buches darin besteht, Elemente einer Theorie des institutionellen Wandels zu liefern, haben die Herausgeber den Titel *Theorie des institutionellen Wandels − Eine neue Sicht der Wirt-*

schaftsgeschichte für die deutsche Übersetzung des amerikanischen Originals *Structure and Change in Economic History* vorgeschlagen. Ein weiterer Grund für die Abwandlung des Titels besteht darin, daß der Begriff *Strukturwandel* in der deutschen ökonomischen Diskussion vorbelastet ist: Mit ihm wird vor allem der Wandel der Wirtschaftssektoren und -branchen bezeichnet und gerade nicht der Wandel der institutionellen Rahmenbedingungen.

Ein Mißverständnis könnte die Hervorhebung der Theorie des institutionellen Wandels im Titel mit sich bringen: Man könnte vermuten, daß von den Kausalfaktoren, die von der neoklassischen Theorie in den Datenkranz verwiesen worden sind, nur soziale Institutionen, Eigentums- oder Verfügungsrechte von North erklärt werden, aber nicht so wichtige Größen wie Bevölkerung oder technischer Fortschritt. Beide werden jedoch von ihm ausdrücklich als endogene Variable betrachtet. In den zwei von North besonders berücksichtigten Wirtschaftlichen Revolutionen, beim Übergang von der Ökonomie der Jäger und Sammler zur seßhaften Agrarökonomie vor rund zehntausend Jahren und bei der Industriellen Revolution vor rund zweihundert Jahren, werden nicht veränderte Techniken – des Landbaus und der Domestizierung von Tieren in der einen oder neue Energie- und Produktionstechniken in der anderen Revolution – als auslösende Faktoren angesehen, sondern veränderte Verfügungsrechte, die ihrerseits die Anreize zu technischen Neuerungen erhöhten und die damit die Grundlage für einen schrittweisen, aber kumulativen Prozeß des technischen Fortschritts in beiden Zeiten stark beschleunigten wirtschaftlichen Wachstums bildeten.

Einen entscheidenden Faktor für die Erklärung der Änderung von Eigentums- oder Verfügungsrechten (*property rights*) bilden Veränderungen der Transaktionskosten, in diesem Fall der Kosten der Einführung und der Befolgung von Verfügungsrechten. Diese Kosten entstehen unter anderem dadurch, daß die an den geänderten Eigentums- oder Verfügungsrechten interessierten Personen oder Gruppen diese Rechte nicht selbst durchsetzen können, sondern sich dazu Beauftragter bedienen müssen und daß diese davon abgehalten werden müssen, dabei ihre eigenen abweichenden Interessen bevorzugt zu berücksichtigen. Zur Klärung derartiger Probleme der Kontrolle der Kontrolleure ist von Ökonomen die *agency theory* entwickelt worden, in der dem *principal* Kosten der Motivierung und Kontrolle des von ihm beauftragten *agent* entstehen. Beide Handlungsfiguren sind auf Anregung der Herausgeber auch in der Übersetzung mit ‚Prinzipal‘ und ‚Agent‘ bezeichnet worden, obwohl deutlich war, daß diese Wörter etwas altertümlich klingen. Aber diese Künstlichkeit macht andererseits klar, daß es sich um Begriffe einer Theorie handelt, die nicht nur auf wirtschaftliche Tatbestände angewendet werden kann. In marktwirtschaftlichen Zusammenhängen könnte der *Prinzipal* meistens angemessen mit Eigentümer und der *agent* mit Geschäftsführer übersetzt werden, aber einen Polizisten, der die Gesetze des Parlaments durchsetzt, wird man nicht Geschäftsführer nennen wollen.

Die Herausgeber sind dem Verleger, Herrn Georg Siebeck, sehr dankbar für seine Entscheidung, dieses für die Sozialwissenschaften wichtige Buch in deutscher Sprache zu veröffentlichen, obwohl Übersetzungen wissenschaftlicher Schriften mit einem hohen Risiko verbunden sind. Nicht minder dankbar sind sie der Übersetzerin, Frau Dr. Monika Streissler, dafür, daß sie aus dem schwierigen multidisziplinären Werk einen deutschen Text geschaffen hat, der nicht nur den gemeinten Sinn des Originals treffend zum Ausdruck bringt, sondern der es auch dem Leser leicht macht, den Gedanken des Autors zu folgen.

Kronberg, Januar 1988   Gerd Fleischmann

Teil I

Theorie

Kapitel 1

Fragestellung

Ich betrachte es als die Aufgabe der Wirtschaftsgeschichte, Struktur und Leistung von Wirtschaften über die Zeit zu erklären. „Leistung" ist für mich das, woran Ökonomen typischerweise interessiert sind – etwa Produktionsmenge, Verteilung von Kosten und Nutzen, Stabilität der Produktion. Bei der Erklärung der Leistung liegt das Schwergewicht auf den Größen Gesamtausstoß, Pro-Kopf-Ausstoß und Verteilung des Einkommens der Gesellschaft. Unter „Struktur" verstehe ich jene Merkmale einer Gesellschaft, die wir als die entscheidenden Bestimmungsgrößen der Leistung ansehen. Hierzu zähle ich die politisch-wirtschaftlichen Institutionen, die Technik, die Bevölkerungsmerkmale und die Ideologie einer Gesellschaft. „Über die Zeit" heißt, daß Wirtschaftsgeschichte die zeitlichen Veränderungen in Struktur und Leistung erklären sollte. Schließlich bedeutet „Erklärung" ausdrückliches Theoretisieren und die Möglichkeit der Widerlegung.

Die vorliegende Untersuchung konzentriert sich auf zwei wesentliche, aber vernachlässigte Aufgaben der Wirtschaftsgeschichte: das Theoretisieren über die Struktur von Wirtschaften und die Erklärung der Stabilität bzw. des Wandels eben dieser Strukturen. Die Leistung will ich unter dem Gesichtspunkt von Gesamtausstoß und Pro-Kopf-Ausstoß betrachten; dazu werde ich mich eines einfachen neoklassischen Modells bedienen. Um aber sowohl die Einkommensverteilung wie die Struktur einer Wirtschaft erklären zu können, müssen wir über die Grenzen der herkömmlichen neoklassischen Betrachtung hinausgehen.

Ich will zunächst die wichtigsten Merkmale der neoklassischen Analyse der Leistung von Wirtschaften skizzieren. Diese Betrachtungsweise geht davon aus, daß angesichts allseitiger Knappheit Wirtschaftssubjekte Entscheidungen treffen, die eine bestimmte Konstellation von Bedürfnissen, Bedarfen oder Präferenzen zum Ausdruck bringen. Diese Entscheidungen werden im Hinblick auf die durch sie ausgeschlossenen Möglichkeiten (englisch: *opportunities*) getroffen. So bestehen die Opportunitätskosten einer zusätzlichen Arbeitsstunde (und des entsprechenden Einkommens) in der entgangenen Freizeit. Die Annahme eines nutzen- oder wohlstandsmaximierenden Verhaltens setzt voraus, daß die Wirtschaftssubjekte ihre Präferenzen für Einkommen, Freizeit usw. in stabiler Weise geordnet haben und daß die Marginalentscheidung (z. B. eben die Entscheidung eines Wirtschafters, eine zusätzliche Stunde zu arbeiten) einen Abtausch zwischen dem, was man bekommt (nämlich mehr Einkommen) und dem, was einem dadurch entgeht (hier Freizeit), vorstellt.[1] Diese Verhaltensannahme ist auf alle Arten von Wirtschaftsordnungen anwendbar: kapitalistische, sozialistische, was auch immer.

Da das Maximierungskalkül voraussetzt, daß Wirtschaftssubjekte mehr Güter (und Leistungen) weniger Gütern vorziehen, und da durch Vergrößerung des Produktionspotentials (auf Kosten der Produktion für laufenden Konsum) mehr Güter erzeugt werden können, werden Wirtschaftssubjekte dementsprechend einen Teil ihrer Anstrengungen auf die Vergrößerung des Kapitalbestandes richten, denn dessen Größe bestimmt den Güter- und Leistungsstrom, der den Ausstoß der in Frage stehenden Wirtschaft ausmacht. Die Größe des Kapitalbestandes wird von der Menge des Humankapitals (Arbeit), des Sachkapitals (Maschinen, Fabriken, agrartechnische Verbesserungen usw.) und der Bestände an Naturschätzen bestimmt. Diese hängen ihrerseits von der verfügbaren Technologie (d. h. von Art und Ausmaß der Beherrschung der Naturkräfte durch den Menschen) ab, welche die Leistungsfähigkeit der Arbeit (des Humankapitals) und die Qualität des Sachkapitals bestimmt und zugleich festlegt, was als Naturschätze zu gelten habe. Der technische Wandel wird als endogen angenommen und als das Ergebnis einer Investition einzelner Mitglieder der Gesellschaft in Erfindungen und Neuerungen betrachtet. Das „Erfindungspotential" ist jedoch seinerseits durch den gegebenen Wissensstand (das Verständnis der natürlichen Umwelt) bestimmt.

Der für die Größe des Ausstoßes entscheidende Kapitalbestand ist also eine Funktion der Bestände an Sachkapital, Humankapital, Naturschätzen, Technologie und Wissen. Maximierungsverhalten bewirkt eine Investition in denjenigen Teil des Kapitalbestandes, der jeweils die höchste Verzinsung erbringt; dieser Bestand wird daher relativ zu den anderen Beständen größer, was für einen Ausgleich der verschiedenen Zinssätze sorgt. Neue Arten von Sach- und Humankapital werden dann erfunden und neue Arten von Naturschätzen entdeckt werden, wenn die Verzinsung von Mitteln, die man dem Konsum entzieht (also von Ersparnissen) und in Erfindungen oder in die Entdeckung besonderer technischer Verfahren und Naturschätze investiert, den Ertrag aus einer Vermehrung der schon bestehenden Arten von

---

[1] Eine orthodoxe Erörterung der neoklassischen Annahmen findet sich in der Einführung zu BECKER (1976). Sehr nützlich war mir Floyds ausgezeichnete Darstellung der neoklassischen Methode in ihrer Anwendung auf das Wirtschaftswachstum (FLOYD, 1969).

Maschinen und Fertigkeiten übersteigt. Nimmt das Arbeitskräfteangebot relativ zum Kapitalbestand zu, so wird es gewinnbringend, die Erscheinungsformen von Human- und Sachkapital so zu verändern, daß dadurch Veränderungen der Kapitalintensität entsprochen wird. Ähnliche Anpassungen können im Hinblick auf den Bestand an Naturschätzen vorgenommen werden.

Unter diesen Voraussetzungen werden das Wachstum des Ausstoßes insgesamt und das Wachstum des Pro-Kopf-Ausstoßes durch die Höhe der Ersparnisse (bzw. der Investitionen) relativ zum Einkommen und durch die Bevölkerungswachstumsrate bestimmt. Bewirkt der gesparte (und investierte) Bruchteil des Einkommens ein Wachstum des Ausstoßes genau im Ausmaß des Bevölkerungswachstums, so ist das Einkommenswachstum pro Kopf gleich null. Andererseits wird eine Sparrate, die höher als die Rate des Bevölkerungswachstums ist, eine positive Rate des Einkommenswachstums pro Kopf zur Folge haben.

Vom Standpunkt des Wirtschaftshistorikers scheint diese neoklassische Formulierung allen interessanten Fragen auszuweichen. Sie hat es mit einer reibungslosen Welt zu tun, in der es keine Institutionen gibt und in der jede Veränderung auf einem vollkommen funktionierenden Markt vor sich geht. Kurz gesagt, es gibt keine Informationskosten, keine Unsicherheit und keine Transaktionskosten. Gerade durch diese Einschränkung aber deckt das neoklassische Modell die zugrundeliegenden Annahmen auf, die wir untersuchen müssen, wenn wir eine brauchbare Theorie von Struktur und Wandel aufstellen wollen.

Erstens einmal legt das Modell eine Anreizstruktur zugrunde, die es den einzelnen Wirtschaftern ermöglicht, die sozialen Erträge einer Investition in jedem Punkt einzustreichen: Private und soziale Erträge sind einander also gleich. Zweitens nimmt es an, daß Aneignung und Anwendung neuen Wissens nicht mit abnehmenden Erträgen verbunden sind, indem es die Möglichkeit der Vergrößerung des Bestandes an Naturschätzen zu konstanten Kosten unterstellt. Drittens nimmt es eine positive Verzinsung von Ersparnissen an, viertens den Ausgleich der privaten und der sozialen Kosten von Kindern und schließlich fünftens die Übereinstimmung zwischen den Entscheidungen der Wirtschafter und den von diesen gewünschten Ergebnissen. Betrachten wir diese Punkte der Reihe nach.

Erschöpfende Spezifikationen und kostenlose Durchsetzung von Eigentumsrechten (also Transaktionskosten von null) sind Voraussetzung für die Gültigkeit der ersten Annahme. Eine solche Voraussetzung aber war noch nie verwirklicht; und heute sind − so, wie das in der Geschichte immer war − viele Produktionsmittel eher im Gemein- als im Sondereigentum. Das heißt nichts anderes, als daß die Bedingungen, unter denen die effiziente Grenzkostenausgleichslösung hätte verwirklicht werden können, niemals erfüllt waren — in der Römischen Republik so wenig wie im zwanzigsten Jahrhundert in den USA oder in der UdSSR. Im besten Fall konnten Gesellschaften die private Verzinsung der sozialen Verzinsung genügend annähern, um ausreichende Anreize für ein aktives Interesse am Wirtschaftswachstum zu schaffen. Jedoch läßt die Tatsache, daß im Verlaufe der Geschichte Wachstum seltener ist als Stagnation oder wirtschaftlicher Rückgang, darauf schließen, daß „effiziente" Eigentumsrechte ungewöhnlich sind. Insbesondere fehlte es gänzlich oder doch fast gänzlich an der Möglichkeit, die sozialen Vorteile von Verbesserungen des Wissensstandes bzw. der Technologie individuell zu nutzen. Infolgedessen war nicht nur der technische Fortschritt im Verlauf der Geschichte meistenteils langsam, sondern darüberhinaus stellt die Tatsache der abnehmenden Erträge beim Bestand an Naturschätzen das erheblichste ökonomische Dilemma der Menschheit dar.

Mit diesem Dilemma sind wir bei der zweiten Annahme des Modells. Erst die Moderne hat Naturwissenschaft und Technik so zu verbinden gewußt, daß das Problem abnehmender Erträge tatsächlich bewältigt wurde. Westliche Volkswirtschaften haben zwar im letzten Jahrhundert keine Abnahme der Erträge ihrer Naturschätze mehr verzeichnet, hatten damit aber in früheren Zeiten ganz entschieden zu kämpfen gehabt.

Auch die positive Verzinsung von Ersparnissen hängt von der Struktur der Eigentumsrechte ab. Im Laufe der Geschichte waren der Anteil der Ersparnisse am Einkommen und die Rate der Kapitalbildung (sowohl für Sach- wie für Humankapital) in der Regel äußerst niedrig, zuweilen auch null oder negativ. Die Sicherung der Eigentumsrechte war ein entscheidender Faktor für die Höhe der Sparrate bzw. der Kapitalbildung.

Ein Zusammenfallen der privaten und sozialen Kosten von Kindern würde nicht nur die Manipulierbarkeit der menschlichen Fortpflanzung voraussetzen, sondern auch das Vorhandensein eines Systems von positiven und negativen Anreizen, welches die individuellen Fortpflanzungsentscheidungen unverzüglich allfälligen Veränderungen der sozialen Kosten einer vergrößerten Bevölkerung anpassen würde. Das wiederholte Auftreten malthusianischer Krisen in der Geschichte beweist mehr als hinlänglich, daß diese Voraussetzungen nicht gegeben waren.

Schließlich kommen wir zur letzten Annahme — der Übereinstimmung von Entscheidungen und deren Ergebnissen. Eine überzeugende Erkenntnis der neoklassischen Theorie mit wesentlichen Folgerungen für die Wirtschaftsgeschichte ist die, daß bei Unsicherheit keine individuelle Gewinn- bzw. Vermögensmaximierung vorgenommen werden kann (da niemand mit Sicherheit das Ergebnis seiner Entscheidung kennt), es aber im Ergebnis nichtsdestoweniger zu solcher Vermögensmaximierung kommt. Es kommt deshalb dazu, weil angesichts allseitiger Knappheit der Wettbewerb dafür sorgt, daß die effizientere Institution, Politik oder individuelle Handlung sich durchsetzen und die nicht-effizienten untergehen werden.[2] Diese Erkenntnis ist Voraussetzung für ein Verständnis der Entwicklung institutioneller Erscheinungsformen wirtschaftlicher Ordnung, aber in einer Welt nicht-marktmäßiger Entscheidungen halten sich ineffiziente Formen politischer Strukturen über lange Zeitspannen. Andernfalls wäre es nicht wichtig, daß Einzelpersonen, Gruppen und Klassen die Wirklichkeit verschieden wahrnehmen, zur Erklärung ihrer Umwelt verschiedene Theorien aufzählen und je verschiedene, und zwar einander widersprechende, politische Programme verfolgen. „Falsche" Theorien, die sich in ihrer Anwendung als ineffizient erweisen, würden zum Untergang der sie vertretenden Gruppen führen – im Gegensatz zu Gruppen mit Theorien, die effizientere praktische Ergebnisse zeitigen. Aber die Fortdauer ineffizienter politischer und wirtschaftlicher Strukturen läßt ihrerseits die Existenz konkurrierender Ideologien zu einem kritischen Verständnisproblem der Wirtschaftsgeschichte werden. Die sozialbiologischen Erkenntnisse betreffend die Überlebensmerkmale menschlicher Gesellschaften sind ein wichtiger Beitrag zu dessen Lösung, doch müssen sie im Zusammenhang mit der offenkundigen Tatsache gesehen werden, daß zumindest über die Zeitspannen, die lang genug sind, um den Historiker interessieren zu müssen, die menschliche Zivilisation verschiedenartige, einander widersprechende und ineffiziente Lösungen entwickelt.

Diese Herausarbeitung der Annahmen des neoklassischen Modells zeigt die Richtung an, die ich im vorliegenden Buch einschlagen werde. Die Erklärung wirtschaftlicher Leistung in der Geschichte setzt eine Theorie des Bevölkerungswandels, eine Theorie der Vergrößerung unseres Wissensstandes und eine Theorie der Institutionen voraus, die gemeinsam die Lücken in dem oben skizzierten neoklassischen Modell ausfüllen sollen. Was das erste Erfordernis angeht, so habe ich das Nötige der vorhandenen Literatur über den Bevölkerungswandel entnommen. Den Veränderungen unseres Wissensstandes wird im Zusammenhang mit Veränderungen der Anreizstrukturen, wie sie in Institutionen eingebaut sind, nachgegangen. Den ersten Schwerpunkt der vorliegenden Untersuchung bildet eine Theorie der Institutionen. Ihre Bestandteile sind folgende:

1. eine Theorie der Eigentumsrechte, welche individuelle und Gruppenanreize in dem in Frage stehenden System beschreibt;

---

[2] Die klassische Formulierung dieses Arguments findet sich bei ALCHIAN (1950). Die Ausdrücke „effizient" und „ineffizient", wie in der vorliegenden Arbeit verwendet, dienen zum Vergleich der Auswirkungen zweier Gruppen von Nebenbedingungen: Im einen Fall wird maximierendes Verhalten der Teilnehmer Ausstoßsteigerungen bewirken, im anderen nicht.

2. eine Theorie des Staates, denn der Staat schafft die Eigentumsrechte bzw. setzt sie durch;

3. eine Theorie der Ideologie, die erklärt, wie individuell unterschiedliche Wahrnehmungen der Wirklichkeit die Reaktion der einzelnen auf Änderungen der „objektiven" Situation beeinflussen.

In den folgenden vier Kapiteln werde ich die Grundzüge einer Theorie der Struktur von Wirtschaftsordnungen entwickeln; zuvor muß ich jedoch das andere grundlegende Problem darlegen, das der Wirtschaftshistoriker lösen muß: nämlich das Problem des historischen Wandels (bzw. sein Gegenstück: die Stabilität einer Wirtschaftsordnung).

Ich kehre zu dem oben skizzierten neoklassischen Modell zurück. In diesem Modell gibt es keine Organisation oder Institution außer dem Markt; Veränderungen ereignen sich im Rahmen dieses Modells über Veränderungen der relativen Preise in einem unpersönlichen Markt. Ein derartiges Modell gibt uns ein Instrumentarium an die Hand, das sich nicht nur bestens zur Erklärung des sich selbst regulierenden Marktes eignet, sondern das ebenso gut zeigen kann, wie der Markt auf eine Änderung der Parameter reagiert. Es ist der Mühe wert, hierauf näher einzugehen, denn es handelt sich hier um eine der aussagekräftigsten Erkenntnisse der neoklassischen Wirtschaftstheorie in ihrer Anwendung auf die Geschichte.

Der Einfachheit halber betrachten wir die Veränderung, die sich in einer politisch-wirtschaftlichen Einheit mit gegebener Bodenfläche und ohne Außenhandel (oder Mobilität von Produktionsfaktoren) als Folge eines Bevölkerungswachstums ergibt. Dessen unmittelbares Ergebnis ist ein Preisanstieg bei Nahrungsmitteln (und Rohstoffen), da die kurzfristige Angebotskurve weniger als vollkommen elastisch ist. Das heißt, ein Anbieter von Nahrungsmitteln stellt fest, daß zum bisherigen Preis mehr Personen seine Nahrungsmittel kaufen wollen und ihm somit seine Vorräte ausgehen; daher erhöht er den Preis. Das Realeinkommen eines Arbeiters geht zurück, weil er von seinem Lohn weniger Nahrungsmittel als bisher kaufen kann; das Realeinkommen des Grundbesitzers steigt, weil der Verkauf derselben Produktmenge ihm nunmehr ein höheres Einkommen erbringt. Da die mögliche Rentabilität von Grund und Boden steigt, geht der Preis von Grund und Boden in die Höhe. Anleger werden die Kapitalintensität der Bodennutzung erhöhen, weil es rentabler wird, auf einer gegebenen Bodenfläche durch Einsatz von mehr Kapital (bessere Entwässerung, stärkere Bewässerung usw.) einen größeren Ausstoß zu erzielen. Das genaue Ausmaß des zusätzlichen Aufwandes hängt von den Produktionsfunktionen (d. h. dem Stand des technischen Wissens) ab. Auf diesem Wege wird selbst innerhalb kurzer Zeit die Angebotskurve für Nahrungsmittel elastischer. Damit ist der Anpassungsprozeß aber noch keineswegs abgeschlossen. Die Kosten von Kindern sind für den Arbeiter gestiegen, und um nicht ihr Lebenshaltungsniveau senken zu müssen, wird die Arbeiterfamilie beschließen, weniger Kinder zu haben. Eine Veränderung der Produktionsfunktion durch Entwicklung neuer Verfahren der Nahrungsmittelerzeugung (Entwicklung neuen Düngers oder Saatgutes, Züchtung ertragreicherer Pflanzen und Tiere) wird die Rentabilität der Bodennutzung verbessern. Langfristig wird also die Rate des Bevölkerungswachstums zurückgehen und das Nahrungsmittelangebot größer werden (d. h. die langfristige Angebotskurve kann vollkommen elastisch sein). Der Reallohn des Arbeiters steigt, und der Bodenpreis fällt bis auf den ursprünglichen Gleichgewichtspreis.

Wie der Leser sofort bemerkt, nimmt dieses neoklassische Modell die Übereinstimmung von privaten und sozialen Kosten und Nutzen an (also erschöpfend geregelte und kostenlos durchgesetzte Eigentumsrechte). Zu dem Modell gehört wesentlich, daß die Anpassung vermittels marginaler Veränderungen infolge der „Signale", welche die Veränderungen der relativen Preise geben, vor sich geht. Die Veränderungen der relativen Preise leiten die Produktionsfaktoren in ihre einträglichsten Verwendungen, und alle Veränderungen sind unverzügliche Reaktionen maximierender Wirtschaftssubjekte auf Veränderungen von Nutzen und Kosten.

Betrachten wir nun dieselbe Situation nochmals, aber wirklichkeitsnah, nämlich unter Berücksichtigung von Institutionen und positiven Transaktionskosten. Die ursprüngliche Verschiebung der Nachfrage führt zusammen mit der unelastischen Angebotskurve der Agrarproduktion zu einem Anstieg des Marktpreises, doch hängt der Anpassungsprozeß von den Informationskosten ab. Je „dünner" der Markt und je primitiver das Verfahren der Informationsverbreitung, umso länger die Zeitspanne, die für den Anpassungsprozeß nötig ist. Darüberhinaus kann jeder Arbeiter (besonders der städtische Arbeiter), der über eine gewisse Zeit ein standesgemäßes Lebenshaltungsniveau hatte, gegen die steigenden Nahrungsmittelpreise protestieren oder von der Regierung die Einführung von Höchstpreisen zur Verhinderung von Preissteigerungen verlangen. Der potentielle Wert von Grund und Boden wird steigen, wenn es aber gewohnheitsrechtliche Abmachungen über Grund und Boden (oder ein Veräußerungsverbot) gibt, so ist ungewiß, wie die Anpassung erfolgen wird. Sofern keine ausschließlichen Eigentumsrechte an Grund und Boden bestehen, muß ein Bauer nicht in der Lage sein, sich den erhöhten Ertrag der stärker kapitalintensiven Bodennutzung anzueignen. Bauern können den Staat um die Änderung von Eigentumsrechten in dem Sinne ersuchen, daß sie den ausschließlichen Nutzen aus dem Grundbesitz ziehen; aber wenn diejenigen Wirtschaftssubjekte, die bislang die Bodennutzung hatten, fortan davon ausgeschlossen wären, so werden diese solche Veränderungen der Eigentumsrechte ablehnen. Die sozialen Kosten von Kindern werden steigen, deren private Kosten nicht im selben Maße (da der Gesellschaft neben den

Kosten, die der Familie entstehen, auch die Kosten einer zusätzlichen Arbeitskraft, deren Vorhandensein den Lohnsatz drückt, bzw. eines weiteren Menschen, der die Bevölkerungsdichte und damit die mögliche Verbreitung von Krankheiten erhöht, erwachsen). Die Folge kann eine relativ zum sozialen Optimum verzögerte Reaktion sein. Die Rentabilität einer Investition in neues Wissen und in die Entwicklung neuer Verfahren setzt ein gewisses Maß von Eigentumsrechten an Ideen und Neuerungen voraus. Fehlen solche Rechte an geistigem Eigentum, so muß eine neue Technologie nicht Wirklichkeit werden.

Diese Darstellung erschöpft keineswegs die möglichen Folgen einer Bevölkerungsvermehrung, läßt aber die zwei Grundfragen des vorliegenden Buches deutlich werden:

1. Es ist wesentlich, genau die Struktur einer Wirtschaftsordnung darzustellen, wenn die Dynamik der Leistung dieser Wirtschaft in sinnvoller Weise untersucht werden soll.

2. Während einige der Veränderungen genau in der von der neoklassischen Theorie vorhergesagten Weise marginal erfolgen werden (d. h., daß Veränderungen der individuellen Kosten und Nutzen automatisch Verhaltensänderungen bewirken werden), wird das bei anderen nicht so sein. Um bei unserem Beispiel zu bleiben: Es läge nicht im Interesse eines einzelnen städtischen Arbeiters, Unruhe zu schüren und sich den Gefahren, die ein solches Vorgehen für Leib und Leben hat, auszusetzen. Das neoklassische Wirtschaftssubjekt würde sich still verhalten und den Aufstand anderen überlassen. Ebenso wenig lohnend wäre es für den Bauern, die Kosten der Organisation einer Petition an die Regierung zur Veränderung von Eigentumsrechten auf sich zu nehmen — oder für die potentiellen Verlierer die Organisation einer entsprechenden Gegenaktion. In jedem Falle würde das Schwarzfahrerdilemma ein anderes Ergebnis nahelegen.

Sehen wir uns das Schwarzfahrerproblem genau an. Mancur Olson (1968) erweiterte das neoklassische Paradigma, um die Formen von Gruppenverhalten, die in einer neoklassischen Welt vorkommen, berücksichtigen zu können. Er stellte fest, daß es kleine Gruppen gebe, in denen die individuellen Nutzen eines Gruppenhandelns dessen Kosten überstiegen oder in denen einzelne zum Handeln gezwungen werden könnten, und daß es große Gruppen gebe (z. B. Ärztevereinigungen und Gewerkschaften), deren Mitglieder individuelle Vorteile erlangen könnten, die Nichtmitgliedern unerreichbar seien. Er zeigte auch, daß große Gruppen, die zum Zwecke der Herbeiführung von Veränderungen organisiert würden, ihren Mitgliedern aber nicht auch irgendwelche exklusiven Vorteile bieten könnten, eher unstabil seien und verschwänden. Im wesentlichen besagt seine Theorie: Rationale Einzelpersonen werden die Kosten der Teilnahme an der Aktion einer großen Gruppe nicht zu tragen bereit sein, wenn sie die individuellen Vorteile ebenso gut als Schwarzfahrer nützen können.

Olsons Untersuchung wirft für den Wirtschaftshistoriker eine grundlegende Frage auf. Die unbefangene alltägliche Beobachtung bestätigt, daß Schwarzfahrerverhalten überall vorkommt. Aber die unbefangene Beobachtung bestätigt ebenso das Vorhandensein unzähliger Fälle, in denen es zu Aktionen großer Gruppen kommt, die eine wesentliche Triebkraft für Veränderungen sind — wobei solche Aktionen jedoch mit neoklassischen Mitteln schlechtweg unerklärbar sind. Der Wirtschaftshistoriker, der sein Modell in neoklassischer Manier konstruierte, hat darin einen grundlegenden Widerspruch eingebaut, denn das neoklassische Modell kann einen guten Teil des in der Geschichte zu beobachtenden Wandels auf keine Weise erklären.

Der Marxist zaubert die ganze Frage mit der Behauptung hinweg, Wegbereiter des Strukturwandels seien die Klassen. Diese Behauptung hat natürlich keinerlei Erklärungswert, denn der Marxist ignoriert einfach das Schwarzfahrerproblem, indem er sich dem bemerkenswerten Glaubenssatz verschreibt, daß Menschen ihr individuelles Eigeninteresse hintanstellen werden, um im Interesse einer Klasse zu handeln, und zwar sogar unter erheblichen persönlichen Opfern. Den besten Beweis dafür, daß dies nicht das Standardverhalten ist, erbringen marxistische Aktivisten selbst, die unter Einsatz ungeheurer Energien versuchen, das Proletariat dahin zu bekommen, sich wie eine Klasse zu verhalten.

Die Schwierigkeit einer Erklärung des Wandels läßt sich in knappen Worten formulieren. Die neoklassische Wirtschaftstheorie kann erklären, wie sich Menschen verhalten, die in ihrem persönlichen Eigeninteresse handeln; sie kann erklären, warum Leute sich nicht die Mühe machen, ihr Wahlrecht auszuüben; sie kann erklären, warum im Sinne eines Schwarzfahrerverhaltens Leute sich nicht an Gruppenaktionen beteiligen, wenn die Vorteile, die dem einzelnen daraus erwachsen, ganz unerheblich sind. Sie kann jedoch nicht die Kehrseite dieser Erscheinungen glaubhaft erklären, nämlich jenes Verhalten, dessen Triebkraft nicht das berechnete Eigeninteresse ist. Wie erklären wir altruistisches Verhalten (z. B. die anonyme unbezahlte Blutspende), die Bereitwilligkeit von Menschen, ohne ersichtlichen möglichen Gewinn ungeheure Opfer auf sich zu nehmen (den endlosen Zug von Einzelpersonen und Gruppen in der Geschichte, die um einer abstrakten Sache willen Gefängnis- oder Todesstrafen auf sich nahmen)? Wie erklären wir die große Zahl von Leuten, die doch wählen, oder die außerordentlichen Mühen, die Menschen auf die Mitarbeit in freiwilligen Organisationen wenden, deren Vorteile für den einzelnen gering oder völlig unerheblich sind?

Ebensowenig vermag die neoklassische Theorie Stabilität zu erklären.

Warum gehorchen Menschen den Vorschriften der Gesellschaft, wenn sie diese zu ihrem eigenen Nutzen umgehen könnten? Jedem individualistischen Kosten-Nutzen-Kalkül zufolge müßten Betrug, Drückebergerei, Diebstahl, Körperverletzung und Mord überall an der Tagesordnung sein. Wir beobachten zwar alle diese Verhaltensweisen, aber daneben beobachten wir ebenso Personen, die Vorschriften einhalten, obwohl sie diesen mit erheblichem Nutzen straflos zuwiderhandeln könnten. Eine neoklassische Welt wäre wahrhaftig eine Art Freistilringen; keine Gesellschaft könnte in ihr überleben.

Die Prämie, die einer seinen Opportunitätskosten zuschlägt, bevor er eine widerrechtliche Handlung begeht, ist ein Maß des Wertes, den er der Vorstellung der Legitimität beilegt (eine weltanschauliche Überlegung). Ebenso sind die Nettokosten, die einer bei dem Versuch, Veränderungen gewaltsam herbeizuführen, trägt, ein Maß der Ungerechtigkeit und Entfremdung, die er verspürt. Es bedarf mehr als eines individuellen Kosten-Nutzen-Kalküls, um Wandel bzw. Stabilität erklären zu können. Der einzelne mag ein solches Kalkül außer acht lassen, wenn er aus einer tiefreichenden weltanschaulichen Überzeugung von der Ungerechtigkeit der herrschenden Ordnung deren Struktur zu ändern versucht. Ebenso kann er einzelnen Gewohnheiten, Regeln und Gesetzen gehorchen, weil er genau so tiefreichend von deren Legitimität überzeugt ist. Wandel und Stabilität in der Geschichte bedürfen einer Theorie der Weltanschauung, welche diese Abweichungen vom individuellen Rationalkalkül der neoklassischen Theorie erklären kann.

Kapitel 2

Einführung in die Struktur von Wirtschaften

In den zehn Jahrtausenden, die uns von den ersten Versuchen der Menschen, Pflanzen und Tiere zu domestizieren, und der damit verbundenen Beschleunigung des langen Aufstieges von der Barbarei zur Zivilisation trennen, finden wir eine verwirrende Formenfülle von Wirtschaftsordnungen in Wechselwirkungen mit anderen, nicht-wirtschaftlichen Institutionen vor. Können wir aus dieser Unmenge die zugrundeliegenden Strukturmerkmale abziehen, die über die wirtschaftliche Leistung eines Systems entscheiden? Es läßt sich schwer feststellen, wie nicht-wirtschaftliche Institutionen mit jenen zusammenwirken, die unmittelbar an Produktion und Tauschverkehr beteiligt sind. Zudem gehen Aufbau und Abbau dieser Institutionen − der wirtschaftlichen wie der nicht-wirtschaftlichen − nicht im luftleeren Raum vor sich, sondern sind das Ergebnis individueller Wahrnehmungen, die aus historisch entwickelten Möglichkeiten und Werten herrühren. Die „Wirklichkeit" des Menschen hängt von historisch entwickelten Rationalisierungen seiner Umwelt ab und wird wesentlich dadurch geprägt, ob er die herrschenden Gewohnheiten, Vorschriften und Institutionen für rechtmäßig oder für unrechtmäßig hält.

Wir können die Struktur aus erhaltenem Belegmaterial zu entwickeln beginnen, indem wir uns auf die grundlegende Spannung konzentrieren, die im Mittelpunkt der Wirtschaftsgeschichte stand und steht, nämlich die Spannung zwischen Bevölkerung und Subsistenzmitteln. Seit Thomas Malthus 1798 seine erste Abhandlung zur Bevölkerungsfrage schrieb, haben Gelehrte seine düstere Prognose diskutiert, daß die Bevölkerung über den Nahrungsmittelspielraum hinauszuwachsen tendiere. Die Reaktion auf die sozialen Folgerungen aus Malthus' Werk bewirkte geradezu die Scheidung von Demographie und Ökonomie voneinander, die sich erst in den letzten Jahrzehnten einander neu verbanden.

Ungeachtet aller modernen Forschungstätigkeit gibt es in dieser Beziehung zwischen Bevölkerung und Subsistenzmitteln vieles, das noch unbekannt oder umstritten ist. Wir wissen immerhin, daß trotz Zwischenperioden, zuweilen sogar ausgedehnter Zwischenperioden, eines absoluten

Rückganges die Bevölkerung in vorgeschichtlicher und geschichtlicher Zeit
gewachsen ist. Wenn die Vermutung zutrifft, daß die Bevölkerung am Ende
des Eiszeitalters aus etwa acht Millionen Menschen bestand, dann wäre die
Bevölkerungswachstumsrate während der letzten ein bis zwei Millionen
Jahre etwa bei 0,0007−0,0015 Prozent jährlich gelegen. Nach der Einführung des Ackerbaus scheint die Wachstumsrate sich auf etwa 0,036 Prozent
erhöht zu haben, bis die Bevölkerung im Jahre 1 n. Chr. 300 Millionen erreichte. Von da an bis 1750 lag die Wachstumsrate vielleicht bei 0,056 Prozent − womit die Bevölkerung zu diesem Zeitpunkt 800 Millionen erreicht
haben dürfte. Dann kam es zwischen 1750 und 1800 zu einer starken Anhebung der Wachstumsrate auf 0,44 Prozent; im neunzehnten Jahrhundert auf
0,53 Prozent, in der ersten Hälfte des zwanzigsten Jahrhunderts auf 0,79
Prozent und schließlich seit 1950 auf 1,7 Prozent − was uns eine Weltbevölkerung von gegenwärtig über vier Milliarden beschert.[1]

Strittig wird die Angelegenheit, wenn wir versuchen, das Verhältnis von
Bevölkerung und Subsistenzmitteln als Kausalzusammenhang zu deuten.
Stimmt der Ablauf der Bevölkerungsvermehrung mit der Theorie von Malthus überein? Ester Boserup (1965) drehte Malthus' Argumentation um und
versuchte zu beweisen, daß Bevölkerungswachstum technologischen
Wandel (und somit eine Erweiterung des Subsistenzmittelspielraums) an-
rege. Eine dritte Ansicht wurde aus modernen Untersuchungen primitiver
Stämme gewonnen, die eine homöostatische Bevölkerung aufweisen. Für
die Buschleute der Wüste Kalahari wurde gezeigt, daß sie täglich nicht mehr
als vier bis fünf Stunden auf die Nahrungsbeschaffung verwenden und daß
zwischen überlebenden Kindern genügend große Altersabstände gehalten
werden, um eine merkliche Bevölkerungszunahme zu vermeiden − womit
zugleich eine Verkleinerung des Subsistenzmittelspielraumes verhindert
wird.[2] Können wir vorgeschichtlichen Stämmen gleiches Verhalten unter-
stellen? Diese Frage wird in Kapitel 7 untersucht werden.

Der Wirtschaftshistoriker befaßt sich auch mit der Rückkopplungswir-
kung einer Verkleinerung des Subsistenzmittelspielraums. Dessen Verkleinerung mußte sicherlich über Hungersnöte und Verminderung der Wider-
standskraft gegen Krankheiten die Sterblichkeit erhöhen. Wie lange dauerte
es, bis die Fortpflanzung geringer wurde, und durch welchen sozialen Mechanismus (im Gegensatz zu einem automatischen physiologischen Rückgang) geschah das: durch spätere Eheschließungen, verbesserte Empfängnis-
verhütung, Tötung von Säuglingen? Wie reagierte die Bevölkerung auf eine
Vergrößerung des Nahrungsmittelspielraumes? Neuere Forschungen las-

---

[1] COALE (1974, S. 42). Siehe auch CIPOLLA (1962).
[2] Eine Erörterung des einschlägigen Belegmaterials findet sich bei DUMOND (1975).

sen den Schluß zu, daß der ungeheure Anstieg der Bevölkerung in der Moderne weniger auf die Senkung der Sterblichkeit infolge medizinischer Entdeckungen und Impfungen als vielmehr auf eine Senkung der Sterblichkeit infolge verbesserter Ernährungs- und Umweltbedingungen zurückgeht. Und wie erklären wir schließlich das Absinken der Fruchtbarkeit im Gefolge raschen Wirtschaftswachstums?

Da viele dieser Probleme ungelöst sind, sind wir hier auf Vermutungen angewiesen. Offensichtlich kam es zu erheblichen Abweichungen der privaten von den sozialen Kosten von Kindern und sogar zu verzögerten Reaktionen auf Veränderungen der privaten Kosten von Kindern. Eine streng neoklassische Betrachtung der Fruchtbarkeit – mit anderen Worten: die neue Haushaltstheorie – ist sicherlich analytisch durchaus zweckdienlich; aber man ist sich noch keineswegs darüber einig, genau wieviel sie erklärt und inwieweit in der Bevölkerungswissenschaft kulturelle, genauer gesagt weltanschauliche Überlegungen die reinen Kosten-Nutzen-Kalküle modifizieren.[3] Ebenso offensichtlich ist malthusianischer Bevölkerungsdruck eine historische Realität; zudem hat der Bevölkerungsdruck zuzeiten technische, soziale oder andere Veränderungen bewirkt, die (zumindestens vorübergehend) seine Auswirkungen auf den Nahrungsmittelspielraum abschwächten.[4] Deutlich zeigt sich auch, daß für die Veränderung der Sterblichkeit im Verlaufe der Geschichte die Pestepidemien von erheblicher Bedeutung waren und daß zu verschiedenen Zeiten Klimaumschwünge den Subsistenzmittelspielraum (und damit die Sterblichkeit) änderten.[5]

Obzwar wir von Vermutungen ausgehen müssen, ist doch die Gedankenführung eine ganz geradlinige:

1. Es ereigneten sich zwei große Brüche in der Entwicklung des Verhältnisses von Bevölkerung und Subsistenzmitteln im Laufe der Geschichte; ich nenne diese die Erste und die Zweite Wirtschaftliche Revolution.

2. Zwischen diesen zwei Revolutionen lagen Zeiten eines malthusianischen Bevölkerungsdruckes, dem zuweilen durch physische bzw. soziale Reaktionen der Bevölkerung begegnet wurde, zu anderen Zeiten durch Veränderungen der Effizienz wirtschaftlicher Institutionen, die unmittelbar auf den Nahrungsmittelspielraum einwirkten.

---

[3] Ein ausgezeichneter Überblick über den Stand der historischen Bevölkerungswissenschaft findet sich bei TILLY, Hrsg. (1978).

[4] Belege für den malthusianischen Bevölkerungsdruck finden sich in den zahlreichen Untersuchungen der Annales-Schule; eine genauere Darstellung der Probleme siehe in RONALD LEE, *Models of Preindustrial Dynamics with Applications to England*, in TILLY, Hrsg. (1978). BOSERUP (1981) untersucht die Beziehung zwischen Bevölkerungsdruck und technischem Wandel.

[5] Zur Rolle der Pest in der Geschichte vgl. MCNEILL (1976); klimatische Veränderungen erörtert LEROI LADURIE (1979, Kap. 17 und 18).

Gehen wir auf diesen letzten Punkt genauer ein. Die Menge der Subsistenzmittel hängt vom Stand des technischen Wissens ab. In dem einfachen neoklassischen Modell des 1. Kapitels konnten wir Boden und Naturschätze taschenspielerartig verschwinden lassen, indem wir annahmen, daß sie im weiteren Sinne als Teil des Kapitalbestandes gelten können. Eine solche Annahme mag heutzutage sinnvoll sein, aber in Erklärungen der Vergangenheit hat sie ganz und gar nichts zu suchen. Denn erst im letzten Jahrhundert, im Verlaufe der Zweiten Wirtschaftlichen Revolution, war es so weit, daß in Zeiten eines Bevölkerungswachstums die abnehmenden Erträge von Naturschätzen keine allgegenwärtige Bedrohung oder gar Wirklichkeit mehr darstellten. Das Modell macht jedoch die entscheidende Aussage: daß nämlich eine Erweiterung des Nahrungsmittelspielraumes von Verbesserungen der Technologie und letztlich des Wissensstandes abhängt.

Die Erfindungsgabe des Menschen sondert diesen vor einigen Millionen Jahren von anderen Primaten ab, und selbst die bescheidene Forschungstätigkeit auf dem Gebiet der Geschichte der Technik über die letzten zehn Jahrtausende vermittelt einen überwältigenden Eindruck vom menschlichen Einfallsreichtum.[6] Der Hang zur Erfindung und Neuerung scheint menschlichen Wesen angeboren. Hier steht nicht die Erfindertätigkeit zur Debatte, sondern die Frage, was deren Geschwindigkeit und Richtung im Laufe der Geschichte bestimmte. In diesem vorbereiteten Exkurs in die Analyse des ökonomischen Strukturbegriffes müssen drei Punkte herausgearbeitet werden.

1. Im Verlaufe der Geschichte wichen die privaten und die sozialen Erträge von Erfindung und Neuerung fast immer stark voneinander ab. Das Problem liegt in der Definition der Eigentumsrechte an Ideen und deren Anwendung auf wirtschaftliche Tätigkeit; es erwies sich als schwerer, Eigentumsrechte an technischen Entwicklungen zu begründen als an Produkten oder Einsätzen von Produktionsmitteln. Die Schwierigkeit, die Dimensionen geistigen Eigentums bzw. das Ausmaß von Neuerungen zu messen und die entsprechenden Eigentumsrechte durchzusetzen, macht einen der Hauptgründe für das Auseinanderfallen von privaten und sozialen Nutzen derselben aus.

2. Wie Nathan Rosenberg (1976) und Paul David (1976) hervorheben, sind technische Entwicklungen miteinander verbunden. Die neuen Gedanken in Leonardo da Vincis herrlichen Notizbüchern konnten ohne ergänzende Entwicklungen im Maschinenbau, in der Physik und Chemie nicht verwirklicht werden. Pasteurs Entdeckungen waren nur durch ent-

---

[6] Um jeglicher Vermutung darüber, wie rückständig die Menschen der Antike waren, enthoben zu sein, lese man nur HODGES (1970): Man wird von den außerordentlichen technischen Entwicklungen der alten Welt sehr überrascht sein.

sprechende Entwicklungen in der Optik möglich, welche zur Konstruktion des Mikroskops führten. Technische Entwicklungen beruhen also auf einer ihnen vorausgehenden Ansammlung von Wissen, das in der Folge die Richtung der Erfindertätigkeit mitbestimmt.

3. Letztlich erbringt die Entwicklung neuer Techniken abnehmende Erträge, wenn der Bestand an Grundwissen nicht vergrößert wird. Das Grundwissen hängt von der Entwicklung der einzelnen Disziplinen der Grund- und Naturwissenschaften ab; die Bestimmungsgründe des Fortschritts dieser wissenschaftlichen Disziplinen waren bis in neuere Zeit ganz unabhängig von der Entwicklung neuer technischer Verfahren. In der modernen Welt der Zweiten Wirtschaftlichen Revolution, die Naturwissenschaft und Technik miteinander vermählte, kann man jedoch die Erweiterung des Grundwissens als Folge des Bedarfes an technischem Fortschritt deuten.

Der Bestand an Wissen allgemein und technischem Wissen im besonderen setzt dem menschlichen Wohlbefinden Obergrenzen, bestimmt aber nicht selbst, wie erfolgreich Menschen innerhalb dieser Grenzen sind. Die Struktur der politischen und wirtschaftlichen Ordnung bestimmt die Leistung einer Wirtschaft ebenso wie die Zuwachsrate von Wissen und Technologie. Die Formen der Zusammenarbeit und des Wettbewerbs, die die Menschen entwickeln, und die verschiedenen Möglichkeiten, die entsprechenden Verhaltensregeln durchzusetzen, machen das Herzstück der Wirtschaftsgeschichte aus. Nicht nur definieren diese Regeln das System von positiven und negativen Anreizen, welche die wirtschaftliche Tätigkeit leiten und gestalten, sondern sie bestimmen auch die dieser zugrundeliegende Vermögens- und Einkommensverteilung einer Gesellschaft. Die zwei wesentlichen Voraussetzungen für ein Verständnis der Struktur sind eine Theorie des Staates und eine Theorie der Eigentumsrechte.

Eine Theorie des Staates ist deshalb wesentlich, weil der Staat die Struktur der Eigentumsrechte festlegt. Letztlich trägt der Staat die Verantwortung für die Effizienz der Eigentumsrechtsstruktur, von der es abhängt, ob Wachstum, Stagnation oder wirtschaftlicher Rückgang eintreten werden. Eine Theorie des Staates muß daher sowohl die politisch-wirtschaftlichen Einheiten innewohnende Neigung, ineffiziente Eigentumsrechte zu schaffen, als auch die Instabilität des Staates in der Geschichte erklären können. Diese wesentliche Voraussetzung für eine Erklärung säkularen Wandels fehlt jedoch leider in der Wirtschaftsgeschichte.

Eine Theorie der Eigentumsrechte brauchen wir zur Erklärung von Wirtschaftsordnungsformen, die Menschen zum Zwecke der Verminderung von Transaktionskosten und zur Organisation des Tausches entwerfen. Könnte man einen „neutralen" Staat annehmen, so wären die Formen von Eigentumsrechten, die sich in einer Welt der Knappheit und des Wettbewerbs herausbilden würden, effizient im Sinne der Lösung mit den geringsten Kosten unter den gegebenen Beschränkungen der Technologie, der Informationskosten und der Unsicherheit. De facto entstehen jedoch Eigentumsrechte, die das Ergebnis einer andauernden Spannung zwischen den Wünschen der im Staate Herrschenden einerseits und den Bemühungen der Tauschpartner um eine Senkung der Transaktionskosten andererseits sind. Diese einfache Dichotomie ist wahrlich alles andere als einfach, denn die Partner in einem Tauschgeschäft werden Mittel darauf verwenden, die politischen Machthaber zu einer Änderung der Regeln zu bewegen. Aber zumindest als erster Ausgangspunkt für theoretische Überlegungen ist es sinnvoll, eine Theorie des Staates von der Transaktionskostenbetrachtung der Eigentumsrechte zu trennen.

Politische und Wirtschaftsordnungen haben eine Reihe von Wesensmerkmalen gemein, die im Mittelpunkt dieser Untersuchung stehen. Beide sollen das Vermögen der ihnen zugehörigen Handlungsträger durch Nutzung der Handelsgewinne infolge von Spezialisierung (einschließlich eines komparativen Vorteils in bezug auf Gewaltanwendung) maximieren. Beide erfordern

1. die Festlegung einer Reihe von Verhaltensbeschränkungen in Form von Regeln und Vorschriften;

2. eine Reihe von Verfahrensmaßnahmen, die Abweichungen von den Regeln und Vorschriften aufdecken und deren Befolgung durchsetzen können (Sanktionen); und

3. die Formulierung einer Reihe moralischer bzw. ethischer Verhaltensnormen zur Verminderung der Durchsetzungskosten.

Die Regeln und Vorschriften legen die Austauschbedingungen fest: sowohl zwischen den Handlungsträgern untereinander, sogenannten Prinzipalen (d. s. Herrscher und Staatsangehörige im Rahmen der staatlichen Ordnung oder Erzeuger und Verbraucher auf Märkten), wie zwischen den Prinzipalen und deren Geschäftsführern oder Beauftragten, sogenannten Agenten (in hierarchischen politischen und wirtschaftlichen Ordnungen sind das Herrscher und Beamte, Eigentümer und Manager, Manager und Arbeiter). Die Verfassung, die Rechtsordnung, die Formulierung von Eigentumsrechten, die Statuten von Verbänden, Verträge von Gewerkschaften — sie alle stellen Verhaltensbeschränkungen dar.

Befolgungskontrollen sollen Abweichungen von Regeln, Vorschriften oder festgelegten Vertragsvereinbarungen aufdecken und Strafen (oder Belohnungen) festlegen und verfügen. Könnte man die Eigenschaften von Gütern und Leistungen im Tauschverkehr und ebenso die Leistung der hierbei Tätigen kostenlos messen, dann wäre das Problem der Aufdeckung der Abweichungen von den Regeln nicht wichtig. Die Messung stellt die formalisierte Beschreibung eines Gutes oder einer Leistung dar, und ohne irgend eine Form der Messung könnten daher Eigentumsrechte nicht begründet werden und Tauschverkehr nicht stattfinden. Durchsetzungskosten bestehen darüberhinaus in den Kosten des Vollzuges von Strafen für nicht erbrachte Leistung. Weil die Messung etwas kostet (und die Kosten vollkommener Genauigkeit untragbar hoch sind) und weil außerdem Vollzugskosten entstehen, finden Tauschpartner es lohnend, ihren Vorteil auch im Hinblick auf Abweichungen vom Tauschvertrag zu maximieren. Wenn jeder Vertragspartner straflos die Vorteile des Tausches für sich einstreifen kann, ohne seinen Teil des Vertrages zu erfüllen, dann ist es für ihn vorteilhaft, so zu handeln. Steuerhinterziehung, Betrug, Drückebergerei, Opportunismus, Probleme der Geschäftsführung auf Auftrag (und die Mittel zur Beaufsichtigung und Nachmessung) sind im Grund Probleme, die sich daraus ergeben, daß Befolgungskontrollen etwas kosten. Daher sind sowohl die Verhaltensbeschränkungen in Form von Regeln als auch die Verfahren, welche die Einhaltung der Regeln überprüfen bzw. durchsetzen sollen, so angelegt, daß sie den Ertrag der Handlungsträger unter Berücksichtigung der Transaktionskostenbeschränkung maximieren.

Zur Frage der organisatorischen Folgerungen aus der Maximierung unter der Beschränkung gegebener Technologie gibt es eine umfangreiche Literatur;[7] aber diese Beschränkung muß mit den Transaktionskostenbeschränkungen, die sich aufgrund der Kosten der Befolgungskontrollen ergeben, verbunden werden, wenn wir eine Theorie der politischen und wirtschaftlichen Institutionen entwickeln wollen. In den beiden nächsten Kapiteln werde ich die Grundbestandteile von Modellen solcher beschränkter Maximierung für Staat und Wirtschaftsordnung vorstellen.

Die Argumentation ist jedoch offensichtlich unvollständig. Eine Kontrolle der Befolgung ist so kostspielig, daß die politische oder wirtschaftliche Ordnung funktionsunfähig wäre, wenn sie bei Fehlen jeglicher Beschränkungen des individuellen Maximierungsverhaltens irgend ein System von Regeln durchsetzen müßte. So erklären sich die ungeheuren Mittel, die investiert werden, um den einzelnen von der Rechtmäßigkeit dieser Institutionen zu überzeugen. Eine Theorie der Struktur (und des Wandels) politischer und wirtschaftlicher Institutionen muß eine Theorie der Ideologie enthalten; diese ist Gegenstand von Kapitel 5.

---

[7] Siehe die Literatur über Produktionsfunktionen; eine historische Beschreibung vgl. in CHANDLER (1977).

Kapitel 3

Eine neoklassische Theorie des Staates[*]

I

Das Vorhandensein eines Staates ist wesentliche Voraussetzung wirtschaftlichen Wachstums; der Staat ist jedoch zugleich die Ursache eines von Menschen bewirkten wirtschaftlichen Niedergangs. Dieses Paradoxon sollte das Studium des Staates in den Mittelpunkt der Wirtschaftsgeschichte rücken: Modelle des Staates sollten ausdrücklicher Teil jeder Analyse langfristigen Wandels sein. Nun säumen zwar den langen Pfad historischer Forschung die Überbleibsel von Staatstheorien, die von Historikern und Politikwissenschaftlern entwickelt wurden; aber die herkömmliche Nationalökonomie hat dieser Frage wenig Aufmerksamkeit geschenkt.

In den letzten Jahren allerdings wurden neue Erweiterungen der neoklassischen Wirtschaftstheorie, die sich als leistungsfähige Analyseinstrumente erwiesen haben, auf eine Vielzahl politischer Fragen angewendet.[1] Die neoklassische Theorie im Sinne einer Entscheidungstheorie liefert zuallermindest eine klare und logisch einwandfreie Methode zur Untersuchung des Staates. Diese Theorie verspricht uns die Entwicklung widerlegbarer Hypothesen über nicht-marktmäßige Entscheidungsprozesse. Außerdem hat die Erforschung von Wirtschaftsordnungen deren enge Verwandtschaft mit politischen Ordnungen aufgedeckt. Eine befriedigende Theorie des Unternehmens würde außerordentlich viel zur Entwicklung einer Theorie des Staates beitragen.[2]

Wir müssen natürlich die Grenzen neoklassischer Theorie genau beachten. Die Theorie der öffentlichen Wahlhandlungen — die Anwendung der Wirtschaftstheorie auf die Politik — war bei der Erklärung politischer

---

[*] Eine frühere Fassung dieses Kapitels erschien in *Explorations in Economic History* (Juli 1979) unter dem Titel „A Framework for Analyzing the State in Economic History".

[1] Siehe BAUMOL (1962); BUCHANAN und TULLOCK (1962); DOWNS (1968); NISKANEN (1971); BRETON (1974).

[2] Siehe COASE (1937); ALCHIAN und DEMSETZ (1972).

Entscheidungsprozesse bestenfalls mäßig erfolgreich. Die Theorie der Interessenverbände kann das Wahlverhalten nicht hinreichend erklären; ein guter Teil politischer und richterlicher Entscheidungen scheint von ideologischen Erwägungen bestimmt.[3] Zudem liegen die Fragen, die zu stellen sind, auf einer anderen Ebene als der der alltäglichen politischen Entscheidungsvorgänge. Die wichtigsten Probleme für den Wirtschaftshistoriker sind die Erklärung der jeweiligen Eigentumsrechte, die ein Staat festlegt und durchsetzt, und die Erklärung der Wirksamkeit dieser Durchsetzung. Die interessanteste Aufgabe ist die Begründung der Veränderungen in Struktur und Durchsetzung von Eigentumsrechten über die Zeit.

II

Zunächst steht man vor dem Problem der genauen Definition des Staates. In welchem Punkt des Bogens, der sich vom freiwilligen Zusammenschluß bis zum Staat spannt, ist etwa die mittelalterliche Rittergutswirtschaft zu finden? Für die Zwecke der vorliegenden Untersuchung ist ein Staat eine mit einem komparativen Vorteil der Gewaltanwendung ausgestattete Organisation, die sich über ein Gebiet der Erdoberfläche erstreckt, dessen Grenzen durch ihre Steuerhoheit bestimmt sind. Der Kern eines Eigentumsrechtes ist das Recht des Ausschlusses Dritter, und eine Organisation, die einen komparativen Vorteil der Gewaltanwendung hat, ist imstande, Eigentumsrechte zu spezifizieren und durchzusetzen. Im Gegensatz zu den Theorien, wie sie häufig in der Literatur zur Politikwissenschaft, Soziologie und Anthropologie entwickelt wurden, liegt der Schlüssel zum Verständnis des Staates in seiner Möglichkeit der Gewaltanwendung zu dem Zweck, die Verfügung über materielle Mittel zu erlangen. Ohne Rückgriff auf die Eigentumsrechte läßt sich der Staat keiner sinnvollen Analyse unterziehen.[4]

Grundsätzlich gibt es zwei Arten von Erklärungen des Staates: eine Vertragstheorie und eine Ausbeutungstheorie. Die Vertragstheorien des Staates haben eine lange Geschichte. In den letzten Jahren wurden sie von neoklassischen Ökonomen wieder aufgenommen, weil sie eine logische Erweiterung des Tauschtheorems sind, in dem der Staat die Rolle des Wohlfahrtsmaximierers für die Gesellschaft spielt. Da ein Vertrag, welcher die Tätigkeit jedes einzelnen relativ zu der anderer Personen beschränkt, unerläßliche Voraussetzung von Wirtschaftswachstum ist, bietet die Vertrags-

---

[3] Siehe NORTH (1978).

[4] In einer im übrigen interessanten Untersuchung der Ursprünge des Staates unterläßt es CARNIERO (1970), den Staat mit der Begründung von Eigentumsrechten in Verbindung zu bringen.

theorie eine Erklärung für die Entwicklung effizienter Eigentumsrechte, die Wirtschaftswachstum begünstigen würden.[5]

Die Räuber- oder Ausbeutungstheorie des Staates wird von einer bemerkenswert vielschichtigen Gruppe von Sozialwissenschaftlern vertreten — einschließlich Marxisten (zumindest in ihrer Analyse des kapitalistischen Staates) und einiger neoklassischer Ökonomen. Nach dieser Auffassung ist der Staat Instrument einer Gruppe oder Klasse; seine Aufgabe ist es, im Interesse dieser Gruppe oder Klasse den übrigen Staatsangehörigen für sich ein Einkommen abzugewinnen. Der Räuberstaat spezifiziert dieser Theorie zufolge eine Reihe von Eigentumsrechten, welche die Einkünfte der machthabenden Gruppe maximieren würden, ohne Rücksicht auf deren Auswirkung auf den Wohlstand der Gesellschaft insgesamt.

Die Vertragstheorie erklärt vielleicht, warum der Staat die Möglichkeit hat, Richtlinien für die sparsame Mittelverwendung zu erstellen, und dadurch den Wohlstand fördern kann. Da er jedoch sowohl der dritte Partner jedes Vertrages und letztlich Ursprung allen Zwanges ist, wird der Staat zur Arena, in der der Kampf um die Kontrolle über seine Entscheidungsmacht ausgetragen wird. Alle Seiten wollen in der Lage sein, im Interesse jeweils ihrer eigenen Gruppe Wohlstand und Einkommen umzuverteilen. Während die Vertragstheorie zwar die Gewinne aus dem ursprünglichen Vertragsschluß erklärt, nicht aber das darauf folgende Maximierungsverhalten von Staatsangehörigen mit unterschiedlichen Interessen, läßt die Ausbeutungstheorie die Gewinne aus dem ersten Vertragsschluß außer acht und konzentriert sich auf die Erzwingung von Renten von Staatsangehörigen durch jene, die sich des Staates bemächtigt haben. Dennoch sind diese beiden Theorien nicht unvereinbar. Die Verteilung des „Zwangsgewaltpotentials" versöhnt sie miteinander. Die Vertragstheorie nimmt eine gleichmäßige Verteilung des Zwangsgewaltpotentials unter den Handlungsträgern an, die Ausbeutungstheorie eine ungleichmäßige Verteilung.

Eigentumsrechte, die anhaltendes Wirtschaftswachstum nach sich ziehen, hielten sich im Laufe der Geschichte selten über längere Zeit, aber selbst ein flüchtiger Blick auf die menschliche Geschichte zeigt deutlich, daß es politisch-wirtschaftliche Einheiten gegeben hat, die über große Zeitspannen ein erhebliches Wirtschaftswachstum erzielten. Unter anhaltendem Wirtschaftswachstum verstehe ich eine Steigerung der Produktion, die rascher als das Bevölkerungswachstum ist. Diese Erscheinung ist nicht auf die zweihundert Jahre seit der Industriellen Revolution beschränkt. Zu einer unerhörten Anhäufung von Vermögen kam es schon in der Zeit zwischen den Anfängen des Ackerbaus im achten Jahrtausend v. Chr. und der Pax Romana der beiden ersten nachchristlichen Jahrhunderte. Es stimmt, daß in

---

[5] Die gründlichste Untersuchung dieser Frage bietet UMBECK (1981).

diesen Jahrhunderten ganze Kulturen verfielen und verschwanden, aber es gab auch Kulturen, die über lange Perioden Wirtschaftswachstum verzeichneten: Mesopotamien, Ägypten, Griechenland, Rhodos und natürlich die Römische Republik und das Römische Kaiserreich. Anhaltendes Wirtschaftswachstum ist also nichts Neues — entgegen dem von Wirtschaftshistorikern in die Welt gesetzten Märchen, es sei eine Schöpfung der Industriellen Revolution. Auch gibt es nichts, das unvermeidlicher wäre als der schließliche wirtschaftliche Niedergang politisch-wirtschaftlicher Einheiten.

In diesem Kapitel werde ich ein einfaches Staatsmodell entwickeln, um zwei wirtschaftshistorisch wesentliche Gesichtspunkte erklären zu können: die weitverbreitete Tendenz von Staaten, ineffiziente Eigentumsrechte zu schaffen und daher kein anhaltendes Wachstum erzeugen zu können, und die allen Staaten innewohnende Instabilität, die wirtschaftlichen Wandel und letztlich wirtschaftlichen Niedergang bewirkt. Zunächst untersucht das Modell einen Staat mit einem einzigen Herrscher. Ich werde aber auch die Spannung zwischen Herrscher und Staatsangehörigen betrachten, die die Machtausübung des Herrschers abschwächt und einen politischen Pluralismus entstehen läßt. Die Untersuchung von Legitimität und Entfremdung wird auf Kapitel 5 verschoben.[6]

Dieses Modell des Staates mit einem wohlfahrts- oder nutzenmaximierenden Herrscher hat drei wesentliche Merkmale. Eines bezieht sich auf einen Tauschvorgang, der zwischen Herrscher und Staatsangehörigen stattfindet; die beiden anderen beziehen sich auf die Umstände, welche die Austauschbedingungen bestimmen.

1. Der Staat handelt zum Zwecke des Erwerbs eines Einkommens mit einer Reihe von Dienstleistungen, die wir Schutz und Gerechtigkeit nennen wollen. Da die Bereitstellung dieser Dienstleistungen mit zunehmenden Skalenerträgen verbunden ist, ist das Gesamteinkommen der Gesellschaft höher, wenn sich eine Organisation auf diese Dienstleistungen spezialisiert, als wenn jedes einzelne Mitglied der Gesellschaft sein Eigentum selbst schützt.

2. Der Staat versucht, sich wie ein diskriminierender Monopolist zu verhalten, indem er einzelne Gruppen von Staatsangehörigen voneinander unterscheidet und die Eigentumsrechte für jede derselben so festsetzt, daß das Staatseinkommen maximiert wird.

3. Der Staat wird durch die Opportunitätskosten seiner Angehörigen beschränkt, denn er hat immer mögliche Rivalen, welche dieselben Leistungen erbringen könnten. Diese Rivalen sind andere Staaten und ebenso Einzel-

---

[6] Ebenfalls nicht behandelt werden in diesem Kapitel die Einflüsse staatlicher Politik auf Fruchtbarkeit und Sterblichkeit.

personen innerhalb der bestehenden politisch-ökonomischen Einheit, die
als Herrscher in Frage kämen. Das Ausmaß der Monopolmacht des Herrschers hängt also davon ab, wie leicht den verschiedenen Gruppen von
Staatsangehörigen Substitute verfügbar sind.

Wenn wir diesen drei Hypothesen genauer nachgehen, werden wir vielleicht nicht nur das Annahmengerüst unseres Modells etwas bereichern
können, sondern auch einige für den Wirtschaftshistoriker nützliche
Schlußfolgerungen daraus ziehen können.

III

Als seine grundlegende Dienstleistung liefert der Staat die sozialen Spielregeln. Gleichgültig ob sie sich als ein Ganzes ungeschriebener Gewohnheiten
(wie in der Feudalwirtschaft) oder als geschriebene Verfassung ausbilden,
sie haben jedenfalls zwei Ziele: (1) Sie sollen die Grundlagen des Wettbewerbs und der Zusammenarbeit festlegen, die das tragende Gerüst der Eigentumsrechte abgeben (d. h., die Eigentumsstruktur sowohl für Faktor-
wie für Gütermärkte festlegen), und zwar so, daß die Erträge, die dem
Herrscher daraus zufließen, maximiert werden. (2) Sie sollen im Rahmen
des erstgenannten Zieles die Transaktionskosten verringern, um so den
höchstmöglichen Ausstoß der Gesellschaft zu begünstigen und somit die
Steuereinnahmen des Staates zu erhöhen. Dieses zweite Ziel bedeutet Bereitstellung einer Reihe von öffentlichen (oder halböffentlichen) Gütern und
Leistungen, die den Zweck haben, die Kosten der Spezifizierung, Verhandlung und Durchsetzung von Verträgen, die dem wirtschaftlichen Tauschverkehr zugrundeliegen, zu senken. Die zunehmenden Skalenerträge, die
man mit der Ausarbeitung eines Systems der Gesetzgebung, der Rechtsprechung und der Verteidigung verbindet, sind die hauptsächliche Triebkraft
der Zivilisation; und die Schaffung des Staates in den Jahrtausenden, die auf
die Erste Wirtschaftliche Revolution folgten, war die notwendige Vorbedin-
gung für alle nachfolgende wirtschaftliche Entwicklung. Auch wenn die
zehn Jahrtausende seit der Einführung der seßhaften Landwirtschaft im historischen Rückblick als endlose Abfolge von Kriegen und Schlächterei,
Ausbeutung (wie immer man sie definieren mag), Versklavung und Massen-
morden, ausgeführt zumeist vom Herrscher des Staates oder seinen Hand-
langern, erscheinen, ist es trotzdem wesentlich, die Notwendigkeit eines
Staates für den wirtschaftlichen Fortschritt hervorzuheben. Im Laufe der
Geschichte entschieden Menschen, die zwischen einem Staat — wie ausbeu-
terisch auch immer er sich darstellen mochte — und der Anarchie wählen
konnten, sich für jenen. Fast jedes System von Regeln ist besser als keine
Regeln; und es liegt nicht im Interesse des Herrschers, die Regeln so uner-
träglich zu gestalten, daß sie jeden Unternehmungsgeist ersticken.

Mit diesen Zielen sind drei wichtige Folgerungen verbunden.

1. Betrachtet man sie gemeinsam, so sind die beiden Ziele nicht gänzlich miteinander vereinbar. Das zweite Ziel setzt ein völlig effizientes System von Eigentumsrechten zur Maximierung des gesellschaftlichen Ausstoßes voraus; das erste versucht, ein System von Grundregeln festzulegen, die es dem Herrscher ermöglichen, sein eigenes Einkommen zu maximieren (oder, wenn wir die Annahme eines Alleinherrschers lockern wollen: die es ermöglichen, die Monopolrenten der Gruppe oder Klasse zu maximieren, für die der Herrscher handelt). Von den umverteilenden Gesellschaften der alten Ägypter über die Leibeigenschaft in der griechischen und der römischen Welt bis zur mittelalterlichen Feudalwirtschaft bestand eine durchgängige Spannung zwischen der Eigentumsstruktur, welche die Renten für den Herrscher (seine Gruppe) maximierte, und einem effizienten System, das Transaktionskosten senkte und Wirtschaftswachstum begünstigte. Diese grundlegende Dichotomie ist die eigentliche Ursache dafür, daß es Gesellschaften nicht gelang, sich ein anhaltendes Wirtschaftswachstum zu sichern; ich werde darauf später in diesem Kapitel genauer eingehen.

2. Die Schaffung einer Infrastruktur, die ein System von Eigentumsrechten festlegen und durchsetzen soll, erfordert die Delegation von Macht an beauftragte Agenten des Herrschers. Da die Nutzenfunktion der Agenten nicht dieselbe ist wie die des Herrschers, wird der Herrscher eine Reihe von Regeln festlegen, die ein Verhalten seines Agenten sicherstellen sollen, das im Einklang mit seinen eigenen Zielsetzungen steht.[7] Dennoch wird es insoweit zu einer Aufteilung der Macht des Herrschers kommen, als die Agenten durch die Regeln nicht vollständig eingeschränkt werden. Dies wird sich auch in einer Verminderung der Monopolrenten des Herrschers bemerkbar machen. Wir können die Struktur dieser Bürokratie vorhersagen, indem wir die Transaktionskosten der verschiedenen Teile der Wirtschaft untersuchen.

3. Die Dienstleistungen, die der Herrscher zur Verfügung stellt, haben verschieden verlaufende Angebotskurven. Während einige Dienstleistungen reine öffentliche Güter sind, weisen andere die typischen u-förmigen Kostenkurven auf, die jenseits einer bestimmten Angebotsmenge steigende Durchschnittskosten anzeigen. Die Kostenkurve des Schutzes würde in Beziehung zum Stand der Militärtechnik stehen und würde die politisch-ökonomische Einheit dann als „effizient" ausweisen, wenn die Grenzkosten des Schutzes dem marginalen Steueraufkommen gleich wären. Vom griechischen Stadtstaat über das Römische Reich und die kleinen dezentralisierten Gemeinwesen des feudalen Zeitalters bis zum Nationalstaat haben die Mi-

---

[7] Eine ausführliche Diskussion der Theorie der Geschäftsführung oder Agenturtheorie findet sich bei Jensen und Meckling (1975).

litärtechnik und deren Veränderungen bei der Gestaltung der Angebotskurven eine Hauptrolle gespielt.[8]

Zwei Theorieansätze, die zur Erklärung der unterschiedlichen Größen
von Staaten entwickelt wurden, sind mit den eben genannten Marginalbe-
dingungen vereinbar. Wittfogels „hydraulische Gesellschaft" (1957) war de
facto ein natürliches Monopol, dessen zunehmende Skalenerträge sich aus
der Unteilbarkeit eines in sich geschlossenen Wasserhaushalts herleiteten.
Friedmans Theorie über Größe und Form von Nationen (1977) geht der Beziehung zwischen Einkommensart und Größe bzw. Form von Nationen
nach, indem er Folgendes zu beweisen sucht: Wenn der Handel die Haupteinkommensquelle des Staates ist, so sollte es sich um einen großen Staat
handeln; ist es der Boden, so würde das für einen kleinen Staat sprechen; ist
es die Arbeit, so sollte ein solcher Staat seine Grenzen gegenüber dem Ausland gesperrt halten bzw. kulturell homogen sein.

IV

Der Wirtschaftsprozeß besteht aus einer Reihe verschiedenartiger Tätigkeiten mit unterschiedlichen Produktionsfunktionen, in denen Technologie, Verfügbarkeit wirtschaftlicher Mittel und Bevölkerung der politisch-
ökonomischen Einheit zum Ausdruck kommen. Der Herrscher wird ein
System von Eigentumsrechten spezifizieren, die seine Monopolrenten aus
jedem gesondert zu erfassenden Teil der Wirtschaft durch Überprüfung
bzw. Messung der Einsätze und Ausstöße jedes einzelnen maximieren
sollen. Die Kosten der Messung des Umfangs der Einsätze und Ausstöße
werden die unterschiedlichen Eigentumsrechtsstrukturen für die verschiedenen Sektoren der Wirtschaft bestimmen, die also vom Stand der Meßtechnik abhängen. Wirtschaftliche Mittel haben sich dort im Gemeineigentum erhalten können, wo die Kosten der Messung der Eigenschaften
dieser Mittel deren Nutzen überstiegen. Die Entwicklung standardisierter
Maße und Gewichte ist fast so alt wie der Gedanke politischer Herrschaft
selbst und wurde typischerweise vom Staat gefördert. Die Standardisierung
erfüllt die Aufgabe einer Senkung von Transaktionskosten und läßt den
Herrscher eine maximale Rente erzielen. Je höher die Kosten der Messung

---

[8] Einer der am ärgsten vernachlässigten Teile der Wirtschaftsgeschichte ist das Studium
der Militärtechnik in ihrer Beziehung zur Staatengröße. Es gibt zwar eine Unmenge Literatur über die Militärtechnik an sich, doch ist sie kaum je im Hinblick auf ihre Bedeutung
für die politische Struktur untersucht worden. Eine Ausnahme hiervon ist die Arbeit von
BEAN (1973).

der vielfältigen Eigenschaften eines Gutes oder einer Leistung, um so mehr geht von der Rente verloren.[9]

Zu den Ordnungsformen, deren sich Herrscher im Laufe der Geschichte bedienten, gehören: eine lose organisierte föderale Struktur lokaler Herrscher mit jeweils eigenem Beamtenstab, eine zentralisierte Bürokratie, die unmittelbar vom Herrscher beschäftigt wird, ein Büttelsystem und Systeme der Steuerpacht. Allen ausgeklügelten Bemühungen um eine Überprüfung zum Trotz waren in jeder dieser Ordnungen die Agenten des Herrschers in ihrem Handlungsspielraum nur unvollständig beschränkt, und ihre Interessen fielen nie vollständig mit denen des Herrschers zusammen. Das Ergebnis war typischerweise eine mehr oder weniger weitgehende Aufsplitterung der Monopolrenten der Herrscher unter deren Agenten; in manchen Fällen kam es zu Absprachen zwischen diesen und anderen Staatsangehörigen zum Zwecke der Aufteilung mancher Monopolrenten.

V

Der Herrscher hat immer Rivalen: konkurrierende Staaten oder mögliche Herrscher innerhalb seines eigenen Staates. Diese entsprechen den potentiellen Konkurrenten eines Monopolisten.[10] Wo es keine nahen Substitute gibt, ist der gegenwärtige Herrscher ein Despot, ein Diktator oder ein absoluter Monarch. Je näher die Substitute, um so weniger Freiheitsgrade verbleiben dem Herrscher, und um so größer ist der Bruchteil zusätzlichen Einkommens, den die Staatsangehörigen behalten. Die Opportunitätskosten jedes einzelnen Staatsangehörigen werden verschieden hoch sein und werden die Verhandlungsmacht bestimmen, die jede einzelne Gruppe bei der Spezifizierung von Eigentumsrechten hat, und ebenso die Steuerlast, die sie tragen muß. Opportunitätskosten werden auch die Verteilung der vom Herrscher bereitgestellten Dienstleistungen (insoweit, als es sich dabei nicht um reine öffentliche Güter handelt) bestimmen, denn der Herrscher wird jenen, die über naheliegende Alternativen verfügen, größere Leistungen erbringen als jenen, die keine haben.

Staatsangehörige können unter Aufwendung gewisser Kosten zu einem konkurrierenden Herrscher übergehen (d. h. zu einer anderen bestehenden politisch-wirtschaftlichen Einheit) oder im eigenen Staat einen Konkurrenten des Herrschers unterstützen.[11] Die erstgenannte Möglichkeit hängt

---

[9] Siehe Barzel (1974), Cheung (1974).
[10] Den Monopolfall untersucht Demsetz (1968).
[11] Diese zwei Möglichkeiten entsprechen ungefähr Hirschmans „Abwanderung" und „Widerspruch". Siehe Hirschman (1974).

von der Struktur konkurrierender politischer Einheiten ab. Die räumlich näherliegenden genießen einen Vorteil. Die Bemühungen des Herrschers, Staatsangehörige zu gewinnen oder zu behalten, werden durch die Angebotskurve des Schutzes und durch den Grenznutzen zusätzlicher Staatsangehöriger bestimmt sein.

Die zweitgenannte Möglichkeit hängt von dem relativen Zwangsgewaltpotential konkurrierender Staatsangehöriger ab. Des Herrschers eigene Geschäftsführer können in der Lage sein, Widerstand zu organisieren und unter den Staatsangehörigen durch bessere Aufteilung der bestehenden Renten Anhänger zu gewinnen. Jedoch sind andere Personen, deren Mittel zur Erstellung eines militärischen Kräftepotentials ausreichen (bzw. im Feudalsystem: Grundherren mit gegebener Militärmacht), deren potentielle Rivalen.

VI

Das eben beschriebene einfache statische Modell legt dem Herrscher zwei Beschränkungen auf: eine Beschränkung durch Wettbewerber und eine Transaktionskostenbeschränkung. Beide bewirken typischerweise eine Ineffizienz der Eigentumsrechte. Im Sinne der ersten Beschränkung wird der Herrscher es vermeiden, mächtige Staatsangehörige zu vergrämen. Wenn Eigentumsrechte sich nachteilig auf Wohlstand oder Einkommen von Gruppen, die mühelos Zugang zu alternativen Herrschern haben, auswirken, so gefährdet dies den Herrscher. Dementsprechend wird er sich mit einer Eigentumsstruktur, welche diese Gruppen begünstigt, einverstanden erklären, gleichgültig wie effizient diese dann sei.

Im Vergleich mit einem ineffizienten System von Eigentumsrechten können effiziente Eigentumsrechte höhere Einkommen im jeweiligen Staat bewirken, aber dennoch die Steuereinnahmen für den Herrscher senken, und zwar infolge von Transaktionskosten (Überprüfung, Bemessung und Einhebung solcher Steuern). Daher fanden Herrscher es oft zweckdienlich, ein Monopol zu verleihen statt Eigentumsrechte festzusetzen, die zu starkem Wettbewerb geführt hätten.

Im Verein erklären diese zwei Beschränkungen die weite Verbreitung ineffizienter Eigentumsrechte. Praktisch steht die Eigentumsrechtsstruktur, welche die Renten für den Herrscher (oder die herrschende Klasse) maximiert, in einem Gegensatz zu derjenigen, die Wirtschaftswachstum bewirken würde.[12] Eine Spielart dieser Vorstellung ist die marxistische von

---

[12] Unter der Bedingung von Transaktionskosten von null könnte der Herrscher stets zuerst ein effizientes System von Regeln festlegen und dann über seine Renten verhandeln,

den Widersprüchen in der Produktionsweise: Dieser zufolge ist die Eigentumsstruktur mit der Realisierung des möglichen Gewinns aus gerade in Entstehung begriffenen technischen Neuerungen unvereinbar. Wirtschaftswachstum ist gesichert, wenn der Staat sich so wie im oben genannten Vertragsfall vorgesehen verhält (unter zweckentsprechenden Annahmen über individuelle Präferenzen hinsichtlich Ersparnissen und gewünschter Kinderzahl). Angesichts der Beschränkungen dieses Modells ist es jedoch klar, daß der reine Vertragsfall nur unter der ungewöhnlichen Bedingung auftreten kann, daß die vom Herrscher festgelegte Eigentumsstruktur mit der Art von Effizienzstandard vereinbar ist, wie sie das neoklassische Modell unterstellt (z. B. der Kapitalismus des *Kommunistischen Manifests*). Anders ausgedrückt: Es wäre eine Eigentumsstruktur, die Anreize für eine effiziente Mittelverwendung böte (d. h., ein System von Eigentumsrechten, das die private Ertragsrate für Neuerungen, Humankapitalinvestitionen usw. der sozialen Ertragsrate angliche) wesentliche Voraussetzung hierfür. Wir sollten aber gleich festhalten, daß dies eine Destabilisierung im Gefolge haben müßte, da technischer Wandel, die Ausbreitung effizienterer Märkte usw. die relativen Preise und die Opportunitätskosten der Staatsangehörigen verändern und schließlich mit den Prinzipien des Eigentums, wie sie in den Eigentumsrechten zum Ausdruck kommen, in Konflikt geraten würden.

Kurz gesagt: Der Wachstumsprozeß ist seiner Natur nach für einen Staat destabilisierend. Im nächsten Abschnitt werde ich den Prozeß der Anpassung eines Staates an derartige Veränderungen untersuchen.

Freilich: Wenn Wachstum destabilisierend ist, so gilt das ebenso für kein Wachstum dort, wo eine politisch-wirtschaftliche Einheit in einer Welt konkurrierender solcher Einheiten existiert. Relativ ineffiziente Eigentumsrechte bedrohen das Überleben eines Staates im Umfeld effizienterer Nachbarn, und der Herrscher steht vor der Wahl, die grundsätzliche Eigentumsstruktur entweder aufzuheben oder zu ändern, um der Gesellschaft die Möglichkeit zu geben, Transaktionskosten zu senken und die Wachstumsrate anzuheben. Wieder aber müssen wir genau festhalten, daß Anpassungsfähigkeit einen Alleinherrscher voraussetzt und damit alle die erschwerenden Umstände ausschließt, die sich bei Vorhandensein mehrerer Entscheidungsträger ergeben.[13]

---

aber dieses Postulat der Wohlfahrtstheorie sieht schlichtweg von positiven Transaktionskosten ab; und darum geht es ja gerade. Selbst die oberflächlichste Betrachtung der Geschichte oder der gegenwärtigen Welt läßt deutlich erkennen, daß „ineffiziente" Eigentumsrechte die Regel sind, nicht die Ausnahme.

[13] Gerschenkrons These von der relativen Rückständigkeit ist nur unter dieser einschränkenden Annahme sinnvoll.

Stagnierende Staaten können so lange überleben, als sich weder die Opportunitätskosten der Staatsangehörigen noch die relative Stärke konkurrierender Staaten verändern. Diese letztgenannte Bedingung unterstellt für gewöhnlich, daß der Staat annähernd eine Monopolstellung innehat und von schwachen Nachbarn umgeben ist (und daß ein Herrscher aus der Erwerbung dieser Staaten keinen Nettogewinn zöge).

VII

Die wesensmäßige Instabilität des Staates, wie sie in den obenstehenden Abschnitten skizziert wurde, sollte auf der Hand liegen. Veränderungen der Informationskosten, der Technologie und der Bevölkerung (bzw. der relativen Faktorpreise im allgemeinen) sind alles offenkundig destabilisierende Einflüsse. Ein bedeutsamer Umstand ist zudem die Sterblichkeit des Herrschers.

Eine Veränderung der relativen Preise, welche die Verhandlungsmacht einer Gruppe von Staatsangehörigen stärkt, kann eine Veränderung der Regeln im Sinne einer Einkommensverbesserung für diese Gruppe bewirken, oder es können − alternativ − die Staatsangehörigen den Herrscher zwingen, einen Teil seiner Rechtsetzungsmacht aufzugeben. In manchen Fällen bildete sich eine „repräsentative" Form der Regierung angesichts einer Bedrohung des Herrschers von außen heraus. Die Umwandlung des griechischen Stadtstaates von der Monarchie zur Oligarchie bzw. (im Falle Athens) zur Demokratie ergab sich als Folge einer Veränderung der Militärtechnik (der Entwicklung der Schlachtreihe), die nur mit Hilfe einer Bürgerarmee verwirklicht werden konnte; der Preis, den der Herrscher dafür bezahlte, war die Verminderung seiner Rechtsetzungsmacht. Ähnlich führten im frühneuzeitlichen Europa Veränderungen der Militärtechnik (der Spieß, der Langbogen und das Schießpulver) in einigen Fällen zur Übertragung legislativer Macht auf ein Parlament oder die Generalstände als Gegenleistung für die Überlassung lebensnotwendiger höherer Einkünfte.

Während Veränderungen der Militärtechnik eine wichtige (freilich keineswegs die einzige) Ursache für die Entstehung pluralistischer oder repräsentativer Herrschaftsformen in der antiken und mittelalterlichen Welt waren, sind die Veränderungen staatlicher Herrschaft in der Moderne Folgeerscheinungen der radikalen Preisverschiebungen im Gefolge der Zweiten Wirtschaftlichen Revolution. Die unbedingte Vorrangstellung der Landwirtschaft in der wirtschaftlichen Produktion der westlichen Welt vor dem neunzehnten Jahrhundert führte dazu, daß Machtkämpfe um den Staat mit der Verteilung von Eigentum an und Einkommen aus Grund und Boden (einschließlich der Einkommen aus Handel mit und Transport von Agrarprodukten und Bodenschätzen) in Verbindung gebracht wurden. Im Zuge der Zweiten Wirtschaftlichen Revolution gestalteten der Rückgang der relativen Bedeutung der Bodenrente (und damit des Grundherrn), das Wachstum der gewerblichen und Dienstleistungsproduktion, der steigende Anteil des Arbeitseinkommens und insbesondere die zunehmende Bedeutung des Humankapitals die Produktionsstruktur um und schufen neue Interessengruppen; zudem nahm hier der Kampf um die Vorherrschaft im Staate, wie er seit dem letzten Jahrhundert geführt wird, seinen Ausgang.[14]

VIII

Instabilität ist eine Sache; der Veränderungs- und Anpassungsvorgang ist etwas anderes. Hier ist es wichtig, zwischen der Anwendung wirtschaftswissenschaftlicher Grundsätze und der Anwendung anderer sozialwissenschaftlicher und marxistischer Grundsätze zu unterscheiden. Auf die wirtschaftswissenschaftlichen Grundsätze wirkt wesentlich die Vorstellung von Anpassungsvorgängen des Marktes ein. In diesem Prozeß bewirken marginale Veränderungen eine sofortige Anpassung. Nach der politischen Theorie werden ebenso wie nach der ökonomischen Theorie Anpassungen nur dann vorgenommen werden, wenn deren private Erträge die privaten Kosten übersteigen; andernfalls wird Schwarzfahrerverhalten eine Anpassung verhindern. Diese Bedingung schränkt die Bereitschaft der Staatsangehörigen zur Anpassung ganz erheblich ein; und während sie zwar die Fortdauer ineffizienter Eigentumsrechte erklären hilft, kann sie offensichtlich nicht die Aktionen großer Gruppen zur Veränderung der Eigentumsrechtsstruktur erklären, wenn die privaten Erträge minimal oder negativ sind.

Theorien, die den anderen Sozialwissenschaften oder dem Marxismus entstammen, erklären andererseits sehr wohl die Aktionen großer Gruppen

---

[14] Den Folgen, die dieser zunehmende Pluralismus für Eigentumsrechte und Verteilung hat, wird andernorts nachgegangen. Hier will ich lediglich betonen, daß für die Frage der Effizienz oder Ineffizienz von Eigentumsrechten es gleichgültig sein kann, ob Staatsangehörige mit dem Herrscher über Eigentumsrechte verhandeln oder selbst einen gewissen Einfluß auf die Rechtsetzungsmacht erlangen; das in Abschnitt VI vorgetragene Argument ist auch hier noch relevant. Ich kann es durch folgendes Beispiel verdeutlichen: In der heutigen Welt finden wir ungeheure Unterschiede in der Führung von Staaten, wenn wir z. B. die Sowjetunion und die USA betrachten. Jene kommt zweifellos meinem Modell eines Staates mit einem Alleinherrscher nahe; diese sind zweifellos ein pluralistisches Staatengebilde. Dort finden die Verhandlungen über Eigentumsrechte *innerhalb* der Herrschaftsstruktur statt; hier kämpfen allenthalben Interessengruppen um die Macht im Staate. Mir ist aber kein Grund a priori, der sich *allein auf diesen Unterschied* stützen würde, bekannt, um die relative Effizienz von Eigentumsrechten in dem einen oder dem anderen Land vorhersagen zu können.

zur Veränderung von Eigentumsrechten, bieten aber dafür keinerlei überzeugende theoretische Anhaltspunkte dafür, wie das Schwarzfahrerproblem
zu lösen sei.

Diese theoretische Kluft stellt für jede Erklärung säkularen Wandels ein
entscheidendes Problem dar. Schon der beiläufigen Beobachtung zeigen sich
reichliche Beispiele dafür, daß große Gruppen zuweilen mit dem Ziel han-
delten, die Struktur des Staates zu verändern; aber ohne Zuhilfenahme irgend eines Modells können wir nicht vorhersagen, wann das Schwarzfahrerproblem ein Handeln verhindern wird und wann nicht. Das Studium der
Ideologie und die Entwicklung eines Erklärungsmodells des Schwarzfahrerverhaltens sind unerläßliche Voraussetzungen für die Formulierung einer
dynamischen Theorie staatlichen Wandels.

Wir sollten auch bedenken, welche theoretischen Folgen es hat, wenn wir
uns einer streng neoklassischen Betrachtung verschreiben, nach der das
Schwarzfahrerproblem ein Tätigwerden großer Gruppen verhindern wird.
Diese Folgen machen uns gleichzeitig die Erklärungskraft des neoklassi-
schen Modells ebenso wie dessen Beschränkungen deutlich, und zum
Schluß dieser Ausführungen will ich kurz auf einige derselben eingehen.

1. Die Erscheinung des Schwarzfahrerproblems erklärt die Stabilität von
Staaten im Laufe der Geschichte. Die Kosten, die einem einzelnen im Falle
eines Widerstandes gegen die Staatsgewalt erwachsen, führten zu Apathie
bzw. zur Hinnahme der Vorschriften des Staates, gleichgültig wie drückend
diese auch sein mochten. Ein historisches Gegenstück zu der heute in vielen
Demokratien zu beobachtenden geringen Wahlbeteiligung ist in der Vergangenheit die Unfähigkeit der einzelnen, als Klasse zu handeln, und das
Unvermögen großer Gruppen, Gesellschaften umzustürzen. Während die
Tragweite dieser einfachen Beobachtung von der staatstheoretischen Literatur großteils nicht wirklich erfaßt worden sein dürfte, trägt ihr (freilich
unabsichtlich) die riesige marxistische Literatur über Klassenbewußtsein,
Klassensolidarität und Ideologie voll Rechnung. Lenin und spätere marxistische Aktivisten waren sich durchaus des sehr realen Problems bewußt,
das der Schwarzfahrer für marxistische Theorie und revolutionäre Praxis bedeutete.

2. Institutionelle Neuerungen gehen eher vom Herrscher als von Staatsangehörigen aus, da sich diesen immer das Schwarzfahrerproblem stellt.
Der Herrscher wird seinerseits fortfahren, institutionelle Neuerungen ein-
zuführen, um sich an Änderungen der relativen Preise anzupassen, da er
kein Schwarzfahrerproblem hat. So würde eine Verschiebung der relativen
Knappheit von Boden und Arbeit, welche die Arbeit knapper werden ließe,
den Herrscher institutionelle Veränderungen einführen lassen, die seine
Renten aus der Arbeit erhöhen würden. An diesen Neueinführungen würde
so lange festgehalten werden, als die Opportunitätskosten der Arbeit sich

nicht veränderten (d. h., solange sich am potentiellen Wettbewerb seitens anderer Herrscher nichts ändert).

3. Revolutionen werden Palastrevolutionen sein, die von den Agenten des Herrschers, von einem konkurrierenden Herrscher oder von kleinen Elitegruppen (im leninistischen Sinne) durchgeführt werden.

4. Wo der Herrscher der Agent einer Gruppe oder Klasse ist, wird es Vorschriften geben, die seine Nachfolge regeln, um die Möglichkeiten eines gewaltsamen Wechsels oder einer Revolution beim Tode des Herrschers zu minimieren. Wie oben erwähnt, sind gewaltsame Änderungen oder Revolutionen am ehesten von den Agenten des Herrschers zu erwarten.

Die angeführten vier Punkte können die Stabilität der Staatsstruktur bzw. die Ursachen für deren Veränderungen im Laufe der Geschichte zu einem guten Teil erklären helfen. Wollten wir jedoch unsere Untersuchung auf Fälle beschränken, in denen sich private Nettogewinne (im engen ökonomischen Sinne) der Prinzipale erkennen und bestimmen lassen, so würden wir damit die Analyse des Strukturwandels des Staates in gravierender Weise behindern. Zur Lösung des Schwarzfahrerproblems müssen wir eine Theorie der Ideologie entwickeln.

Kapitel 4

Ein Instrumentarium für die Untersuchung historischer Wirtschaftsordnungen

I

Im Verlaufe der Geschichte geht wirtschaftliche Tätigkeit in einer riesigen Vielfalt von Ordnungsformen vor sich. Von den sogenannten umverteilenden Gesellschaften des alten Ägypten über die Beziehung von Patronen und Klienten in der Römischen Republik bis zur mittelalterlichen Rittergutswirtschaft sind diese Ordnungsformen Gegenstand historischer Untersuchungen; zumeist jedoch entbehren diese Forschungsarbeiten jeglichen analytischen Gehalts.[1] Weitgehend das gleiche läßt sich gegen die Arbeiten von Ökonomen einwenden, die sich mit heutigen Wirtschaftsordnungen befassen. Noch 1968 enthielt die *International Encyclopedia of the Social Sciences* kein Stichwort „Markt" — schließlich die wichtigste Institution aller westlichen Wirtschaften und wesentlich auch für die Leistungen von Wirtschaften der Vergangenheit.

Um die Wirtschaftsordnung analytisch zu erfassen, brauchen wir eine Theorie der Transaktionskosten im Verein mit einer Theorie des Staates. Eine Transaktionskostentheorie ist notwendig, weil unter der immer erfüllten Bedingung der Knappheit und des daraus folgenden Wettbewerbs effizientere Formen wirtschaftlicher Ordnung ceteris paribus weniger effiziente Ordnungsformen verdrängen werden. Der Staat jedoch wird — wie ich im letzten Kapitel ausführte — effiziente Eigentumsrechte nur in dem Ausmaß begünstigen und spezifizieren, als sie mit den Wohlstandsmaximierungszielen derjenigen, die den Staat beherrschen, in Einklang stehen. Daher rührt die Notwendigkeit eines Modells, das beides enthält. Ich werde hier zunächst die Wirtschaftsordnung unter dem Blickwinkel der Transaktionskosten betrachten und diese Betrachtung dann mit der Analyse des Staates, wie ich sie im letzten Kapitel entwickelte, verbinden.

---

[1] Eine Ausnahme hiervon bildet das Werk von Karl Polanyi. Eine Würdigung seiner Beiträge findet sich in NORTH (1977).

Ich fahre dort fort, wo ich in Kapitel 2 stehenblieb. Jede Wirtschaftsordnungsform muß Vorkehrungen für die Festlegung und Durchsetzung der
Tauschbedingungen treffen. Wenn wir von der Rolle des Staates absehen, so
wird die Wahl der Ordnungsform von der relativen Menge von Produktivmitteln, die für eine bestimmte Ausstoßmenge erforderlich ist, bestimmt.
Ein Marktpreissystem ist kostspielig, weil es viel kostet, (1) die Dimensionen des getauschten Gutes (bzw. der getauschten Dienstleistung) zu
messen und (2) dann die Austauschbedingungen durchzusetzen. Und in
Wirklichkeit kommt noch eine dritte Art von Kosten hinzu: nämlich diejenigen, die mit den externen Effekten verbunden sind, welche sich aus einer
unvollständigen Messung ergeben. Im Gegensatz hierzu bedienen sich hierarchische Ordnungsformen der Anordnungen einer Zentralinstanz: Eine
vertragliche Übereinkunft beschränkt die Optionen der Vertragspartner im
Tausch, indem der eine seine Entscheidungsgewalt dem anderen überläßt.[2]
Die Kosten dieser Ordnungsform setzen sich zusammen aus den Kosten der
Messung der Leistung von Agenten, den Kosten der Ineffizienz im Zusammenhang mit unvollkommenen Messungen, und den Kosten der Durchsetzung. Da die in Produktivmitteln ausgedrückten Kosten einer Befolgungskontrolle andere sind als im Marktpreissystem, haben sie andere Auswirkungen. Ich will zunächst den Markttausch veranschaulichen, dann den
Gründen für das Bestehen des Unternehmens (oder anderer hierarchischer
Ordnungsformen) nachgehen und schließlich die Wirtschaftsordnung im
Verlauf der Geschichte zu erklären versuchen.

II

Ich fange einfach mit einer Beschreibung einer Transaktion an, die ich allwöchentlich auf dem (natürlich jedermann zugänglichen) Markt um die
Ecke vornehme. Das ist der Kauf einer bestimmten Menge Orangen (1980
waren es 14 Stück für einen Dollar). Ich kaufe Orangen, um daraus Saft zu
pressen: Daher wünsche ich Orangen, die wesentlich mehr Saft als Fruchtfleisch enthalten und außerdem säuerlich sind. Was ich in dem Tauschakt
tatsächlich gerne festlegen würde, ist eine bestimmte Menge Orangensaft
mit einer Kombination organischer Eigenschaften, die den von mir gewünschten Geschmack ergeben. Warum werden Orangen nicht so verkauft,

---

[2] In diesem Zusammenhang ist Autorität einfach ein Vertrag, in dem diese Übertragung
von Entscheidungsgewalt enthalten ist und ein bestimmter Ablauf des Entscheidungsprozesses festgelegt ist. In Ermangelung eines Zwanges von Seiten des Staates, der Formen
nicht-freiwilliger Ordnung durchsetzen kann, genügt uns diese neoklassische Definition
der Autorität. Ich werde dieser Frage jedoch noch in dem Überblick über die Literatur
zum Unternehmen und bei der Betrachtung der Ideologie genauer nachgehen.

daß ich genau das bekommen kann, was ich will? Teilweise werden sie so
verkauft. Valencia-Orangen sind Saft-Orangen und werden gesondert von
Navel- oder anderen Eßorangen angeboten. Aber Saftmenge und Geschmack, die ich aus den gekauften Orangen erhalte, lassen sich nicht ohne
hohe Kosten genau festlegen. Wäre die Messung dieser Eigenschaften kostenlos oder mit nur geringen Kosten möglich, so könnte ich genau die
Kombination erwerben, die ich will. Statt dessen werden Käufe nach Anzahl, Gewicht, Größe, Länge usw. vorgenommen; und es werden Produktivmittel darauf verwendet, sicherzustellen, daß diesen objektiv meßbaren
Merkmalen entsprochen wird.

Der Verkäufer der Orangen kauft sie von einem Großhändler; in den Ki-
sten, die er bekommt, sind einige Orangen nicht mehr von einwandfreier
Beschaffenheit. Er gewärtigt einen Verlust bei diesen Orangen, denn wenn
er versucht, sie mir für meinen Dollar zu verkaufen, so werde ich zu einem
anderen Stand des öffentlichen Marktes gehen und meine Orangen dort
kaufen. Kurz gesagt, der Wettbewerb einer großen Anzahl von Verkäufern
beschränkt die Verhaltensmöglichkeiten des einzelnen Händlers. Schwin-
delt er mir ein paar der verdorbenen Orangen unten in meine Tüte, so daß
ich sie nicht bemerke, bevor ich zuhause bin? Das könnte er tun, wenn er
nicht erwartet, mich jemals wieder zu sehen; denn nur so kann er diese
Orangen, die ihm andernfalls einen Verlust bringen, loswerden. Aber eben
deshalb gehe ich jede Woche zum selben Händler, Morris. Er weiß, daß ich
nicht wiederkommen werde, wenn er mir verdorbene Orangen in meine
Tüte packt. Ich bin als Kunde, der wiederkommt, wertvoll; die Gewinn-
sucht wird also durch die Erwartung von Wiederholungskäufen beschränkt.
Morris hingegen nimmt seinerseits meinen Scheck über einen Dollar, ohne
nachzuforschen, ob dieser auch gedeckt sei, oder ob der Dollar, den er bekommt, wenn er meinen Scheck einlöst, fraglos von seinem Großhändler
oder irgend jemandem anderen, von dem er Güter oder Dienstleistungen
kaufen will, angenommen wird.

Es sollte nicht nur auf der Hand liegen, daß dieses einfache Beispiel in
seinen Wesenzügen durchaus vielschichtig ist, sondern auch, daß wir nur
seine Oberfläche betrachtet haben. Der Transaktion liegt eine komplizierte
Rechtsordnung und deren Durchsetzung zugrunde; sie wird durch diese
überhaupt erst möglich. Sowohl Morris wie ich gehen davon aus, daß wir
Eigentumsrechte an den Orangen bzw. am Dollar haben und daß diese
Rechte in einem Gerichtshof durchgesetzt werden können. Morris nimmt
ein Stück Papier als rechtmäßiges Surrogat für die Verfügungsgewalt über
eine bestimmte Menge anderer Produktivmittel und weiß, daß er dieses Papier für solchen Zweck verwenden kann. Kurz gesagt: Die Unsicherheit
wird durch eine anerkannte Struktur von Eigentumsrechten und deren
Durchsetzung vermindert oder vollständig beseitigt.

Ich fasse die Aussage des obenstehenden Beispiels zusammen:

Man muß die Menge eines Gutes messen können, damit es ausschließliches Eigentum eines einzelnen sein und Tauschwert haben kann. Wo die Kosten der Messung sehr hoch sind, wird das Gut ein Mittel in öffentlichem Eigentum sein. Die Meßtechnik und die Geschichte der Maße und Gewichte ist ein wesentlicher Teil der Wirtschaftsgeschichte, da mit Senkung der Messungskosten die Transaktionskosten geringer wurden. Die 14 Orangen meines Beispiels sind lediglich eine Behelfsgröße für die gewünschte Menge, nämlich eine festgelegte Menge Saft mit einem bestimmten Geschmack. Die Trennung von Orangen nach Sorten oder die Klassifizierung nach der Qualität sind Schritte in der gewünschten Richtung; aber solange irgend eine Eigenschaft eines Gutes, das wirtschaftlichen Wert besitzt, nicht gemessen wird, weichen private und soziale Kosten voneinander ab.[3]

Informationskosten werden durch das Vorhandensein einer großen Zahl von Käufern und von Verkäufern gesenkt. Unter diesen Umständen verkörpern Preise dieselbe Information, für deren Beschaffung bei Fehlen eines organisierten Marktes die einzelnen Käufer und Verkäufer erhebliche Suchkosten aufwenden müßten.[4]

Der Opportunismus wird durch den Wettbewerb großer Zahlen von Marktteilnehmern (und durch den direkten Tausch) beschränkt. Opportunismus heißt dabei im gegenwärtigen Stand unserer Untersuchung soviel wie die Fähigkeit eines Tauschpartners, auf Kosten des anderen Tauschpartners durch Verletzung der Tauschbedingungen nach Abschluß des Vertrages einen Gewinn zu ziehen.

Die Übertragung von Eigentumsrechten unter einzelnen Eigentümern durch Verträge auf dem Markt setzt die Ausschließlichkeit ihres jeweiligen Eigentumsrechtes voraus.[5] Nicht nur müssen die Rechte meßbar sein; sie müssen auch durchsetzbar sein. Man bemerke, daß der Übertragungsvorgang zwei Phasen hat. In der ersten Phase geht es um die Kosten der Bestimmung und Durchsetzung von Ausschließlichkeit ohne Rücksicht auf einen Tauschakt; in der zweiten geht es um die Kosten, die mit der Verhandlung

---

[3] Siehe BARZEL (1974) und CHEUNG (1974).

[4] Die ersten Beiträge zu diesem Thema sind die von HAYEK (1937 und 1945). Vgl. auch STIGLER (1961).

[5] Die Rechte, die übertragen werden, müssen ausschließliche sein; wir sollten aber festhalten, daß der Verkauf eines Gutes oder einer Dienstleistung keine unbeschränkten Rechte daran überträgt. Wenn ich mein Haus verkaufe, so ist der neue Eigentümer in seiner Benützung des Hauses ebenso, wie ich es war, durch die Bestimmungen des Flächennutzungsplanes beschränkt. Was ich übertrage, ist eine spezifische Konstellation von Rechten.

und Durchsetzung des Tauschvertrages bzw. der Eigentumsübertragung
verbunden sind.

Ein Dritter, nämlich der Staat, kann die Transaktionskosten durch Schaffung einer unpersönlichen Rechtsordnung und deren Durchsetzung senken.
Da die Einrichtung der Gesetze ein öffentliches Gut ist, sind mit ihr erhebliche Skalenerträge verbunden. Gibt es eine Rechtsordnung, so sind Ver-
handlungs- und Durchsetzungskosten bedeutend verringert, da die Grundregeln des Tausches bereits formuliert sind.

Bevor ich mein Beispiel beiseite lasse und weitergehe, will ich schließlich
ein weiteres Argument anführen. Selbst wenn Morris gewußt hätte, daß er
mich nie wiedersehen würde, würde er wahrscheinlich keine verdorbenen
Orangen in meine Tüte hineingeschwindelt haben; ebenso weiß ich, daß ich
für meine Person keine zwei Orangen heimlich in die Tasche gesteckt haben
würde, während Morris mir beim Einfüllen der Orangen in die Tüte den
Rücken zukehrte und keine Gefahr bestanden hätte, daß ich entdeckt
würde. Der Grund hierfür ist der, daß wir beide den Tausch als gerecht oder
rechtmäßig betrachteten und durch diese Überzeugung in unserem Verhalten beeinflußt werden. Auf diese Frage wird in Kapitel 5 eingegangen.

III

Warum ersetzt das Unternehmen den Markt? Das war die Frage, die sich
Ronald Coase in seinem Aufsatz „The Nature of the Firm" 1937 stellte. Er
bezeichnete das Unternehmen als jenen Bereich von Tauschakten, aus dem
der Markt ausgeschaltet ist und in dem über die Verwendung von Mitteln
durch Autorität und Anordnung entschieden wird. Alchian und Demsetz,
die sich vor derselben Frage sahen (1972), betonten die Bedeutung der Überprüfung der Einsätze in Fällen, in denen die Erträge aus einer Produktion in
Gruppenarbeit im Gefolge von Spezialisierung und Arbeitsteilung die Messung der Einsätze erschweren; Jensen und Meckling (1976) dehnten diese
Behauptung von der Wichtigkeit der Überprüfung aus auf die Bemühungen
von Prinzipalen (in diesem Falle: Eigentümern einer bestimmten Konstellation von Eigentumsrechten), das Verhalten ihrer Agenten zu kontrollieren
(also der Personen, die von den Prinzipalen zur Erbringung von Leistungen
auf deren Rechnung und Gefahr angestellt sind), damit diese tatsächlich im
Interesse ihrer Auftraggeber handeln. Der Unterschied zwischen Coase einerseits und Alchian und Demsetz andererseits bedarf genauerer Erklärung.

Nach Coase ist der Vorteil des Unternehmens gegenüber Markttransaktionen ein Gewinn infolge der relativ niedrigen Transaktionskosten. (In
Wirklichkeit allerdings hat das Unternehmen zwar bestimmte Transaktionen − nämlich die auf dem Gütermarkt − verringert, dafür aber be-

stimmte andere Transaktionen vermehrt – nämlich die auf dem Faktor-
markt. Als effiziente Unternehmensgröße gilt daher diejenige, bei der
Grenzgewinn und Grenzkosten gleich hoch sind.) Alchian und Demsetz
betonen die Produktivitätsgewinne aus Gruppenarbeit, auf die Coase nicht
eingeht; dann aber weisen sie darauf hin, daß ein Nebenprodukt der Gruppenarbeit Drückebergerei oder Mogelei sein werde und deshalb ein Auf-
passer nötig sei, um diese Transaktionskosten zu senken.[6]

Sowohl Williamson (1975) wie Klein, Crawford und Alchian (1979)
weisen auf die Rolle des Opportunismus bei der Einführung der vertikalen
Verflechtung wirtschaftlicher Tätigkeit hin. Wo Vermögenswerte spezifi-
scher werden und es daher Quasi-Renten anzueignen gibt (die wir als Dif-
ferenz zwischen dem Wert eines Vermögensgutes und dem seiner nächstbesten Verwendung definieren), werden die Kosten von Vertragsschlüssen auf
dem Markt stärker steigen als die Kosten vertikaler Verflechtung; wir
werden eine vertikale Verflechtung beobachten können, die verhindern soll,
daß ein Unternehmen von einem Verhandlungspartner behindert wird, der
in der Lage wäre, besagtem Unternehmen durch Abänderung von Vertragsbedingungen in einem strategischen Zeitpunkt schwere Verluste zuzufügen.

Alchian und Demsetz (sowie Jensen und Meckling) heben hervor, daß das
Unternehmen schlicht eine juristische Fiktion, ein Knotenpunkt von Vertragsbeziehungen sei, wogegen Coase als charakteristisch für das Unternehmen die Ausübung von Macht betont. Mit dieser Auffassung nähert sich
Coase in mancher Hinsicht den Kritikern der Neuen Linken, etwa Marglin,
der (1974) behauptete, daß die Produktivitätsgewinne aus der vielgeprie-
senen Smithschen Spezialisierung und Arbeitsteilung die hierarchische Ordnung des Unternehmens gar nicht förderten und daß das Vorhandensein des
Unternehmens darin gründe, daß es ein Ausbeutungsinstrument sei, nämlich der Ausbeutung der Arbeiter durch die Bosse. Der Unterschied zwischen den beiden Auffassungen ist der, daß Coase die realen Transaktions-
kostengewinne des Unternehmens (die vermutlich zumindest teilweise im
Gefolge von Machtausübung entstehen) hervorhebt, während Marglin und
die Kritiker der Neuen Linken behaupten, daß es infolge der vom Unternehmen geschaffenen hierarchischen Ordnung nicht zu realen Kostener-
sparnissen komme. Marglins Behauptung hält kritischer Prüfung allerdings
nicht stand. Würde die disziplinierte hierarchische Unternehmensstruktur
keine realen Kostenersparnisse mit sich bringen, so könnten wir sicherlich
beobachten, wie den Unternehmen eine erfolgreiche Konkurrenz in Gestalt

---

[6] Wie allerdings McManus (1975) hervorhebt, haben Alchian und Demsetz Unrecht mit
ihrer Behauptung, daß Gruppenarbeit an sich die Ursache des Problems sei. Vielmehr ist
es die Kostspieligkeit der Messung der Einsätze und Ausstöße, die diese Überwachungsko-
sten entstehen läßt.

nicht-autoritärer Ordnungsformen erwüchse. Da es in der amerikanischen Wirtschaftsgeschichte buchstäblich tausende Versuche mit utopischen, genossenschaftlichen und anderen Formen wirtschaftlicher Ordnung gegeben hat, würden wir erwarten, daß viele davon als Konkurrenten des herkömmlichen Unternehmens überleben. Aber das tun sie nicht; und selbst eine nur oberflächliche Betrachtung der Ursachen ihres Versagens läßt darauf schließen, daß tiefliegende Transaktionskostenprobleme das Überleben solcher nicht-autoritärer Ordnungsformen behinderten. Würden diese Beweise noch nicht genügen, so könnten wir uns ebenso gut die vielen Experimente in sozialistischen Ländern ansehen. Offensichtlich hat die hierarchische Ordnung sowohl Produktionskostenvorteile (infolge steigender Skalenerträge) als auch Transaktionskostenvorteile.[7]

IV

Versuchen wir einmal, diese einzelnen Überlegungen der beiden letzten Abschnitte zu einer allgemeinen Transaktionskostenbetrachtung wirtschaftlicher Ordnungsformen zusammenzufügen, bevor wir den Staat in die Analyse einbeziehen.[8]

Die in Produktivmitteln ausgedrückten Kosten, die für Überprüfung (im weiteren Sinne) aufgewendet werden, sind für verschiedene Formen geordneter wirtschaftlicher Tätigkeit verschieden hoch. Diese Überprüfungskosten bestehen aus den Kosten der Messung alternativer Ordnungsformen und den Kosten der Durchsetzung einer Übereinkunft. Offensichtlich sind die Messungskosten auf Märkten andere als in hierarchischen Ordnungen.

Märkte beherrschen den Verkauf von Gütern an Letztverbraucher; hier tritt sowohl ein subjektives Maßelement auf (wie Frische eines Agrarprodukts oder Geschmack von Orangensaft) wie auch das Element der weniger kostspieligen, freilich auch weniger genauen objektiven Messung (wie Gewicht, Anzahl, Farbe oder Qualitätsklasse einer Ware — also die vom Konsumenten beobachtbaren Behelfsmaße). Wenn wir vom Orangensaft zu komplexeren Gütern oder Dienstleistungen übergehen, wie einem Fernsehapparat, der Qualität der Reparaturleistungen an einem Kraftfahrzeug oder der Qualität einer ärztlichen Leistung, so steigen die Messungskosten ungeheuerlich, und wir werden uns eher auf verschiedene Behelfsgrößen wie

---

[7] Zur Frage psychologischer Versuche, die Drückebergerei bei Gruppenarbeit im Vergleich zu Einzelleistungen nachzuweisen und zu messen, vgl. LATANE, SILLIAMS und HARKINDS (1979).

[8] Genauer ausgearbeitet findet sich das hier vorgetragene Argument bei McMANUS (1975) und BARZEL (1982).

Markennamen, Handelsmarken, Garantien, einen guten Ruf verlassen; aber das entscheidende Element ist der Grad des Wettbewerbs, der die eigentlichen Handlungsträger beschränkt.

Wenn wir uns Zwischenprodukten und -leistungen zuwenden, wie einer Werkzeugmaschine, die bei der Herstellung eines Kraftfahrzeugs gebraucht wird, so kann der Tauschakt ein Markttausch sein oder einer, der innerhalb eines Unternehmens, sozusagen intern, stattfindet; die Messungskosten werden dementsprechend verschieden hoch sein. Wenn der Tauschakt in Käufen auf dem Markt besteht, so hält der Wettbewerb den Verkäufer dazu an, die Maßvorschriften des Tauschvertrages einzuhalten oder einem Konkurrenten weichen zu müssen. Das Geldeinkommen des Verkäufers ist daher unmittelbar von seiner Leistung abhängig. Wenn der Werkzeugmaschinenbau innerhalb eines Unternehmens stattfindet, so bedarf es immer noch der Messung, um sicherzustellen, daß eine Werkzeugmaschine gegebenen Qualitätsvorschriften entspricht und daß das Unternehmen sich mehrerer Überprüfungsverfahren (wie Qualitätskontrollinspektoren und Buchhaltungsmethoden) zur Leistungsmessung bedient. Das Einkommen des Arbeiters jedoch, der nunmehr bei der Erzeugung der Werkzeugmaschine Teil einer Arbeitsgruppe ist (und als solcher eher Auftragnehmer als selbständig Tätiger), ist nicht mehr unmittelbar von seiner Produktivtätigkeit abhängig. Der Markt stellt nicht mehr eine unmittelbare Beschränkung der Leistung dar. Ließen sich Menge und Qualität des Ausstoßes des einzelnen Arbeiters kostenlos messen, so wäre der Markt natürlich eine ebenso wirksame Beschränkung; das Einkommen des Arbeiters wäre unmittelbar von seiner Leistung abhängig, und er würde nach seinem Ausstoß (im Stücklohn) und nicht nach seinem Einsatz (im Stundenlohn) bezahlt. Weil es aber etwas kostet, die individuelle Leistung zu messen (und eine vollkommene Messung oft überhaupt unmöglich ist), sind Drückebergerei, Mogelei usw. an der Tagesordnung; Arbeiter werden nach ihren Einsätzen bezahlt, und verschieden kostspielige, aber unvollkommene Überprüfungsverfahren werden zur Verminderung der Drückebergerei angewendet.

Auch die Durchsetzung eines Vertrages bringt Kosten mit sich: Kosten der Messung der Schäden oder Nachteile für einen Vertragspartner, die Verhängung von Strafen und die Entschädigung des geschädigten Tauschpartners.

Um Schäden zu messen, muß man zuvor die Leistung messen können; Verträge enthalten daher eingehende Spezifikationen, welche die Merkmale des Tauschaktes, in denen sich erbrachte Leistung ausdrückt, festlegen.

Zur Verfügung von Strafen und Schadenersatzleistungen bedarf es nicht nur einer Rechtsordnung, einer Verfahrensordnung und der Durchsetzung dieses Rechts; es wirken darauf zudem moralische bzw. ethische Verhaltensnormen in erheblichem Maße ein (d. h. die Wahrnehmung der Rechtmäßigkeit von Gesetzen und vertraglichen Beziehungen). Auch in einfachen, nicht spezialisierten Gesellschaften hängt die Durchsetzung eines direkten Tauschakts von solchen Verhaltensnormen ab, und die wahrgenommene Rechtmäßigkeit der vertraglichen Beziehung ist von großem Einfluß auf Richter und Schöffen. Wäre die Messung vollkommen und spräche ein Gericht dem durch Nichterfüllung eines Vertrages geschädigten Vertragspartner Schadenersatz in „richtiger" Höhe zu, so würde der Opportunismus nicht in dem Maße auf die Wirtschaftsordnung Einfluß nehmen, wie er dies tatsächlich tut. Aber das richterliche Verfahren wird von Agenten des Herrschers abgewickelt, die selbst nicht vollkommen beschränkt werden können und die ebenso von ihrem Eigeninteresse wie von ihrer subjektiven Einschätzung der Billigkeit des Vertrages geleitet werden.

Daher ist die Durchsetzung eine unvollkommene, insbesondere was solche Übereinkünfte wie langfristige Verträge angeht, in denen zukünftige Preise und Risiken nicht genau angegeben werden können.[9] Ebenso unzulänglich ist sie dort, wo spezialisiertes Sach- oder Humankapital, dessen Beschaffenheit Verzögerungen oder Opportunismus gewinnbringend machen kann, eingesetzt wird.

In einer Hauswirtschaft gibt es keine Transaktionskosten: Daher ist keine Behelfsgröße für subjektive Messungen erforderlich, denn die einzelnen Wirtschafter passen ihre häusliche Produktion ihren jeweiligen Nutzenfunktionen an. Die vertikale Verflechtung ist hier eine vollständige, freilich erfolgt sie auf Kosten jeglicher Spezialisierung.

Je weiter Spezialisierung und Arbeitsteilung gehen, um so mehr Schritte enthält der Produktionsvorgang vom ursprünglichen Produzenten bis zum Letztverbraucher, und um so größer sind die Gesamtkosten der Messung (da bei jedem Schritt gemessen werden muß). Die Wahl der Ordnungsform wird durch die Eigenschaften des Gutes oder der Leistung und durch die Technik der Messung dieser Eigenschaften beeinflußt.

Eine hierarchische Ordnung ersetzt den Markt erstens, weil Gruppenarbeit Skalenerträge zeitigt; freilich treten diese Skalenerträge um den Preis höherer Kosten der Messung der Leistung einzelner Gruppenmitglieder (Agenten) ein. „Ein Unternehmen internalisiert externe Effekte (d. h. es realisiert Skalenerträge), indem es die Produktivtätigkeit eines einzelnen externalisiert oder von seinem Geldeinkommen aus der Produktion unabhängig macht" (McManus, 1975, S. 346). Deshalb beschäftigt das Unternehmen Prüfer, die das Verhalten der Agenten oder Geschäftsführer beschränken und Drückebergerei und Mogelei vermindern.

Zweitens ersetzt die hierarchische Ordnung Markttransaktionen dort, wo spezialisierte Human- und Sachkapitalinvestitionen die Handlungsträger

---

[9] GOLDBERG (1976) bezeichnet solche Vertragsbeziehungen als „relationalen Tausch".

nach Abschluß des entsprechenden Vertrages infolge dessen mangelnder Durchsetzbarkeit opportunistischen Pressionen aussetzen. Vertikale Verflechtung kann die Wahrscheinlichkeit derartiger Behinderungen in einer Situation, in der es erhebliche Quasi-Renten anzueignen gibt, verringern; es werden dabei jedoch dieselben Überprüfungskosten wie oben entstehen.

Die gesamte neuere neoklassische Literatur behandelt das Unternehmen als ein Substitut für den Markt. Für den Wirtschaftshistoriker ist diese Sicht nützlich; beschränkt nützlich freilich, denn sie läßt eine entscheidende historische Tatsache außer acht: Hierarchische Ordnungsformen und vertragliche Tauschvereinbarungen gehen dem preisbildenden Markt (etwa dem für Orangen) voraus. Der erste uns bekannte preisbildende Markt ist in der athenischen Agora des sechsten Jahrhunderts v. Chr. zu finden, aber Tausch war davon schon durch Jahrtausende hindurch getrieben worden. Jetzt besitzen wir den Schlüssel, um solche früheren Ordnungsformen erklären zu können.

Wenn wir das tun wollen, müssen wir zuerst eine Verwirrung aufklären, die Karl Polanyi und viele spätere Autoren gestiftet haben.[10] Für Polanyi ist der *Markt* synonym mit einem *preisbildenden Markt*. Es sollte aber ohne weiteres einleuchten, daß jede Form freiwilligen vertraglichen Tausches einen Markt voraussetzt und daß dessen Form durch die oben vorgetragenen Erwägungen bestimmt wird. Polanyi erlag einem grundsätzlichen Irrtum, als er dachte, daß jede Abweichung vom agoraartigen Markt ein nicht-wirtschaftliches Verhalten bedeute: Selbst die Zeit, die er in *The Great Transformation* (1957) als den Höhepunkt marktwirtschaftlichen Denkens ansah, war von einer riesigen Vielfalt vertraglicher Vereinbarungen geprägt, die keine preisbildenden Märkte waren.[11] Zwei Überlegungen sprechen entschieden gegen die Existenz preisbildender Märkte vor dem sechsten vorchristlichen Jahrhundert. Die eine ist die Transaktionskostenüberlegung, die Gegenstand dieses Kapitels war; die zweite betrifft die Wohlstandsmaximierungsziele der Herrscher der Staaten.

Preisbildende Märkte setzen genau abgegrenzte und durchgesetzte Eigentumsrechte voraus. Es muß möglich sein, die Dimensionen eines Gutes oder einer Leistung zu messen; zudem müssen die entsprechenden Rechte Ausschließlichkeit des Eigentums verleihen, und es muß einen Durchsetzungsmechanismus geben, der den Gütertausch regelt. Kleine Zahlen von Tauschpartnern, die Möglichkeit des Opportunismus, Unsicherheit infolge Fehlens genau abgegrenzter Eigentumsrechte oder die Unfähigkeit, Veränderungen der Vertragsbedingungen während der Gültigkeitsdauer eines

---

[10] Polanyi hatte wenig Einfluß auf Ökonomen, dafür aber umso größeren auf die anderen Sozialwissenschaften und unter Historikern.
[11] Siehe NORTH (1977).

Tauschvertrages vorherzusagen, resultieren alle in alternativen vertraglichen Vereinbarungen, die den Zweck haben, die auflaufenden Transaktions- oder Produktionskosten zu senken.

V

Die obenstehenden Überlegungen nehmen an, daß unter den stets erfüllten Bedingungen von Knappheit und Wettbewerb effizientere Ordnungsformen weniger effiziente verdrängen und daß es möglich ist, vorherzusagen, welche Formen sich herausbilden werden. Selbst in einem Staat, der in der Art und Weise agierte, wie es eine Vertragstheorie unterstellt, würde es zu Veränderungen der Ordnungsformen kommen, weil jede Art der Besteuerung die erforderlichen Messungskosten und die entsprechende Ordnung verändern würden; aber die Theorie des Staates, wie sie im vorhergehenden Kapitel dargestellt ist, hat es mit viel größeren Veränderungen zu tun.

Der Staat wird Regeln festlegen, um das Einkommen des Herrschers und seiner Gruppe zu maximieren, und wird dann innerhalb dieser Beschränkung Regeln ausarbeiten, welche die Transaktionskosten senken würden. Formen nicht-freiwilliger Ordnung werden bestehen, wenn sie für den Herrscher gewinnbringend sind (z. B. nicht-freiwillige Sklaverei); relativ ineffiziente Ordnungsformen werden sich erhalten, wenn effizientere Formen das Leben des Herrschers von innen oder von außen gefährden würden (z. B. das Agrarkollektiv in der Sowjetunion heute oder die Organisation des athenischen Getreidehandels in der klassischen Antike)[12]; und Ordnungsformen, in denen die Messungskosten für Zwecke der Steuererhebung für die Herrscher gering sind, werden fortbestehen, auch wenn sie relativ ineffizient sind (z. B. die Vergabe von Monopolen wie im Frankreich Colberts).

Abgesehen von dieser Anfangsbeschränkung wird der Herrscher zum Zwecke der Transaktionskostensenkung ein System von Regeln und deren Durchsetzbarkeit als öffentliches Gut bereitstellen − darunter die Festlegung einheitlicher Maße und Gewichte[13], ein System von Eigentumsrechten zur Förderung von Produktion und Handel, sowie ein System der Rechtsprechung zur Beilegung von Streitigkeiten und Vollzugsverfahren zur Durchsetzung von Verträgen.

---

[12] Vgl. die Darstellung des athenischen Getreidehandels bei POLANYI (1977).

[13] Man beachte jedoch, daß die Art der Festlegung von Maßen und Gewichten im Hinblick auf die Maximierung des Einkommens des Herrschers bestimmt wird. Die Geschichte von Maßen und Gewichten wird erst sinnfällig, wenn wir die Vorrangstellung der herrscherlichen Interessen berücksichtigen.

VI

Die vorangehende neoklassische Betrachtung der Wirtschaftsordnung ist in wenigstens zweierlei Hinsicht mangelhaft.

Erstens: Je weiter die politische Kontrolle deshalb aufgeteilt ist, weil es Gruppen von Staatsangehörigen gelungen ist, ihren jeweiligen Anspruch an den Staat geltend zu machen, um so schwerer läßt sich vorhersagen, welche entsprechenden Formen von Eigentumsrechten sich herausbilden werden. Es ist nicht allzu schwierig, die Wirtschaftsordnung der umverteilenden Gesellschaften im alten Ägypten zu erklären; viel schwieriger ist es, die vielschichtige Wirtschaftsordnung moderner demokratischer Gesellschaften zu erklären, wo viele Interessengruppen miteinander um die Vorherrschaft im Staate und um die Gestaltung von Eigentumsrechten und somit der Wirtschaftsordnung konkurrieren.[14]

Ein größeres Problem besteht darin, daß die Theorie unvollständig ist, wie selbst eine beiläufige Sichtung der Literatur zur Industrieorganisation bezeugt. Diese Literatur nimmt ausgiebig Bezug auf das Gegensatzpaar schlichtes Selbstinteresse vs. arglistiges Selbstinteresse (also opportunistisches Verhalten): Manchmal werden die Menschen einander ausnützen, manchmal nicht; manchmal arbeiten Menschen schwer, manchmal nicht. Zuverlässigkeit, Rechtschaffenheit, Anstand als Selbstverständlichkeit sind in vertraglichen Vereinbarungen wichtig, ebenso wichtig und überall anzutreffen sind Faulenzertum, Mogeleien, Kavaliersdelikte und Sabotage am Arbeitsplatz.

Kurz gesagt: Die Kosten der Messung von Verhaltensbeschränkungen sind so hoch, daß in Ermangelung ideologischer Überzeugungen, welche das individuelle Maximieren einschränken, die Funktionsfähigkeit der Wirtschaftsordnung bedroht ist. Aufwendungen zur Bestätigung ihrer Legitimität sind ebenso Kosten der Wirtschaftsordnung wie die Messungs- und Durchsetzungskosten, von denen in den vorstehenden Abschnitten dieses Kapitels die Rede war. Wie oben kurz erwähnt, ist geradezu entscheidend für die Frage der Durchsetzbarkeit die wahrgenommene Rechtmäßigkeit vertraglicher Beziehungen.

---

[14] Die Fülle einschlägiger Aufsätze in so spezialisierten Zeitschriften wie dem *Bell Journal* und dem *Journal of Law and Economics* belegt diese Schwierigkeit nur allzu gut.

Kapitel 5

Ideologie und Schwarzfahrerproblem

I

In den letzten zwei Kapiteln erörterte ich eine Reihe neoklassischer Annahmen über Staat und Wirtschaftsordnung. Ich wende mich jetzt einem Problem zu, das solche Annahmen zwar erhellt, aber nicht gelöst hat.

Die Verhaltensfunktion des neoklassischen Modells ist durch eine problematische Asymmetrie gekennzeichnet: Um ein funktionsfähiges politisches System konstruieren zu können, legt sie gleichzeitig Wohlstandsmaximierung und das Hobbessche Staatsmodell zugrunde. Wenn der einzelne im Sinne der ersten Annahme rational handelt, muß er im Sinne der zweiten irrational handeln. Sicherlich liegt es im Interesse eines neoklassischen Wirtschafters, Verhaltensbeschränkungen durch Festlegung einer Reihe von Regeln für das Handeln des einzelnen zuzustimmen: Daraus erklärt sich die Ansicht, daß der Hobbessche Staat eine logische Erweiterung des neoklassischen Modells in Anwendung auf eine Theorie des Staates sei. Es ist aber ebenso im Interesse des neoklassischen Wirtschafters, diese Regeln nicht zu befolgen, wann immer eine individuelle Kosten-Nutzen-Rechnung ein solches Vorgehen vorschreibt. Allerdings würde solches Vorgehen zur Funktionsunfähigkeit jedes Staates führen, denn die Kosten der Regeldurchsetzung würden, wenn nicht unendlich, so doch mindestens so groß sein, daß sie das System lahmlegten. Trotzdem bietet die alltägliche Beobachtung reichlich Belege dafür, daß der einzelne Regeln gehorcht, obwohl sein individuelles Kalkül ihn anders handeln lassen sollte. Schon oberflächliche Betrachtung zeigt zudem, daß erstaunliche Veränderungen durch Aktionen großer Gruppen bewirkt werden, die der Logik des Schwarzfahrerproblems zufolge gar nicht durchgeführt werden sollten. Gerade dieses Dilemma will ich in neoklassischer Manier untersuchen.

Anhand der neoklassischen Verhaltensannahme läßt sich höchst vielfältiges individuelles Verhalten erklären — daher die Durchschlagskraft des neoklassischen Modells. Die Schwarzfahrervorstellung erklärt die Instabilität großer Gruppen dort, wo es keine spezifischen Nebenvorteile gibt, z. B.

die Wahlunwilligkeit von Bürgern oder die Tatsache, daß anonyme unbezahlte Blutspenden nicht ausreichen, um die Krankenhäuser zu versorgen. Nicht befriedigend aber erklärt das neoklassische Modell bislang das gegenteilige Verhalten. Es kommt durchaus vor, daß große Gruppen handeln, auch wenn keine offensichtlichen Vorteile die erheblichen Kosten individueller Beteiligung aufwiegen; ebenso beteiligen sich Bürger an Wahlen, ebenso spenden Leute anonym Blut. Ich behaupte nicht, daß solches Handeln irrational sei, sondern nur, daß die Kosten-Nutzen-Rechnung, die wir anstellen, zu beschränkt ist, um andere Elemente in den individuellen Entscheidungsprozessen zu erfassen. Individuelle Nutzenfunktionen sind nun einmal komplizierter als die einfachen Annahmen der bisherigen neoklassischen Theorie.[1] Aufgabe des Sozialwissenschaftlers ist es, die Theorie so zu erweitern, daß sie vorhersagen kann, wann der einzelne sich als Schwarzfahrer verhalten wird und wann nicht. Ohne eine erweiterte Theorie können wir einen großen Teil des durch Aktionen großer Gruppen in Gang gesetzten und vollführten langfristigen sozialen Wandels nicht erklären.

Einerseits beobachten wir, wie einzelne die Regeln ihrer Gesellschaft verletzen, wenn ihr Nutzen daraus ihre Kosten übersteigt, andererseits beobachten wir, wie sie die Regeln befolgen, obwohl ihr individuelles Kalkül sie anders handeln lassen sollte. Warum verschmutzen Leute nicht die Landschaft? Warum betrügen oder stehlen sie nicht, wenn die Wahrscheinlichkeit der Bestrafung im Vergleich zum möglichen Gewinn minimal ist? Ich spreche hier nicht von den Handlungen einzelner, die aus einer gewissen Gegenseitigkeit resultieren − z. B. Verhalten wie Höflichkeit und gutes Benehmen, das seinen Nutzen im entsprechenden Gegenverhalten anderer, mit denen wir in Berührung kommen, zeitigt. Ich spreche von den Werten, die durch Familie und Schule eingeprägt werden und den einzelnen dazu bewegen, sich in seinem Verhalten so zu beherrschen, daß er nicht als Schwarzfahrer auftritt. So werde ich z. B. ästhetische Befriedigung aus einer schönen Landschaft ziehen, egal ob ich sie verschmutze oder nicht; mich kostet es etwas, sie nicht zu verschmutzen, und mein Verhalten wird sich auf die Qualität der Landschaft so gut wie gar nicht auswirken. Die Frage für den Sozialwissenschaftler lautet: Wieviel zusätzliche Kosten nehme ich auf mich, bevor ich zum Schwarzfahrer werde und die Bierdosen aus dem Autofenster werfe?

Ich habe die Frage im Zusammenhang mit politischer Ordnung aufge

---

[1] Soziologen wie Parsons und Shils haben versucht, weitere psychologische Elemente in die Vorstellung ideologischen Verhaltens einzubauen; insbesondere übernehmen sie die Elemente gesellschaftlichen Druckes von Durkheim. Eine ausführliche, aber ergebnislose Untersuchung, welche die Bedeutung von Symbolen und Bildern für die Formulierung von Ideologien hervorhebt, findet sich bei GEERTZ (1973, Kapitel 8).

worfen, aber sie ist genauso grundlegend für die Funktionsfähigkeit einer Wirtschaftsordnung. Menge und Qualität individueller Arbeit lassen sich infolge von Messungsproblemen nur unvollkommen durch Regeln sichern. Stücklöhne sind nur dort eine Lösung, wo die individuellen Anteile an einer Arbeitsleistung mit geringen Kosten meßbar sind und die Qualität gleichbleibt. Andere Überprüfungsverfahren, die den Arbeitsausstoß messen sollen, sind ebenso unvollkommen. Der Unterschied zwischen Arbeitern, die „fleißig" oder „gewissenhaft" sind oder „schwer arbeiten" und denen, die „faul" oder „ungeschickt" sind oder „sich drücken", ergibt den Unterschied in deren Ausstoß als Folge davon, wieviel die ideologische Überzeugung zur Vermeidung von Drückebergerei beiträgt.

Was für die Drückebergerei gilt, gilt ebenso für das Ausmaß von Diebstahl, Betrug, Kavaliersdelikten, mißbräuchliche Verwendung von Spesenkonten – kurz gesagt: ganz allgemein von opportunistischem Verhalten. Ihre Kurzsichtigkeit hinderte die neoklassischen Ökonomen daran, zu bemerken, daß selbst bei einer gleichbleibenden Kombination von Regeln, Aufdeckungsverfahren und Strafen das Ausmaß der individuellen Verhaltensbeschränkung ein höchst unterschiedliches ist. Wirksame moralische bzw. ethische Normen einer Gesellschaft sind das Bindemittel der sozialen Stabilität, die ein Wirtschaftssystem funktionsfähig macht.

Ohne eine ausdrückliche Theorie der Ideologie oder, allgemeiner, der Wissenssoziologie sind unsere Möglichkeiten, die gegenwärtige Verwendung von Produktivmitteln oder den historischen Wandel zu erklären, äußerst geringfügig. Abgesehen davon, daß wir nicht imstande sind, das grundsätzliche Dilemma des Schwarzfahrerproblems zu lösen, können wir nicht die enormen Aufwendungen erklären, die sich jede Gesellschaft leistet, um ihre eigene Rechtmäßigkeit zu beweisen. Hierher zählt ein guter Teil des Bildungswesens, der sich in keiner Weise als Investition in das Humankapital oder als Konsumgut erklären läßt. Wir können nicht das Abstimmungsverhalten von Gesetzgebern vorhersagen, das zu einem guten Teil unerklärlich bleibt, auch nachdem wir bereits alle Interessengruppenerklärungen ausgeschöpft haben. Ebensowenig können wir die der Stoßrichtung der großen Interessengruppen nicht selten zuwiderlaufenden Entscheidungen des Standes der unabhängigen Richter erklären, deren gesicherte Stellung und Bezahlung sie der Notwendigkeit enthebt, die üblichen Standesinteressen durchzusetzen. Wie erklärt sich das Abgehen von lange tradierten höchstrichterlichen Entscheidungen und die radikalen Veränderungen in der Auslegung der US-amerikanischen Verfassung im Laufe der letzten hundert Jahre? Und ebenso können wir weder die Neigung (ja, geradezu den Ehrgeiz) der Historiker, die Geschichte für jede Generation neu zu schreiben, noch die Gefühlsaufladung vieler historischer Diskussionen erklären.

In den restlichen Abschnitten des Kapitels werde ich diesen Fragen nachgehen. Ich muß allerdings gleich eingestehen, daß daraus nichts so Großartiges wie eine Theorie der Wissenssoziologie wird. Von einer solchen sind wir weit entfernt; das viel bescheidenere Ziel dieses Kapitels ist es, auf einige der Probleme hinzuweisen und einige vorläufige Hypothesen anzubieten, die dem Ökonomen, dem Historiker oder dem Wirtschaftshistoriker bei dem Versuch nützlich sein können, der theoretischen Zwangsjacke, in der wir stecken, zu entschlüpfen. Darüberhinaus befasse ich mich insbesondere mit dem Schwarzfahrerproblem, weil dieses Problem eine entscheidende Rolle in der Erklärung von Struktur und Wandel politischer und wirtschaftlicher Ordnungen im Laufe der Geschichte spielt.

Die nächsten drei Abschnitte befassen sich nacheinander mit dem Wesen der Ideologie, mit Veränderungen der Ideologie und mit den Merkmalen erfolgreicher Ideologien. Abschnitt V untersucht den Stellenwert des Ideologiebegriffes in Wirtschaftswissenschaft und Wirtschaftsgeschichte und bietet einige Hypothesen für eine positive Theorie an.

II

Die Wissenssoziologie beschäftigt sich mit der Frage, wie Wissen erworben wird.[2] Auf ihrer untersten Stufe ist sie vortheoretisch insofern, als das Alltagsverhalten der Menschen durch eine Reihe von Gewohnheiten, Maximen, Verhaltensnormen geleitet wird, die zunächst von der Familie (Primärsozialisation) und in der Folge im Bildungsprozeß und von anderen Einrichtungen, wie der Kirche, (Sekundärsozialisation) übernommen werden. Aber wenn wir auch meinen, wir bewältigten unseren Alltag mit Hilfe eines Wissens, das unser „Alltagsverstand" bereithält, so ist dieses Wissen im Grunde doch ein theoretisches, und Ideologien sind intellektuelle Bemühungen, die Verhaltensmuster von einzelnen und Gruppen zu rationalisieren. Tatsachen erklären uns nicht die Welt; Erklärung setzt Theorie voraus — nicht notwendigerweise bewußte, ausdrückliche Theorie, aber jedenfalls Theorie. Theorien können nicht als „wahr" bewiesen werden; sie lassen sich nur durch empirische Gegenbeweise widerlegen. Aber zur Erklärung eines guten Teils der Welt um uns werden konkurrierende Theorien bemüht, und es gibt keine endgültigen Prüfverfahren, die alle Erklärungen außer einer ausscheiden könnten.

Die entscheidungstheoretische Richtung der Wirtschaftstheorie nimmt an, daß im Entscheidungsprozeß Werte unveränderlich vorgegeben sind

---

[2] Einen guten Überblick über dieses Thema geben BERGER und LUCKMAN (1966).

und daß die Entscheidenden in dem Sinne rational handeln, daß sie Information effizient benützen. Diese zweite Annahme ist eine Art neoklassischer „Keil", da — zumindest teilweise — als Erklärung für den Fortbestand einander widersprechender Theorien die Informationskosten angeführt werden. Sobald es irgend ein Kosten-Nutzen-Kalkül für einen Abstimmungsvorgang gibt, ist es für die Abstimmenden schlichtweg nicht lohnend, die Information zu sammeln, die sie brauchen würden, um konkurrierende Erklärungen so zu überprüfen, daß sie die Entscheidung mit den gewünschten Zielen in Verbindung bringen können. Außerdem gibt es trotz aller Informationen, die geschulten Sozialwissenschaftlern heute verfügbar sind, immer noch konkurrierende Theorien. Es gibt einfach nicht genügend empirisches Belegmaterial, anhand dessen endgültig geprüft werden könnte, welche der konkurrierenden Erklärungen auszuschließen seien. Ideologie gibt es überall; sie ist nicht auf eine Klasse beschränkt; und die Vorstellung vom „falschen Bewußtsein" ist irrelevant, weil sie irgend ein „richtiges Bewußtsein" unterstellt, das niemand hat. Drei Aspekte der Ideologie müssen hervorgehoben werden.

1. Ideologie ist eine Sparmaßnahme: Mit ihrer Hilfe richtet sich der einzelne in seiner Umwelt ein; sie liefert ihm eine „Weltanschauung", so daß sein Entscheidungsprozeß vereinfacht wird.

2. Ideologie ist unentwirrbar verwoben mit moralischen bzw. ethischen Urteilen über die Gerechtigkeit der Welt, wie sie der einzelne sieht. In dieser Situation bedarf er offensichtlich der Vorstellung möglicher Alternativen — konkurrierender Rationalisierungen oder Ideologien. Ein Werturteil über die „richtige" Verteilung des Einkommens ist wichtiger Bestandteil einer Ideologie.

3. Der einzelne verändert seinen ideologischen Standpunkt, wenn seine Erfahrung mit seiner Ideologie nicht vereinbar ist. Ja, er versucht eine neue Kombination von Rationalisierungen zu entdecken, die zu seinen Erfahrungen besser „passen". Es ist hier jedoch auf eine Analogie zu den Ergebnissen von Thomas Kuhn hinzuweisen. In seinem Buch *Die Struktur wissenschaftlicher Revolutionen* (1973) betont Kuhn, daß es immer Unvereinbarkeiten zwischen der „normalen Wissenschaft" und deren wissenschaftlichem Beweismaterial gibt und daß es einer Anhäufung solcher Unvereinbarkeiten bedarf, um den Wissenschaftler in ein neues Paradigma zu zwingen. Ähnlich ist es mit der Ideologie: Unvereinbarkeiten zwischen Erfahrungen und Ideologie müssen sich häufen, bevor der einzelne seine Ideologie ändert. Die Folgerungen für die neoklassische Theorie sind wichtig. Eine einzige Veränderung in einer Reihe relativer Preise muß für sich allein den Standpunkt und somit die Entscheidungen des einzelnen nicht verändern, aber anhaltende Veränderungen, die den Rationalisierungen des einzelnen zuwiderlaufen, oder eine Veränderung, die umwäl-

zende Folgen für sein Wohlbefinden hat, werden ihn zu einer Änderung seiner Weltanschauung bewegen.

III

Im Sinne des letzten Abschnittes sollten wir einen guten Teil des Ideologienwandels anhand bloßer ökonomischer Überlegungen vorhersagen können. Becker und Stigler (1977) machen genau das, indem sie den Einfluß des Wertes von Zeit, Humankapital usw. auf den Entscheidungsvorgang untersuchen. So könnte man anhand einer reinen Opportunitätskostenüberlegung vorhersagen, daß die Weltanschauung eines jungen Erwachsenen eine andere sein wird als die eines Erwachsenen mittleren Alters. Aber Beckers und Stiglers Betrachtung ist viel zu eng gefaßt, als daß sie einen sehr großen Teil der Ideologieproblematik erklären könnte, und zwar aus zwei wesentlichen Gründen. Erstens gibt es für die meisten Rationalisierungen oder Theorien, an die sich einzelne halten, keine schlüssigen Prüfverfahren, anhand derer die Konsequenzen alternativer Entscheidungen bestimmt werden könnten; die individuelle Erfahrung bietet keine Handhabe für die unzweideutigen Entscheidungen, wie sie die Theorie von Becker und Stigler unterstellt. Menschen, die sich in ihren Erfahrungen voneinander unterscheiden, haben verschiedene Rationalisierungen oder Ansichten von ihrer Umwelt und keine Möglichkeit, diese verschiedenen Auffassungen endgültig zu bestätigen oder zu verwerfen.

Zweitens lassen Becker und Stigler die ethischen und moralischen Urteile außer acht, die ein wesentlicher Teil des ideologischen Rüstzeugs eines Menschen sind. Zum Grundbestand jeder individuellen Weltanschauung gehört ein Urteil über die Billigkeit oder Richtigkeit des „Systems". Dieses Urteil umfaßt zwar mehr als die spezifischen Austauschbedingungen, die für den urteilenden einzelnen gelten, doch sind diese Bedingungen entscheidender Bezugspunkt für die Wertung der Gerechtigkeit des Systems. Ich kann mir beispielsweise vier Veränderungen relativer Preise vorstellen, welche die Meinung des einzelnen über die Gerechtigkeit des Systems verändern und ihn seinen ideologischen Standpunkt wechseln lassen:

1. eine Veränderung der Eigentumsrechte dahingehend, daß Einzelpersonen der Zugang zu Mitteln verwehrt wird, den als selbstverständlich oder gerecht anzusehen sie sich angewöhnt hatten (z. B. die Einhegung der Allmende);

2. eine Verschlechterung der Austauschbedingungen auf einem Faktor- oder Produktmarkt gegenüber dem, was man als gerechte Tauschrelation zu betrachten sich gewöhnt hat;

3. eine Verschlechterung der relativen Einkommenshöhe einer bestimmten Gruppe von Arbeitskräften;

4. eine Senkung der Informationskosten mit der Folge, daß Wirtschafter erfahren, daß anderswo andere und günstigere Austauschbedingungen herrschen.

Ich bin mir durchaus der Schwierigkeiten bewußt, welche die Einführung des Begriffs der Billigkeit in die Literatur über Eigentumsrechte mit sich bringt. Wie kommt der einzelne zu seiner Vorstellung eines gerechten Austauschverhältnisses, und wo wird ein gerechtes Verhältnis ungerecht? Wenn diese Vorstellung für den Entscheidungsprozeß nicht wesentlich ist, dann stehen wir vor dem rätselhaften Problem, wie der unermeßliche Aufwand an Mitteln zu erklären sei, der im Laufe der Geschichte dazu dienen sollte, Menschen von der Gerechtigkeit oder Ungerechtigkeit ihrer Situation zu überzeugen. Konkurrierende Rationalisierungen der jeweiligen Umwelt waren schon lange das Hauptelement der Geschichte, als Perikles mit seiner Rednergabe den Kampf um die Unterstützung der Bürger Athens gegen Kimon für sich entschied. Konflikt als historisches Phänomen ist auch seither von diesem Element beherrscht. Becker und Stigler aber ziehen es vor, Christus, Mohammed, Marx und (wir schreiben 1980) Khomeini zu ignorieren, von den tausenden anderen Ideologiequellen im Verlaufe der Geschichte ganz zu schweigen.

Ideologien können sich ohne geistige Führer entwickeln (z. B. eine Gewerkschaft wie die International Workers of the World), aber doch nur ausnahmsweise. Ich habe nicht die Absicht, das Anreizsystem zu untersuchen, das die intellektuellen Unternehmer in der Ideologiebranche sich etablieren läßt; aber zweifellos treten solche Unternehmer auf, wann immer individuell verschiedene Erfahrungen gegensätzliche Weltanschauungen entstehen lassen.

Die Ausgangspunkte unterschiedlicher Ideologien sind räumlicher Standort und berufliche Spezialisierung. Ursprünglich bestimmte der geographische Ort jene Erfahrungen einer Schar von Menschen, die sich dann zu Sprachen, Gewohnheiten, Tabus, Mythen, Religionen und schließlich zu Ideologien ausgestalteten, welche von denen anderer Scharen verschieden waren. Diese leben heute in der Völkervielfalt fort, die widersprüchliche Weltanschauungen schafft.

Berufliche Spezialisierung und Arbeitsteilung sorgen ebenfalls dafür, daß die Wirklichkeit verschieden erfahren und unter verschiedenen, einander widerstreitenden Gesichtswinkeln gesehen wird. Marx machte das „Bewußtsein" von der Stellung des einzelnen im Produktionsprozeß abhängig, und diese Einsicht war ein wichtiger Beitrag zur Erklärung der Entwicklung eines „Klassenbewußtseins".

IV

Gleichgültig, ob die Ideologie nun ein bestehendes Gefüge von Eigentums-rechten und Austauschrelationen rechtfertigt oder die Ungerechtigkeit dieses gegebenen Gefüges angreift, sie muß jedenfalls die unten bespro-chenen Merkmale aufweisen, um erfolgreich zu sein.

Da eine Ideologie aus einer umfassenden, in ihren Teilen zusammenhän-genden Weltanschauung besteht, muß sie erklären, wie das bestehende Ge-füge von Eigentumsrechten und Austauschbedingungen Teil einer größeren Ordnung ist. Wesentlich ist es auch, die Vergangenheit in einer Weise er-klären zu können, die mit den Rationalisierungen eben dieser Ideologie übereinstimmt. Wenn, wie Historiker behaupten, die Geschichte von jeder Generation neu geschrieben wird, so geschieht das typischerweise nicht des-halb, weil neu entdecktes Beweismaterial Prüfverfahren zur eindeutigen Wi-derlegung früher aufgestellter Hypothesen zu entwickeln erlaubte, sondern weil das bekannte Belegmaterial jeweils verschieden gewichtet wird, so daß es verschiedene Erklärungen liefern kann, die mit der jeweils herrschenden Ideologie vereinbar sind. Ich will damit nicht sagen, daß Historiker nie neues Beweismaterial fänden; offensichtlich finden sie es, und insoweit, als dieses Material zur Überprüfung früher aufgestellter Hypothesen ver-wendet werden kann, ist ein Fortschritt im Stand unseres historischen Wis-sens zu verzeichnen. Aber selbst in der heutigen Welt, die von ungeheuren Informationsmengen überquillt, ist die Fähigkeit der Fachleute, Verfahren zur eindeutigen Prüfung der vielschichtigen, umfangreichen Hypothesen, die zur Erklärung säkularen Wandels bemüht werden, zu entwickeln, eng begrenzt. Deshalb haben die konkurrierenden Erklärungen häufig eine schwere ideologische Schlagseite. Marxisten schreiben Wirtschaftsge-schichte als Geschichte des Klassenkampfes; Verfechter der freien Markt-wirtschaft schreiben sie als die Entwicklung effizienter Märkte. Heftige Kontroversen in historischen Diskussionen, wie die über den Lebensstan-dard während der Industriellen Revolution oder über die Lebensbedin-gungen der amerikanischen Negersklaven, lassen sich einfach nicht als streng wissenschaftliche Diskussionen erklären. Verständlich werden sie erst als Bestandteile weitgreifender Anschauungen, denen die Geschichte ein Schlachtfeld einander widerstreitender Ideologien ist. Ich behaupte nicht (wie ich im Folgenden klarstellen werde), daß alle Geschichtsschreibung bzw. alles sozialwissenschaftliche Theoretisieren nichts weiter als Ideologie sei. Ich behaupte, daß es − insoweit als eine endgültige Prüfung konkurrie-render Erklärungen nicht möglich ist − eine Mehrzahl gelehrter Erklä-rungen der Vergangenheit (und Theorien zur Erklärung der Gegenwart) geben wird.

Erfolgreiche Ideologien müssen flexibel sein, um bei Veränderung der äu-

ßeren Umstände eine neue Anhängerschaft zu finden oder sich der Treue
ihrer bisherigen Anhänger versichern zu können. Zwei Beispiele können
diese Überlegungen veranschaulichen.

Da die Reallöhne in den letzten einhundertfünfzig Jahren gestiegen sind
und das Arbeiterproletariat längst einen schwindenden Bruchteil des Arbeitskräfteangebots ausmacht, mußte sich die marxistische Ideologie diesem
scheinbaren Widerspruch zu Marxens Analyse anpassen. Die Ideologie des
Marxismus im Gegensatz zu Marxens eigentlicher Theorie des Mehrwertes
und der Reservearmee der Arbeitslosen — versuchte, diese Veränderungen
(und das Fehlen eines Klassenbewußtseins in Amerika) zu erklären und
gleichzeitig Anhänger in für sie neuen Gruppen zu finden, die insofern für
den Marxismus offen waren, als sie die Ungerechtigkeit ihrer eigenen Lage
wahrnahmen. Eine flexible Theorie war nötig, um rassische Minderheiten,
Frauen und neuerdings die Bewohner der Dritten Welt zu gewinnen.
Daraus entstand, wie vorherzusehen, eine Fülle neuer Theorien, mit deren
Hilfe solche Gruppen in die marxistische Ideologie eingebunden werden
sollten, und, ebenso vorhersehbar, Streitigkeiten unter den Marxisten um
die „richtige" Theorie.

Die Ideologie des freien Marktes geriet in eine vergleichbare Krise, als
man sich in den letzten Jahren des weit verbreiteten Auftretens externer Effekte und der Zunahme nicht-marktmäßiger Formen der Allokation von
Produktivmitteln bewußt wurde. Auch hier wurden neue Theorien entwik-
kelt, um diese Erscheinungen zu erklären; aber im Unterschied zum Marxismus entwickelte sich die Ideologie des freien Marktes nicht im umfassenden Rahmen sozialer, politischer und philosophischer (ganz zu
schweigen von metaphysischer) Theorie.[3] Infolgedessen hat sie große
Schwierigkeiten, angesichts eben dieser Veränderungen ihre Anhänger zu
halten bzw. neue zu gewinnen.

Was aber das Wichtigste ist: Jede erfolgreiche Ideologie muß das
Schwarzfahrerproblem bewältigen. Ihr oberstes Ziel muß es sein, Gruppen
dazu anzuspornen, sich entgegen einem einfachen, hedonistischen, individuellen Kosten-Nutzen-Kalkül zu verhalten. Dies ist die Hauptstoßrich-
tung jeder bedeutenden Ideologie, denn weder die Erhaltung der gegenwärtigen Ordnung noch deren Umsturz ist ohne solches Verhalten möglich.

Die Kosten der Erhaltung einer bestehenden Ordnung verhalten sich umgekehrt proportional zu der wahrgenommenen Rechtmäßigkeit derselben.
Insoweit als die Teilnehmer das System für fair halten, sinken die Kosten
der Durchsetzung der Regeln und Eigentumsrechte außerordentlich — einfach deshalb, weil die einzelnen die Regeln nicht mißachten und die Eigen-

---

[3] Die Österreichische Schule im Sinne Ludwig von Mises' und F. A. von Hayeks ist von
dieser Behauptung teilweise ausgenommen.

tumsrechte nicht verletzen werden, selbst wenn solches Verhalten nach
ihren individuellen Kosten-Nutzen-Kalkülen lohnend wäre. Wenn jeder an
die „Heiligkeit" von Haus und Heim glaubt, werden Häuser, die leer-
stehen, unversperrt bleiben, weil man keine Vandalen oder Einbrecher
fürchtet; wenn eine schöne Landschaft als öffentliches „Gut" betrachtet
wird, so wird der einzelne sie nicht verschmutzen. Wenn die Menschen an
die Werte politischer Demokratie glauben, so werden sie es als Bürger-
pflicht betrachten, zur Wahl zu gehen. Arbeiter werden schwer arbeiten,
Manager werden sorglich die Interessen der Eigentümer wahren; Verträge
werden sowohl sinn- wie wortgetreu erfüllt werden. Um es genau zu sagen:
Die Prämie, deren es bedarf, um Leute zum „Schwarzfahren" zu bewegen,
ist positiv mit der wahrgenommenen Rechtmäßigkeit der bestehenden Ordnung korreliert. Das Bildungssystem einer Gesellschaft läßt sich nicht einfach in eng neoklassischer Manier erklären, denn ein erheblicher Teil der
Bildung zielt offensichtlich auf die Schaffung eines Wertesystems ab und ist
nicht primär als Investition in das Humankapital zu verstehen. Während
neuere marxistische Literatur diesen Aspekt der Wertprägung im amerikanischen Bildungssystem hervorhebt, scheinen manche marxistische Autoren
zu übersehen, daß dieser Gesichtspunkt keineswegs allein dem „Kapitalismus" eignet; die Aufwendungen zur Befestigung der eigenen Rechtmäßigkeit treten in der sowjetischen und in der chinesischen Gesellschaft als
Merkmal des Bildungswesens noch stärker hervor. Im chinesischen Kom-
munismus beherrscht diese Art von Investition sogar das formale wie das
nicht-formale Erziehungswesen. Entweder haben die neoklassischen Ökonomen ein wesentliches Element jeder Gesellschaft außer acht gelassen
(oder übersehen); oder es sind (wenn sie recht haben) die enormen Summen,
die jede Gesellschaft sich ihre Legitimität kosten läßt, unnötig.

Wenn die herrschende Ideologie die Leute dazu bewegen soll, zu
glauben, Gerechtigkeit sei mit den geltenden Regeln gleichzusetzen, die
daher aus einem Moralgefühl heraus zu befolgen seien, so ist es das Ziel
einer erfolgreichen Gegenideologie, die Leute nicht nur davon zu überzeugen, daß beobachtete Ungerechtigkeiten ein vorgegebener Fehler des gegenwärtigen Systems sind, sondern auch, daß ein gerechtes System nur
durch aktive Mitwirkung der einzelnen an der Veränderung des Systems
herbeigeführt werden könne. Um Erfolg zu haben, müssen Gegenideolo-
gien nicht nur eine überzeugende Verbindung zwischen den spezifischen
Ungerechtigkeiten, die von verschiedenen Gruppen wahrgenommen
werden, und dem größeren System, das die Ideologiestrategen verändert
haben wollen, herstellen, sondern auch eine Utopie, die von derlei Ungerechtigkeiten frei ist, anbieten und dazu eine Handlungsanleitung – einen
Wegweiser, wie der einzelne durch entsprechendes Handeln diese Utopie
verwirklichen kann. Die riesige marxistische Literatur über Klassenbe-

wußtsein, Klassensolidarität, Ideologie und die Rolle des Intellektuellen
zeigt mehr als deutlich, daß marxistische Revolutionäre sich des höchst
realen Problems bewußt sind, das die Frage des Schwarzfahrens für marxistische Theorie und revolutionäre Praxis aufwirft.

Wiederum läßt unbefangene Beobachtung auf die weite Verbreitung von
Verhaltensmustern schließen, denen ein Kosten-Nutzen-Kalkül zugrundeliegt, das auf der Nutzenseite nichts weiter als moralische Entrüstung auf-
weist. Protestbewegungen, individuelle Aktionen, deren wahrscheinliche
Folge Gefängnis- oder Todesstrafe sind, sind in jedem Abschnitt der Geschichte so häufig, daß es keiner Beispiele bedarf; sie treten ebensosehr in
der heutigen Welt in Erscheinung und umfassen so verschiedene Gruppen
wie Atomkraftgegner, sowjetische Intellektuelle und die aufständischen
Moslems im Iran in den Jahren 1978 und 1979.

                                    V

Aus diesen Ausführungen zur Ideologie will ich einige Schlüsse für die
Wirtschaftstheorie und die Wirtschaftsgeschichte ziehen und einige Hypothesen aufstellen. Es sind dies kurz gesagt folgende: 1. Die Einführung des
Begriffs der Ideologie nimmt der ökonomischen Theorie nichts von ihrer
Wissenschaftlichkeit in dem Sinne, daß sie Verfahren zur Prüfung der Wi-
derlegbarkeit konkurrierender Hypothesen entwickeln kann. 2. Die Ausarbeitung einer positiven Theorie der Ideologie ist zur Lösung des Schwarzfahrerproblems notwendig (und dessen Lösung ist wesentliche Voraussetzung für die weitere Entwicklung weiter Bereiche der sozialwissenschaftli-
chen Theorie); eben so nötig ist sie aber für die Fortentwicklung der Theorie
der nicht-marktmäßigen Allokation wirtschaftlicher Mittel; und unerläßlich
ist sie für die Erklärung eines großen Teiles des säkularen Wandels. Darauf
will ich nun ausführlicher eingehen.

Da Ideologie immer und überall auftritt, ist der Gelehrte gegen sie ebensowenig gefeit wie irgend jemand sonst. Wie Schumpeter in seiner Inaugu-
ralansprache als Präsident der American Economic Association 1948 ausführte, geht der Ökonom an Probleme mit bestimmten ideologischen Überzeugungen heran, die seine Auswahl der Probleme und seine anfängliche
Einstellung gegenüber den Fragen beeinflussen; aber insoweit als Ökonomen Theorien entwickeln, die man empirisch überprüfen kann, können
sie dennoch wissenschaftlichen Fortschritt in ihrer Disziplin erzielen.[4] Weil
Ökonomen in der Entwicklung unzweideutiger Widerlegungen, welche die

---

[4] *„Wissenschaft und Ideologie"* (1958).

Voraussetzungen für einen vollständigen Konsens innerhalb der Disziplin wären, nicht völlig erfolgreich waren, hat sich neben der neoklassischen Theorie eine Vielfalt von Theorien und Hypothesen erhalten; aber die Kritiker der Neoklassik haben inzwischen den Überblick darüber verloren, wieweit sie die Marktallokation so überzeugend erklärt, daß diese einfach kein wissenschaftlich diskutiertes Problem mehr ist. Sagen wir es schlicht so: Die neoklassische Wirtschaftstheorie gibt über eine ganze Reihe von Marktbeziehungen so trefflich Auskunft, daß wir darüber vergessen haben, welchen wissenschaftlichen Fortschritt diese ihre Erkenntnisse bedeuten.

Die Wirtschaftstheorie, die sich mit vertraglichen Beziehungen zwischen Handlungsträgern (Prinzipalen) untereinander und zwischen Prinzipalen und deren Geschäftsführern (Agenten) befaßt, muß Aufwendungen zum Zwecke der Legitimierung der entsprechenden Institutionen als unvermeidliche Kosten der Handlungsbeschränkung der Vertragspartner hinstellen. Ohne im geringsten die Schwierigkeiten bagatellisieren zu wollen, ist eine positive Theorie der Ideologie wesentliche Voraussetzung für die Weiterentwicklung der Transaktionskostenanalyse. Modelle beschränkter Maximierung, die nur die Beschränkung durch Regeln und deren Durchsetzung berücksichtigen, lassen einen sehr großen Bereich unbehandelt, der nur dadurch verkleinert werden kann, daß man zusätzlich die Wirksamkeit moralischer bzw. ethischer Verhaltensnormen mißt, die ihrerseits die Prämie bestimmt, für die der einzelne zum Schwarzfahrer wird. Je größer Spezialisierung und Arbeitsteilung in einer Gesellschaft, um so höher die Messungskosten im Zusammenhang mit Transaktionen *und um so* höher die Kosten der Ausarbeitung wirksamer moralischer bzw. ethischer Verhaltensnormen. Dieses widersinnige Dilemma ist die eigentliche Ursache vieler Probleme, die der modernen Gesellschaft aus der Zweiten Wirtschaftlichen Revolution (von der in Kapitel 13 die Rede sein wird) erwuchsen; es ist daher von größter Bedeutung für die Weiterentwicklung der Wirtschaftstheorie.

Die Verwendungsbestimmung wirtschaftlicher Mittel durch politische oder Justizorgane bietet reichlich Gelegenheit für die Einflußnahme ideologischer Überzeugungen auf den Entscheidungsprozeß. Neuere Untersuchungen haben erbracht, daß das Abstimmungsverhalten gesetzgebender Körperschaften keineswegs anhand irgend einer in Erscheinung tretenden Interessengruppe vorhersagbar ist, sondern anhand ideologischer Überzeugungen, wie sie von den „Americans for Democratic Action" oder von anderen Befragungsinstituten ermittelt werden.[5] Nicht daß der Druck von Interessengruppen nicht ein wichtiger Einflußfaktor im politischen Entscheidungsprozeß wäre; das ist er fraglos, und die Theorie der öffentlichen

---

[5] Ein Überblick über einschlägige Literatur und Belegmaterial findet sich in KAU und RUBIN (1979).

Wahlhandlungen ist ein wertvolles Instrument für die Untersuchung des Entscheidungsprozesses. Hier geht es aber darum, daß Gesetzgeber im weiteren Sinne und Verwaltung vor viele Entscheidungen gestellt sind, in denen die Ideologie ausschlaggebend werden kann, etwa wenn es nichts oder fast nichts kostet, jemanden von einer Ideologie zu überzeugen, wenn die Interessengruppen hinsichtlich einer Frage einander ungefähr die Waage halten oder die Kosten und Nutzen so weit gestreut sind und für den einzelnen so wenig ins Gewicht fallen, daß er (oder eine Gruppe) es nicht lohnend findet, nennenswerte Mittel aufzuwenden, um über eine Interessengruppe Druck auszuüben. Und schließlich kann (und wird oft) eine starke ideologische Überzeugung politische Willensträger zu Entscheidungen bewegen, die dem Druck organisierter Interessengruppen genau zuwiderlaufen.

Was aber noch wichtiger ist: Zusammensetzung und Handeln von Interessengruppen selbst lassen sich als Ausübung von Druck nicht erklären, wenn wir ideologische Überzeugungen ausschließen. In einzelnen Fällen läßt der von einer Interessengruppe ausgeübte Druck auf einen so großen (positiven) individuellen Nettonutzen schließen, daß dieses Druckverhalten auch ohne Rückgriff auf die Ideologie erklärbar ist; aber in vielen Fällen ist das nicht möglich. Die gegenwärtige Umweltschutzbewegung ist solch ein Fall.

Das beste Beispiel für die beherrschende Rolle der Ideologie ist der Fall der unabhängigen Gerichtsbarkeit. Richter mit lebenslänglicher Amtsdauer sind gegen den Druck von Interessengruppen weitgehend gefeit. Freilich kann bei ihrer Ernennung ursprünglich solcher Druck mitgewirkt haben (wenn er sich hier auch oft auf die allgemeine weltanschauliche Haltung richtet), aber ihre späteren Entscheidungen über eine Vielfalt politischer Maßnahmen bringen ihre eigenen Überzeugungen vom „öffentlichen Gut" zum Ausdruck. Versuche, die unabhängige Gerichtsbarkeit mit Bezugnahme auf Interessengruppen zu erklären (Landes und Posner 1975), können einfach nicht überzeugen, wie J. Buchanan (1975) und North (1978) gezeigt haben. Die *Miranda*-Entscheidung und überhaupt viele der Entscheidungen, die der Oberste Gerichtshof der USA unter Earl Warren fällte, kehrten nicht nur Rechtsentwicklungen über eine lange Reihe von Präzedenzfällen hinweg um, sondern liefen auch den Interessen der großen Verbände zuwider. Die Haltung des Obersten Gerichtshofes in der Frage der Schulbusse und die Entscheidung des Richters Boldt betreffend die Fischereirechte der Indianer im Staate Washington sind weitere Beispiele; ja, es sind derartige richterliche Entscheidungen so häufig, daß Feststellungen, in denen sich die Auffassung eines Richters vom öffentlichen Gut ausdrückt, eigentlich etwas Alltägliches sind. Eine positive Theorie der Ideologie ist unerläßliche Voraussetzung für eine Untersuchung des Einflusses der unabhängigen Gerichtsbarkeit auf die Verwendung wirtschaftlicher Mittel.

Ebenso dringend bedarf es einer positiven Theorie der Ideologie zur Erklärung säkularen Wandels. Die neoklassische Ökonomie in ihrer Anwendung auf Wirtschaftsentwicklung oder Wirtschaftsgeschichte kann sehr
wohl die Leistung einer Wirtschaft in einem gegebenen Zeitpunkt oder —
mit Hilfe der vergleichenden Statistik — die Unterschiede in der Leistung
einer Wirtschaft über die Zeit erklären; sie erklärt aber nicht die Dynamik
wirtschaftlichen Wandels und kann sie auch nicht erklären. Die Hauptursache von Veränderungen in einer Wirtschaft über die Zeit ist der Strukturwandel in den Parametern, die der Theoretiker gerade konstant hält: in der
Technologie, der Bevölkerung, den Eigentumsrechten und im Zugriffe des
Staates auf wirtschaftliche Mittel. Veränderungen in der Staats- und Wirtschaftsordnung und deren Auswirkungen auf das Anreizsystem liegen allem
Theoretisieren über alle diese Ansatzpunkte strukturellen Wandels zugrunde, und Veränderungen von Institutionen sind immer mit zweckgerich-
teter menschlicher Tätigkeit verbunden. Unsere heutige Theorie ist nicht
daraufhin angelegt, solche Veränderungen zu erklären, außer in den eher
belanglosen Fällen, in denen eine Veränderung der relativen Preise eine automatische und unverzügliche Reaktion auslöst. Bei Institutionen aber geht
es um wohlerworbene Interessen, so daß es Gewinner und Verlierer gibt,
wobei beide Gruppen Mittel aufwenden: die einen zur Herbeiführung, die
anderen zur Verhinderung einer zu erwartenden Veränderung. Die Gewinner kompensieren die Verlierer sehr selten vollständig, und die Mittel,
die in dem Konflikt von beiden Seiten aufgewendet werden, lassen sich
selten durch Kosten-Nutzen-Erwägungen erklären. Ich will damit nicht
Mancur Olson (1968) widersprechen, der Gruppenverhalten mit Zwang
und mit individuellen Zusatznutzen für Gruppenmitglieder erklärt. Dies
gilt für einen weiten Bereich von Gruppenverhalten, z. B. für große ärzt-
liche Standesvertretungen, Gewerkschaften oder für Bauernkammern.
Olson selbst gibt jedoch zu, daß seine Theorie eine große Vielfalt von Gruppenverhalten nicht erklärt (Olson, S. 160), wenn er auch durch ausdrückliches Herunterspielen der Bedeutung von Ideologie in „gefestigten, wohlge-
ordneten und apathischen Gesellschaften, die das ‚Ende der Ideologie' er-
lebt haben", sein Argument zu weit treibt.[6] Er weist auf die Instabilität

---

[6] OLSON, S. 160. Das Zitat im Zitat ist der Titel eines Buches von DANIEL BELL aus
1960. Bells Titel ist freilich sinnvollerweise nur auf den Verfall umfassender, in sich ge-
schlossener Ideologiegebäude wie des Marxismus in den USA zu beziehen. Eine solche Behauptung unterstellt aber lediglich, daß mit dem heutigen Rückgang von Informationskosten Ideologien eher Stückwerk- oder sogar Bruchstückcharakter haben und keiner der
Ideologiestrategen es vermocht hat, diese zu einer einzigen zusammenhängenden Ideologie
zusammenzuschweißen, die einen großen Teil der Bevölkerung hätte gewinnen können
(ein Gegenbeispiel wäre die Moslembewegung im Iran 1979).

agrarischer Protestbewegungen hin, die keine privaten Zusatznutzen bieten
können, übersieht dabei aber, daß es diese nach seinem Modell überhaupt
nicht hätte geben dürfen. Er geht auch nicht darauf ein, daß diese Bewegungen die Staats- bzw. Rechtspolitik in bedeutsamer Weise berührten: Ja,
die meisten ihrer Ziele fanden im Laufe der Zeit in neuen Rechtsausle-
gungen, einschließlich *Munn vs. Illinois*, und im Programm der Demokratischen Partei ihren Niederschlag. Wir bleiben auch im Zweifel darüber, wie
er die Ablehnung des freien Marktes erklärt, die heute in den meisten Ländern der Dritten Welt gang und gäbe ist, oder die Massenbewegungen, die
er in politisch instabilen Ländern sieht, oder Zeiten des „Aufruhrs und der
Umstürze" (ebenda, S. 160).

Es ist einfach so, daß eine dynamische Theorie institutionellen Wandels,
die sich in streng neoklassischer Manier ausschließlich auf individuelle rationale, zweckgerichtete Tätigkeit beschränkt, uns nie erlauben würde, den
größten Teil säkularen Wandels zu erklären — von den hartnäckigen
Kämpfen der Juden in biblischer Zeit bis zur Verabschiedung des US-amerikanischen Sozialversicherungsgesetzes 1935. Säkularer wirtschaftlicher
Wandel trat nicht nur infolge der Verschiebungen der relativen Preise ein,
wie sie neoklassische Modelle betonen, sondern auch durch Veränderungen
weltanschaulicher Standpunkte, die einzelne oder ganze Gruppen bewogen,
gegensätzliche Ansichten über die Billigkeit ihrer jeweiligen Situation zu
entwickeln und diesen Ansichten gemäß auch zu handeln.

Kapitel 6

Struktur und Wandel in der Wirtschaftsgeschichte

I

Die Erhöhung des Wissensstandes im Verlaufe der Geschichte war ein weitgehend irreversibler Vorgang, der wirtschaftliche Fortschritt der Menschen hingegen nicht: Aufstieg und Niedergang politisch-ökonomischer Einheiten, ganz zu schweigen von dem ganzer Kulturen, sind sicherlich unbestritten. Anhand dieses Gegensatzes wird ein wichtiger Gesichtspunkt deutlich: Die Erfolge und Mißerfolge in der Gestaltung menschlicher Ordnungen erklären Fortschritt und Rückschritt von Gesellschaften. Wissen und technischer Fortschritt sind notwendige Bedingungen hierfür, aber wir müssen weiter ausholen, wenn wir die Ursachen des Aufstieges und Niederganges von Wirtschaften zielführend untersuchen wollen. In diesem Kapitel werde ich Gedankengänge aus den vorhergehenden Kapiteln lose zusammenfassen und anhand dieser Zusammenfassung einen Überblick über die abendländische Wirtschaftsgeschichte geben — als eine Art Einführung in die historischen Kapitel im Teil II. Die einzigen Bausteine, mit denen der Wirtschaftshistoriker arbeiten kann, sind die klassische, die neoklassische und die marxistische Theorie, und ich will zunächst jene Bestandteile dieser Theorien aussortieren, die mir in meinen bisherigen theoretischen Überlegungen nützlich waren.

Kehren wir nochmals zu Kapitel 1 zurück, und zwar dorthin, wo wir bei der Beschreibung der Wirkung einer Veränderung der relativen Preise — einer Bevölkerungsvermehrung — auf eine Wirtschaft stehenblieben: Wir sehen, daß das neoklassische Ergebnis eine Reihe von Anpassungen war, die im Endeffekt zu einem neuen Gleichgewicht führten. Die entscheidenden Triebkräfte, die Einfluß auf den langfristigen Wachstumpfad nehmen, würden immer noch durch die Sparfunktion bestimmt; die Wachstumsrate pro Kopf würde dann aus der Bevölkerungswachstumsrate folgen. Stellen wir dieses Modell dem klassischen Modell von Malthus und Ricardo gegenüber. Die ungünstigen Ergebnisse des klassischen Modells kommen dadurch zustande, daß es einen fixen Faktor gibt – Boden und Naturschätze –,

der im Verein mit der immer gegebenen Tendenz zu Bevölkerungswachstum bewirkt, daß der Lohn säkular zum Existenzminimum tendiert.
Sowohl das optimistische Modell der neoklassischen Theorie wie das pessi-
mistische Modell der Klassiker vermitteln uns wesentliche wirtschaftshistorische Einsichten. Jenes mit seiner elastischen Angebotskurve für neues
Wissen und durchgehender Substituierbarkeit entspricht den einzigartigen
Wachstumserfahrungen westlicher Wirtschaften seit der Zweiten Wirtschaftlichen Revolution. Diese hingegen läßt die Wirtschaftsgeschichte im
unabänderlichen Spannungsfeld zwischen Bevölkerung und Subsistenzmittelbeständen stattfinden und eignet sich weit besser zur Untersuchung der
menschlichen Geschichte in den Jahrtausenden vor der Mitte des neunzehnten Jahrhunderts.

Beide sind unvollständig. Das ursprüngliche neoklassische Modell mit
seinen Bedingungen eines neutralen Staates, der Transaktionskosten von
null und gegebener Präferenzen konnte für analytische Zwecke sinnvoll nur
dann gebraucht werden, wenn diese Bedingungen weitgehend realisiert
waren, wenngleich uns eine abgeänderte Fassung mit positiven Transaktionskosten und einer Staatstheorie Teile der Theorie liefert. Das klassische
Modell eröffnete keinen Ausweg aus seinen düsteren Schlußfolgerungen,
obwohl (wie Ester Boserup 1965 überzeugend darlegte) die Bevölkerungs-
entwicklung zuweilen als Ansporn zur Einführung neuer technischer Verfahren wirkte (sie gibt uns freilich kein theoretisches Verbindungsstück an
die Hand, das erklären könnte, wie man um abnehmende Erträge eines fixen
Faktors herumkommt).

Es ist schwer, das Marxsche Modell hier einzuordnen, denn es scheint
beinahe ebenso viele Marx-Deutungen wie marxistische Theoretiker zu
geben. Marx sah den technischen Fortschritt und nicht das Bevölkerungswachstum als primäre Ursache von Veränderungen. Der Ansicht von Malthus, daß die Menschen dazu neigten, sich so weit zu vermehren, bis sie an
die Grenzen des Nahrungsmittelspielraumes stießen, stand er kritisch gegenüber; seiner Meinung nach war die Fertilität kulturbedingt.[1] Im Modell
von Marx läßt der technische Fortschritt Produktionsverfahren entstehen,
deren Möglichkeiten sich innerhalb der gegebenen Wirtschaftsordnung
nicht verwirklichen lassen. Dieser Umstand beflügelt eine neue Klasse, die
herrschende Ordnung zu stürzen und ein neues System von Eigentums-

---

[1] Vgl. MEEK (1953) hinsichtlich Marxens und Engels' Ansichten über Malthus. Jedoch
weist Samuelson darauf hin, daß aus einem Marxschen Modell, in das man die Beschränkungen gegebener Bodenfläche und gegebener Naturschätze einbaute, schließlich dasselbe
klassische Modell würde, wie Smith, Ricardo und Malthus es konstruieren. Siehe SAMUEL-
SON (1978).

rechten zu entwickeln, die es dieser Klasse erlauben, das Potential der neuen Verfahren zu verwirklichen.

Unter den vorhandenen Theorien des säkularen Wandels überzeugt das Marxsche Gedankengebäude am meisten, und zwar genau deshalb, weil es alle Elemente enthält, die das neoklassische Modell wegläßt: Institutionen, Eigentumsrechte, Staat und Ideologie. Marxens Betonung der entscheidenden Bedeutung von Eigentumsrechten für eine effiziente Wirtschaftsordnung und der Spannung, die sich zwischen einer gegebenen Konstellation von Eigentumsrechten und dem Produktivpotential einer neuen Technologie aufbaut, ist von größter Wichtigkeit. Der technische Wandel erzeugt die Spannung im Marxschen System; aber erst durch den Klassenkonflikt wird der Wandel Wirklichkeit.

Zu den Beschränkungen des Marxschen Modells zählen einerseits das Fehlen einer Theorie, die das Tempo des technischen Wandels erklärt, andererseits die Überbewertung der Technologie auf Kosten anderer Ursachen des Wandels.[2] Marx vernachlässigt etwa die entscheidende Bedeutung des Bevölkerungswachstums in der Geschichte. Begreiflicherweise wollte Marx die Bevölkerungsveränderungen in seinem Modell keine zentrale Rolle spielen lassen; dennoch erhöht der Einbau des Bevölkerungswachstums in ein Marxsches Modell dessen Erklärungskraft erheblich. Mit der Technologie allein läßt sich ein guter Teil des säkularen Wandels einfach nicht erklären — etwa dort, wo sich die Technologie gar nicht wesentlich verändert zu haben scheint, oder dort, wo technischer Wandel zu seiner Verwirklichung keiner grundlegenden organisatorischen Veränderungen bedurfte.

Zudem ist die Klasse eine viel zu umfangreiche und zu vielfältige Gruppe, um als primäre Handlungseinheit auftreten zu können. Marx gibt dies in seiner lockeren Analyse auch an vielen Stellen zu und erörtert Unterteilungen von Bourgeoisie und Proletariat, aber derlei Erörterungen sind bloß punktueller Art. Das individualistische Kalkül der neoklassischen Theorie ist ein besserer Ausgangspunkt. Eine Aggregation, die von einer Interessengemeinsamkeit ausgeht, läßt eine größere Flexibilität des Modells zu, ohne daß dies seiner Logik Abbruch täte. Die Aggregation kann faktisch bis zur Bildung einer Klasse gehen: wenn etwa die Mitglieder der Meinung sind, sie hingen gleichen gemeinsamen Interessen an. Diese Betonung einer Interessengemeinsamkeit erlaubt es auch, die Konflikte innerhalb einer Klasse zu untersuchen, die tatsächlich einen erstaunlich großen Teil des säkularen

---

[2] Siehe jedoch die Erörterung von Marxens komplexer Sicht der Technologie in ROSENBERG (1974); dieser Autor geht der Frage von Angebot an und Nachfrage nach technischem Wissen nach.

Wandels erklären. Weder das marxistische noch das neoklassische Modell
vermag jedoch das Schwarzfahrerproblem zu lösen, das im Mittelpunkt
jeder Erklärung von Gruppenhandeln stehen muß.

Die neoklassische Theorie bietet mit ihrem Begriff der Opportunitätskosten
und ihrer Betonung der relativen Preise ein weit eleganteres analytisches
Instrumentarium als das schwerfällige Marxsche Modell, das von einer
Arbeitswertlehre ausgeht. Wie die Analyse in Kapitel 4 klar zu machen versuchte,
würde durch den Einbau der Transaktionskosten in das neoklassische Modell
jenes theoretische Zwischenstück geschaffen, das zur Analyse
der Wirtschaftsordnung und zur Erforschung der Spannung zwischen einer
gegebenen Konstellation von Eigentumsrechten und dem Produktionspotential
einer Wirtschaft nötig wäre.

Aber die Transaktionskosten- und Eigentumsrechtsbetrachtung der früheren
Kapitel kommt zu völlig anderen Schlußfolgerungen als ein guter Teil
der neoklassischen Standardliteratur. Nicht nur besagt sie keineswegs, daß
eine Wirtschaftsordnung stets „effizient" sei, sondern sie betont zudem, daß
jegliche Ordnungsform eine gewisse Verschwendung von Einkommen mit
sich bringt, und zwar infolge unvollkommener Messung und positiver
Durchsetzungskosten. Angesichts sowohl der Interessen der Herrscher im
Staat als auch der oben erwähnten positiven Transaktionskosten wirtschaftlicher
Ordnung erstaunt es nicht, daß eine Wirtschaftsordnung, die Wirtschaftswachstum
bewirkt, dieses sehr wohl dadurch tun kann, daß sie die
Nutzen internalisiert und Kosten externalisiert und somit die private Ertragsrate
„produktiver" Wirtschaftstätigkeit auf Kosten anderer Gruppen
der Gesellschaft erhöht. Eine ideale Volkseinkommensrechnung würde natürlich
alle sozialen Nutzen und Kosten berücksichtigen. Die Abweichung
der Rechengröße, die wir derzeit in der Wirtschaftsgeschichte verwenden,
von einem solchen Ideal ist jedoch so groß, daß wir weit davon entfernt
sind, die tatsächliche soziale Verzinsung eines guten Teils der Investitionen
bzw. der Wirtschaftstätigkeit, die wir üblicherweise mit wirtschaftlicher
Entwicklung in Verbindung bringen, bestimmen zu können.

Ein weiterer Gegensatz zwischen neoklassischem und marxistischem
Denken ist wichtig. Veränderung ist in einem neoklassischen Modell eine
durch Verschiebung der relativen Preise bewirkte marginale Veränderung.
Die Beziehung zwischen Beständen und Strömen im neoklassischen Modell
ist für den Wirtschaftshistoriker wichtig. Die Bestände bringen die historisch
entstandenen Beschränkungen des Wissens, der Technologie und des
Sach- und Humankapitals zum Ausdruck, die in einem gegebenen Zeitpunkt
nur schrittweise verändert werden können. Die wesentliche Kontinuität
historischer Erfahrung und der typischerweise in kleinen Schritten
vor sich gehende Wandel werden in dieser Art von Betrachtung sehr wohl
berücksichtigt. Außerdem läßt sich die Bedeutung der Verschiebung re-

lativer Preise als eine Ursache säkularen Wandels kaum genügend betonen.

Während die für die wirtschaftliche Leistung relevanten Bestände nur langsam vergrößert werden können (wohl aber die Möglichkeit ihrer drastischen Verringerung besteht) und sich daher von der neoklassischen Theorie erfassen lassen, sind Revolutionen, welche die Machtverhältnisse im Staate verändern, neoklassischer Betrachtung nicht ohne weiteres zugänglich; auch die Ideologie hat im neoklassischen Denken keinen Platz. Wie oben erwähnt, erlaubt das Marxsche Modell eine komplexere Analyse säkularen Wandels als die neoklassische Theorie.[3]

II

Was können wir aus all dem schließen? Wie aus dem eben Gesagten klar hervorgeht, sind diese Modelle wesensverschieden (obwohl sie einen gemeinsamen Ursprung in der klassischen Wirtschaftstheorie haben, einschließlich ihrer Verhaltensannahme der Wohlstandsmaximierung); aber in den ersten fünf Kapiteln habe ich Gedanken aus allen von ihnen in meine eigene Betrachtungsweise einbezogen und mit dieser verwoben. Verwenden wir diese Betrachtung nun einmal dazu, eine skizzenhafte Erklärung der Wirtschaftsgeschichte zu geben, so daß wir sehen, worauf wir in Teil II abzielen. Anschließend kann ich dann zeigen, was uns noch fehlt.

Wir führen zunächst die Bevölkerungsexpansion ein, die als säkulare Tendenz der letzten Jahrmillionen durchgehend aufscheint. Bei gegebenem technischem Wissen muß daraus schließlich eine malthusianische Krise entstehen. Solange zudem alle Naturschätze Gemeineigentum sind, werden verbesserte Techniken im weiteren Sinne (wie die Erfindung des Bogens in einer Welt von Jägern und Sammlern) nichts weiter als eine raschere Erschöpfung des vorhandenen Subsistenzmittelbestandes bewirken. Abnehmende Erträge und sinkende Lebenshaltungsniveaus mögen Bestrebungen ausgelöst haben, das Bevölkerungswachstum einzuschränken, obwohl derartige Bestrebungen in Gesellschaften, die aus konkurrierenden Stammeshorden bestehen, insoweit der Vernunft zuwiderlaufen, als große Horden kleinere Horden vom Zugang zu den Subsistenzmitteln ausschließen

---

[3] Neuere marxistische Forschungen zum säkularen Wandel, wie PERRY ANDERSONS *Passages from Antiquity to Feudalism* (1974) haben gezeigt, welche wertvollen Erkenntnisse sich durch diese Betrachtungsweise gewinnen lassen. Zudem haben einzelne neuere marxistische Autoren sich mit dem Schwarzfahrerproblem zu beschäftigen begonnen. Siehe A. BUCHANAN (1979).

könnten. Sie bewirkten jedenfalls die Entwicklung exklusiver (d. h. Dritte
ausschließender) Eigentumsrechte je einer Horde an einem Gebiet und in
der Folge eine Steigerung des Nutzens, der aus dem Erwerb von Wissen
über die Subsistenzmittelbestände zu ziehen war. Das Ergebnis war die
Erste Wirtschaftliche Revolution, die das Thema des ersten Kapitels von
Teil II ist.

Die Entwicklung exklusiver *Gemeinschafts*eigentumsrechte führte zu vermehrter Spezialisierung und Arbeitsteilung und der Entstehung einer besonderen Ordnungsform, nämlich des Staates, innerhalb welcher die Eigentumsrechte spezifiziert, zugesprochen und durchgesetzt werden konnten.
Ob der Staat aus einer Räuberbande entstand, die ein Bauerndorf angriff
und ausbeutete (Räubertheorie des Staates) oder sich aus der gemeinsam
verspürten Notwendigkeit einer Ordnung des Bauerndorfes entwickelte
(Vertragstheorie des Staates), läßt sich nicht eindeutig entscheiden. Interes-
santer ist die langfristige Wirkung einer Gruppe mit einem komparativen
Vorteil bei der Ausübung von Zwang, die einen Staat schuf, der einerseits
ein System von Eigentumsrechten mit dem Zweck der Maximierung der Erträge für die Herrscher festlegte und andererseits innerhalb dieser Ordnung
ein Rechtssystem und die Möglichkeiten seiner Durchsetzung entwickelte,
welche die Erhöhung der wirtschaftlichen Effizienz und somit des Steuer-
aufkommens zum Ziel hatte.

Natürliche Beschaffenheit und Naturschätze von Gebieten waren im
Verein mit dem Stand der jeweiligen Militärtechnik von entscheidender Be-
deutung für die Bestimmung von Größe und Eigenart des Staates und für
die Gestaltung der jeweiligen Wirtschaftsordnung (bei gegebener Meßtechnik, die ihrerseits die Kosten der Überwachung der Geschäftsführer
und die realisierbaren Formen von Eigentumsrechten bestimmten). Die acht
Jahrtausende, welche die Anfänge der Landwirtschaft vom Niedergang des
Römischen Reiches trennten, charakterisierten Bevölkerungswachstum, die
Schaffung zunehmend verfeinerter und effizienter Formen wirtschaftlicher
Ordnung und die Zunahme der Staatengröße. Die organisatorischen Folgen
der Ersten Wirtschaftlichen Revolution werden uns in Kapitel 8 beschäf-
tigen.

Zunehmende Spezialisierung und Arbeitsteilung erzeugten historisch unterschiedliche Erfahrungen und dementsprechend verschiedenartige Deutungen der „Wirklichkeit", im Gegensatz zu der Gemeinsamkeit von Erfahrungen und Weltanschauung, wie sie einer Stammesgesellschaft eigen ist.
Ein Konflikt entsteht bei der Frage der Verteilung des Ausstoßes (also bei
der Einkommensverteilung) in Verbindung mit der Arbeitsteilung. Erfolgreiche politisch-wirtschaftliche Einheiten assoziiert man mit der Entwicklung von Ideologien, die überzeugend das bestehende Gefüge von Eigentumsrechten und somit die daraus folgende Einkommensverteilung recht-

fertigen könnten. Solche Gebilde waren dann am erfolgreichsten, wenn ihnen eine gemeinsame religiöse Bewegung zugrundelag; die Ineinssetzung des Herrschers mit einem Gott (wie im Ägypten der Pharaonen) ist die überzeugendste Form der Legitimierung.

Die Kosten der Wahrung weltanschaulichen Konsenses verhalten sich umgekehrt proportional zu den Informationskosten und direkt proportional zur Stabilität der relativen Preise. Jene konnte ein Herrscher wirksam unter Kontrolle halten; diese zu kontrollieren war aus den in früheren Kapiteln erwähnten Gründen hingegen viel schwieriger. Verminderungen der relativen Wohlfahrt von Gruppen von Staatsangehörigen gegenüber dem allgemein als gerecht angesehenen Niveau werden eine Überprüfung der Rechtmäßigkeit der bestehenden Wirtschaftsordnung zur Folge haben. Dem findigen Ideologen werden sich Möglichkeiten bieten, auf dem Boden der Entfremdung eben jener Gruppen eine Gegenideologie zu errichten. Diese Ideologie muß das Schwarzfahrerproblem lösen, wenn sie Gruppen zur Veränderung der bestehenden Wirtschaftsordnung bewegen will. Ebenso wie man den Aufstieg einer politisch-wirtschaftlichen Einheit historisch mit einem Wertkonsens in Verbindung bringt, verbindet man ihren Niedergang mit dem Zerfall eines gemeinsamen Wertesystems.

Während der acht Jahrtausende gab es wiederholt Zeiten eines Bevölkerungsdrucks und Reaktionen hierauf in Form von Bemühungen um eine Verringerung der Fruchtbarkeit, um Kolonisierung und um Schaffung effizienterer Institutionen und Techniken. Manche dieser Bemühungen waren zeitweise erfolgreich: Man denke an Athen im fünften vorchristlichen Jahrhundert oder Rhodos im vierten Jahrhundert oder an das Römische Reich in den beiden ersten Jahrhunderten christlicher Zeitrechnung. Es waren dies Perioden eines außerordentlichen Wohlstands, die durch erhebliches Wirtschaftswachstum gekennzeichnet waren. Doch wurde Athen später von Sparta besiegt und ging schließlich im römischen Weltreich auf. Auch Rhodos mußte Roms Machtgelüsten nachgeben, und die Zeit seiner Vorherrschaft im Handel des östlichen Mittelmeers fand ihr Ende, als Rom Delos zu einem Freihafen machte. Und Rom selbst unterlag endlich den Barbaren. Ob der Niedergang von außen kam oder als Folge interner Verfallserscheinungen von innen, seine Ursache war ein Konflikt zwischen Staaten bzw. eine in der Struktur politisch-wirtschaftlicher Einheiten angelegte interne Instabilität. Einige der Veränderungen während der klassischen Zeit lassen sich anhand von Verschiebungen relativer Preise erklären, andere sind ohne Rückgriff auf ideologische Überlegungen nicht zu verstehen. Insbesondere bewirkten die großen religiösen Bewegungen, vom Widerstand der Juden bis zu den großen Schismen im Christentum, Veränderungen, zu deren Erklärung es einer Theorie der Ideologie bedarf. In Kapitel 9 versuche ich, jene Änderungen, die sich anhand von Preisverschiebungen erklären lassen, von denen, die ideologische Überlegungen voraussetzen, zu trennen, ohne irgend zu leugnen, daß unausgesetzt Elemente beider am wirtschaftlichen Wandel beteiligt waren.

Im Rückblick auf zehn Jahrtausende Wirtschaftsgeschichte ist der Niedergang Roms nur ein einzelnes Ereignis in einer scheinbar endlosen Abfolge des Aufstiegs und Untergangs von Kulturen. Aber im Blickwinkel der abendländischen Geschichte handelt es sich hier um einen dramatischen Abbruch wirtschaftlicher Expansion, wachsender Verfeinerung der Wirtschaftsordnung, technischen Fortschritts und der Vergrößerung politisch-wirtschaftlicher Einheiten. Ganz allmählich nur werden danach in dem Meer, dem das Chaos in Westeuropa in jener Zeit zu vergleichen war, wieder Inseln der Ordnung sichtbar.

Wiederum waren es die Militärtechnik und deren Veränderungen, welche die Änderungen in Größe und Aufbau politischer Einheiten diktierten. Wie weit es einer Kriegerkaste gelingen konnte, eine funktionsfähige Wirtschaftsordnung zu errichten, hing von den relativen Preisen von Boden und Arbeit und von Transaktionskosten ab. Die feudale Ordnung, die sie schuf, führte zum Wiederaufleben des Handels, zu einer Bevölkerungsexpansion und zu den Krisen des vierzehnten Jahrhunderts. Veränderungen in der Militärtechnik ließen den Feudalherrn überflüssig werden und bewirkten eine Zunahme der optimalen Größe der politischen Einheit sowie (zusammen mit Verschiebungen im Preisgefüge) radikale Veränderungen in den Eigentumsrechten. Aufstieg und Niedergang des Feudalismus bzw. der Rittergutswirtschaft sind Gegenstand von Kapitel 10.

Die Zeit vom Ende des Feudalismus bis zur Industriellen Revolution bezeichnet man als das Zeitalter der Entdeckungen und der Ausweitung des Handels, welch letztere (im siebzehnten Jahrhundert) auch eine Krise der Herrscheridee mit sich brachte. Die Folge von Entdeckung und Expansion war letztlich die Verflechtung der übrigen Welt mit den wachsenden Wirtschaften Westeuropas und die Einführung der verschiedenartigen Eigentumsrechtssysteme der Mutterländer in deren jeweiligen Kolonien mit langfristigen Auswirkungen auf die Lebensfähigkeit dieser Kolonien. Der Konflikt um die Herrscher im Staate zeitigte unterschiedliche Ergebnisse, indem er einerseits Staaten entstehen ließ, die relativ effiziente Formen wirtschaftlicher Ordnung hervorbrachten, und andererseits Staaten, die relativ oder absolut an Bedeutung abnahmen. Die relative Verhandlungsmacht von Herrschern und Staatsangehörigen war für die jeweiligen Ergebnisse entscheidend. Sowohl die Expansion Westeuropas wie die Krisen seiner Staaten werden in Kapitel 11 behandelt.

In der Industriellen Revolution sehen Wirtschaftshistoriker für gewöhnlich den Wendepunkt der Wirtschaftsgeschichte. Handelte es sich um eine Revolution? Kapitel 12 stellt die Behauptung auf, daß die Vergrößerung des

Marktes eine vermehrte Spezialisierung und Arbeitsteilung bewirkte, die eine Erhöhung der Transaktionskosten zum Ergebnis hatte. Diese Erhöhung führte zu einer Änderung der Wirtschaftsordnung, die ihrerseits die Kosten technischen Wandels senkte und das Wirtschaftswachstum beschleunigte; diese Veränderungen bahnten den Weg in eine viel gründlichere Umgestaltung, nämlich die Zweite Wirtschaftliche Revolution.

Die innige Verbindung von Naturwissenschaft und Technik im späten neunzehnten Jahrhundert war eine Revolution von derselben Art wie die Entwicklung des Ackerbaus. Die Erste Wirtschaftliche Revolution war eine grundlegende Veränderung, weil sie die Vergrößerung des nutzbaren Subsistenzmittelspielraums ermöglichte und den privaten Ertrag der Vergrößerung dieses Spielraumes durch die in Eigentumsrechten verkörperten Anreize erhöhte. Im Verlaufe der nächsten zehn Jahrtausende erfuhren die Menschen die Bedeutung dieser Veränderung. Zugegebenermaßen ereigneten sich in diesem Zeitraum zahlreiche malthusianische Krisen; doch konnten diese Krisen durch Einführung einer effizienteren Wirtschaftsordnung und durch technischen Wandel bewältigt werden, und sie wurden auch bewältigt. Am Ende aber gab es einen relativ fixen Faktor. Der Fortschritt der Technik hing letztlich von der systematischen Entwicklung der Naturwissenschaften ab; eine solche setzte die Erhöhung der Rendite des „reinen" Wissens voraus. Ohne die Entwicklung der Naturwissenschaft hätte das Bevölkerungswachstum schließlich in einen Zustand münden müssen, in dem eine Ausweitung des Subsistenzmittelspielraums bei konstanten Kosten unmöglich gewesen wäre.

Die Zweite Wirtschaftliche Revolution ließ eine elastische Angebotskurve für neues Wissen, eine kapitalintensive Technologie und die Notwendigkeit drastischer Veränderungen der Wirtschaftsordnung zum Zwecke der Verwirklichung des Potentials dieser Technologie entstehen. Es kam dabei zu einer viel weiter gehenden Spezialisierung als je zuvor; damit erhöhten sich die Kosten der Messung und der Durchsetzung von Regeln in der länger werdenden Kette von Produktions- und Verteilungsprozessen und infolgedessen der Bedarf an neuen Ordnungsformen zur Beschränkung von Prinzipalen und ihren Agenten. Aber die Spezialisierung erzeugt auch eine ideologische Vielfalt. Eine weitere Folge der Zweiten Wirtschaftlichen Revolution waren Entfremdung und politische Instabilität einerseits und andauernde Probleme der Gestaltung einer effizienten Wirtschaftsordnung andererseits. Die Zweite Wirtschaftliche Revolution und ihre organisatorische Problematik werden in Kapitel 13 behandelt.

Im letzten Kapitel von Teil II gehe ich ausführlicher auf den Strukturwandel — insbesondere auf das Wachstum des Staates — in den USA im Gefolge der Zweiten Wirtschaftlichen Revolution ein.

Im Teil III fasse ich die Theorie des Teiles I und deren Anwendung auf die Wirtschaftsgeschichte in Teil II zusammen und stelle die Elemente einer Theorie des institutionellen Wandels zur Diskussion.

III

Bevor wir uns den historischen Ausführungen zuwenden, muß ich deutlich machen, was im theoretischen Teil meiner Darstellung fehlt. Er stellt nicht eine Theorie der Wirtschaftsgeschichte vor. Solch eine Theorie könnte nur durch Verquickung von Theorien über Bevölkerung, Wissensstand und Institutionen mit der neoklassischen Produktionstheorie (Kapitel 1) geschaffen werden. Was ich versucht habe, ist (1) eine Neuformulierung der Fragen der Wirtschaftshistoriker, so daß sie zumindest unmittelbar vor der Aufgabe wirtschaftshistorischer Erklärung stehen, und (2) die Vorlage einer Kombination von Hypothesen, die mich die Erfolgsaussichten dieser Vorgangsweise andeuten lassen. Die wichtigsten Mängel bzw. Lücken sollten dabei ausdrücklich klar gemacht werden.

1. Es wird keine Theorie demographischer Veränderung dargestellt. Das Schwergewicht dieses Buches liegt auf politischen und wirtschaftlichen Institutionen; was den Bevölkerungswandel angeht, so stelle ich hier lediglich einige Behauptungen auf, die mit dem historischen Beweismaterial vereinbar sind.

2. Es fehlt eine Theorie der Entwicklung der Militärtechnik; wie aber sowohl das Kapitel über den Staat als auch die obenstehende Erklärung deutlich machen, waren die Militärtechnik und ihre Veränderungen von entscheidender Bedeutung für Struktur und Größe des Staates in der Geschichte.

3. Das Modell des Staates ist auch in anderer Hinsicht mangelhaft, ist es aber ganz besonders dann, wenn wir von einem einzelnen Herrscher zum modernen pluralistischen Staat übergehen. Die Aufgabe, eine Theorie der Konfliktlösung für solch einen Staat zu finden, hat moderne Politikwissenschaftler in Verlegenheit gebracht.

4. Es werden zwar die meisten Elemente einer Theorie des Institutionenwandels behandelt werden (Kapitel 15), doch enthält mein Modell keine brauchbare Angebotsfunktion für institutionelle Neuentwicklungen. Wodurch ist die Palette von Ordnungsformen, die eine Gesellschaft in Reaktion auf Veränderungen relativer Preise entwickelt, bestimmt? Institutionelle Neuerung ist ein öffentliches Gut mit allen Merkmalen solcher Güter, einschließlich des Schwarzfahrerproblems.

5. Zu guter Letzt erinnere ich den Leser daran, daß wir noch eine Strecke Wegs zurückzulegen haben, bevor wir eine positive Theorie der Wissenssoziologie entwickeln.

Aber genug der Vorbehalte. Sehen wir zu, was wir mit den Instrumenten, die wir haben, anfangen können.

Teil II

Geschichte

Einführung

Die acht historischen Kapitel im Teil II stellen den säkularen Strukturwandel westlicher Volkswirtschaften in den Mittelpunkt; sie sollen die Erfolgsaussichten dieser Methode, Wirtschaftsgeschichte zu betreiben, veranschaulichen. Ich muß vorausschicken, daß die theoretischen Grundgedanken des ersten Teiles die Anordnung des zweiten Teiles bestimmen, daß ich aber nicht jene genaue Aufgliederung historischer Formen politischer und wirtschaftlicher Ordnung vorgenommen habe, die erst die solide Grundlage für die Überprüfung des Modells schaffen würde.

Die Verwendung von Sekundärquellen in diesen historischen Skizzen schränkt deren Erklärungswert erheblich ein. Für diese Verwendung von Sekundärquellen brauche ich mich nicht zu entschuldigen. Dazu sind sie ja da: Genau genommen sind sie Zwischenstufen zwischen Rohmaterial und erklärender Zusammenschau. Die Vorbehalte ergeben sich aus der selektiven Verwendung derartiger Quellen und der beschränkten Verfügbarkeit von Belegmaterial.

Obzwar ich bei der Betrachtung historischer Perioden, in denen ich bestenfalls Amateur bin, den Rat von Fachleuten eingeholt habe, zeigt sich in den Ergebnissen doch, daß mir die Spezialkenntnis dieser Perioden fehlt. Was die Perioden angeht, mit deren Quellenmaterial ich einigermaßen vertraut bin, so enttäuschte mich hier das Fehlen von aufbereitetem Belegmaterial, das unmittelbar zu den von mir gestellten theoretischen Fragen passen würde. Historiker haben sich in ihren Forschungen selten jenen Fragen zugewandt, die ich untersuche. Ich hoffe, diese meine historischen Erkundungsversuche werden sie dazu bewegen, sich dieser Aufgabe zu unterziehen.

Kapitel 7

Die Erste Wirtschaftliche Revolution*

I

Länger als eine Million Jahre, nachdem der männliche und weibliche Mensch von anderen Tieren unterscheidbar geworden war, zog er jagend und sammelnd über die Erde. Aus den (wenn auch nur spärlich) vorhandenen Beweisen hierfür geht klar hervor, daß der Mensch der Älteren Steinzeit einen Lebensstil hatte, der ihn von niedrigeren Tieren unterschied, wenngleich auch seine Überlebensfähigkeit von den Launen der Natur abhing. Der Mensch lebte in kleinen Gruppen oder Horden; er wohnte in Höhlen und zuweilen schlicht unter freiem Himmel. Die Gruppen mußten bereit sein weiterzuziehen, wann immer sie den Tier- oder Pflanzenbestand in einem Gebiet erschöpft hatten.

Während dieser langen Zeit der Jagd- und Sammeltätigkeit entwickelte sich eine große Vielfalt menschlicher Lebensstile und Kulturen. Beispiele des künstlerischen Ausdrucks des Steinzeitmenschen finden sich im Tal der Dordogne in Frankreich, wo auf Höhlenwänden heute noch Darstellungen von Tieren und Jagdszenen sichtbar sind. Archäologen sehen in dieser Madeleine-Kultur die hervorragendsten Leistungen des Eiszeitalters, doch gibt es auch in anderen Teilen Europas Spuren entwickelter Kultur. Werkzeug und Waffen wurden gefunden, in die Tier- oder Pflanzenmuster eingraviert oder eingeschnitzt waren, man stieß auf Venusfigürchen mit den ausgeprägten Merkmalen Schwangerer; und Grabfunde deuten darauf hin, daß die Menschen dieser Vorzeit sich mit dem Leben nach dem Tode beschäftigten. Abgesehen von derlei künstlerischen bzw. ästhetischen Leistungen aber lebte der Mensch weitgehend wie andere Tiere: Was er töten oder sammeln konnte, entnahm er der Natur. Sein Lebensunterhalt war durch einen Nahrungsmittelspielraum festgelegt, den er noch nicht zu erweitern ver-

---

* Diesem Kapitel liegt ein Aufsatz von DOUGLASS C. NORTH und ROBERT PAUL THOMAS, „The First Economic Revolution", *Economic History Review*, Mai 1977, zugrunde.

mochte; er konnte nur innerhalb der von der Erde vorgegebenen biologischen Schranken existieren.

Vor rund zehntausend Jahren begannen die Menschen, eine seßhafte Landwirtschaft zu entwickeln: Tiere zu hüten und zu züchten und Pflanzen als Nahrungsmittel anzubauen. Die Ergebnisse einer entwickelten Fähigkeit zur Vergrößerung des Subsistenzmittelspielraums kamen einer radikalen Umwälzung gleich. Der Übergang vom Jagen und Sammeln zum seßhaften Ackerbau, den der Archäologe V. Gordon Childe als die Neolithische Revolution bezeichnete, änderte die Geschwindigkeit des Fortschritts der Menschen gründlich. Sie bewirkte eine enorme Beschleunigung des Lernprozesses, was die außerordentlichen Entwicklungen in den – wenn wir es so ausdrücken wollen – letzten zehn Minuten der menschlichen Geschichte im Vergleich mit den vorhergegangenen 23 Stunden und 50 Minuten erklärt.

Es ist äußerst schwierig, diesen Wandel zu begreifen; in gewissem Sinne bleiben wir dabei auf Vermutungen angewiesen. Bekanntlich gibt es keine schriftlichen Belege hierfür; auch sind nur wenige Artefakte erhalten. Nichtsdestoweniger hat uns die glänzende Detektivarbeit der Archäologen sehr viel weiter gebracht, und die gemeinsamen Bemühungen von Botanikern, Biologen, Geologen, Physikern und Geographen haben uns eine Reihe von Hinweisen geliefert, die uns bei der (wenn auch noch so sehr Versuch bleibenden) Rekonstruktion der mutmaßlichen Ereignisse helfen können.

Bevor wir diese Erste Wirtschaftliche Revolution untersuchen, empfiehlt es sich, die allgemein anerkannten entscheidenden Belege für die prähistorische Vergangenheit des Menschen anzugeben, denen eine Theorie dieser Revolution nicht widersprechen sollte.

1. Die Entwicklung des seßhaften Ackerbaus geschah vor ungefähr 10.000 Jahren, doch der Mensch ist schon vor mehr als einer Million Jahren von anderen Tieren zu unterscheiden. Die Geschwindigkeit des materiellen Fortschritts des Menschen hat sich seit der Einführung des Ackerbaus sprunghaft erhöht.

2. Der Ackerbau scheint je für sich in verschiedenen Gegenden wie dem „Fruchtbaren Halbmond", Mittelamerika und wahrscheinlich Peru, Nordchina und anderen, entstanden zu sein, und zwar zu verschiedenen Zeiten.[1]

3. Die Ausbreitung des Ackerbaus nahm Jahrtausende in Anspruch. Die Geschwindigkeit, mit der er sich über Europa ausbreitete, scheint im Durchschnitt nicht mehr als ein Kilometer jährlich gewesen zu sein (L. L. Cavalli-Sforza, 1974).

---

[1] Arbeiten, welche Zeit und Ort der agrarischen Entwicklung belegen, sind in STRUEVER (1971) genannt.

4. In der späteren Eiszeit stirbt eine Reihe von Großtierarten aus. Man verzeichnete das Verschwinden von gut zweihundert Arten (Paul Martin und N. E. Wright, 1967).

5. Vor der Entwicklung des Ackerbaus hatte der Mensch angefangen, sich aus einem umfangreicheren Reservoir von Nahrungsmitteln zu bedienen. Größere Tiere spielten in seiner Ernährung nunmehr eine geringere Rolle, und Kleintiere wie Geflügel, Krustentiere, Schnecken wurden ebenso wie Nüsse und Samen wichtiger. Diese Wendung wird als die „Breitbandrevolution" bezeichnet (Flannery, 1968).

6. Die menschliche Bevölkerung nahm zu, und der Mensch wanderte in neue Gebiete weiter; am bemerkenswertesten war sein Einzug in die Neue Welt und in Australien (Davis, 1974).

II

Ich will zunächst im Rahmen eines komparativ-statischen Modells die Bedingungen untersuchen, welche die Erste Wirtschaftliche Revolution erklären könnten. Zweck dieses Modells ist es, die Bedingungen abzuleiten, unter denen die knappen Arbeitskräfte der Horde von deren herkömmlicher Beschäftigung mit Jagen und Sammeln abgezogen und im Ackerbau eingesetzt worden sein könnten.[2] Als das größte Vermögen der Horde gilt die Arbeitskraft ihrer Mitglieder. Die Horde kann über den Einsatz ihrer Arbeitskraft zur Beschaffung der gewünschten Güter und Leistungen entscheiden. Sie wird versuchen, ihre Mittel so einzusetzen, daß sie den Wert des knappen Faktors Arbeit und somit die wirtschaftliche Wohlfahrt der Gruppe maximiert. In Ermangelung eines Marktes, der die relativen Preise der zwei Arten von Produktion (nämlich Jagen/Sammeln einerseits, Ackerbau andererseits) bestimmen könnte, werden die Präferenzen der Horde diese relative Bewertung entscheiden. Für Zwecke meiner Analyse nehme ich an, daß sie unverändert bleiben. Infolgedessen wird das Grenzprodukt der Arbeit bzw. das Opportunitätskalkül in jeder der beiden Tätigkeiten die ausschlaggebende Variable in der Entscheidung der Horde über die Aufteilung ihrer Arbeitskraft auf die zwei Sektoren.[3]

---

[2] Den Begriff der Horde übernehme ich von COLIN RENFREW (1972, S. 363). Vgl. seine Erörterung der anthropologischen Unterscheidung von Horde, Stamm und Staat, ebenda, S. 363–65.

[3] In diesem ganzen Abschnitt nehme ich an, daß der Mensch Pflanzen und Tiere tatsächlich genügend gut kannte, um bereits vor dem eigentlichen Übergang zur seßhaften Landwirtschaft sich mit Ackerbau oder Viehzucht beschäftigt zu haben. Die Voraussetzungen hierfür werde ich aus dem Modell ableiten. Im letzten Abschnitt werde ich diese Annahme

Nehmen wir zunächst an, die Arbeitskraft sei eine vorgegebene Größe. Die Opportunitätskosten der Arbeit im Sektor „Jagd" sind der Wert des Grenzprodukts der Arbeit beim Jagen.[4] Nehmen wir weiter an, daß der Subsistenzmittelbestand biologisch bestimmt ist und daher eine Vergrößerung des Arbeitseinsatzes im Jagen abnehmende Erträge zeitigen wird.[5] Es wird also die Kurve des Wertes des Grenzprodukts der Jagd nach einer Periode konstanter Erträge ($0q_a$ in Abb. 1) allmählich fallen. Der relevante fallende Abschnitt der Kurve der Arbeitsnachfrage im Sektor Jagd ist $q_a q_k$ in Abbildung 1. Der Agrarsektor, in dem zu dieser Zeit bebaubares Land im

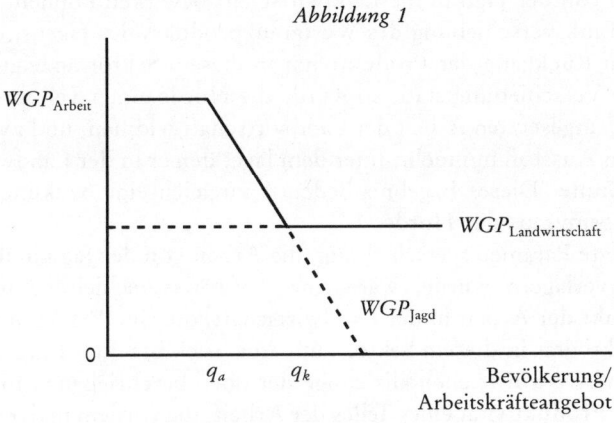

Abbildung 1

Überfluß vorhanden ist, weist bei Einsatz zusätzlicher Arbeitseinheiten konstante Skalenerträge auf. Somit ist der relevante Abschnitt der Nachfrage nach Arbeit im Sektor Landwirtschaft der Abschnitt jenseits von q_k. Die gesamte effektive Nachfrage nach Arbeit der Horde wird durch die aus-

---

fallen lassen, um zu zeigen, daß die Ergebnisse dieselben sein werden, sobald einmal exklusive Eigentumsrechte geschaffen sind. Ich behaupte damit nur, daß nicht die „Erfindung" der Landwirtschaft das eigentlich Entscheidende ist, sondern daß vielmehr die Veränderung der Anreizstruktur infolge der Schaffung exklusiver Eigentumsrechte eine Landwirtschaft unumgänglich entstehen läßt.

[4] Im Folgenden steht „Jagd" bzw. „Jagen" kurz für Jagen und Sammeln.

[5] Eine genauere Annahme enthält ein Modell, das ein biologisches Wachstumsgesetz für Tiere spezifiziert. Siehe SMITH (1975), der ein Modell vorlegt, das mit der Analyse dieses Kapitels vereinbar ist. Der Unterschied liegt darin, daß Smith ein formales, elegantes komparativ-statisches Modell entwickelt. Hier aber handelt es sich um einen Versuch der Wirtschaftsgeschichte, den Zeitpfad des Überganges vom Jagen und Sammeln zu einer seßhaften Agrargesellschaft zu beschreiben und die institutionellen Veränderungen festzustellen, die Voraussetzung dieses Übergangs sein mußten. Genauer gesagt: Es wird versucht, die von den Archäologen entdeckten Entwicklungsmerkmale zu erklären.

gezogene Kurve in Abbildung 1 wiedergegeben. Dieser Verlauf bestimmt im Verein mit der verfügbaren Arbeitsmenge das Wertgrenzprodukt der Arbeit sowie die Aufteilung der verfügbaren Arbeit auf die zwei Sektoren.

Der Mensch würde seine Arbeitskraft ausschließlich der Jagd widmen, solange das Wertgrenzprodukt des Jagens bei Vollbeschäftigung aller verfügbaren Arbeitskräfte das Wertgrenzprodukt der ersten Arbeitseinheit, die in der Landwirtschaft eingesetzt wird, übersteigt. Das wäre der Fall, wenn das Arbeitskräfteangebot (in Abb. 1) q_k oder kleiner wäre.

Unter der Annahme, daß eine Zeit lang das Arbeitskräfteangebot unter q_k bleibt, gibt es nur zwei Parameterverschiebungen, die eine Umwidmung von Arbeit von der Jagd in die Landwirtschaft bewirken können. Die eine wäre eine Linksverschiebung des Wertgrenzprodukts des Jagens, die einen allgemeinen Rückgang der Produktivität in diesem Sektor anzeigte. Fände eine solche Verschiebung statt, so würde die Horde einen Teil ihrer bisher in der Jagd eingesetzten Arbeit der Landwirtschaft widmen, und zwar jenen Teil, dessen Ausstoß nunmehr unter dem läge, den er in der Landwirtschaft erzielen könnte. Dieses Ergebnis bedeutet zugleich eine Senkung des Lebenshaltungsniveaus der Horde.

Eine zweite Parameterverschiebung, die Arbeit von der Jagd in die Landwirtschaft verlagern würde, wäre eine Aufwärtsverschiebung im Wertgrenzprodukt der Arbeit in der Landwirtschaft, die eine Erhöhung der Arbeitsproduktivität in diesem Sektor zum Ausdruck brächte. Eine Verschiebung dieser Art würde ebenfalls einige der oben beschriebenen Ergebnisse haben: Die Produktivität eines Teiles der Arbeit, die vordem in der Jagd eingesetzt war, würde nunmehr höher sein, wenn sie in der Landwirtschaft eingesetzt würde, und daher würde es zu einer Umwidmung von Arbeit kommen. Der Lebensstandard der Horde würde in diesem Falle jedoch steigen. Wenn mindestens eine dieser Parameterverschiebungen genügend groß ist, würde sie die Verlagerung der gesamten Arbeit aus der Jagd in die Landwirtschaft bewirken. Wenn wir das Arbeitskräfteangebot wachsen lassen, zugleich aber die Opportunitätskosten der Arbeit in jedem der beiden Sektoren konstant halten, würde es schließlich zu einer Verlagerung von Arbeit in die Landwirtschaft kommen. Wenn das Arbeitskräfteangebot anfänglich kleiner als q_a ist, dann würde seine Vergrößerung über den Punkt q_a hinaus abnehmende Grenzerträge der für die Jagd eingesetzten Arbeit erbringen. Dieser Zustand würde fortdauern, bis das Arbeitskräfteangebot q_k erreicht. Darüberhinausgehende Vergrößerungen des Arbeitskräfteangebots würden unter unseren Annahmen ohne weitere Verringerung der Grenzproduktivität der Arbeit im Agrarsektor eingesetzt werden. Wenn die Bevölkerung weiter wächst und alle zusätzlichen Arbeitskräfte in der Landwirtschaft eingesetzt werden, so wird dieser Sektor schließlich das Wirtschaftsleben beherrschen.

Insgesamt sind es drei Veränderungen, welche den Übergang von der Jagd zur Landwirtschaft erklären könnten: Einzeln oder gemeinsam auftretend hätten ein Rückgang der Arbeitsproduktivität in der Jagd, eine Steigerung der Arbeitsproduktivität in der Landwirtschaft oder eine anhaltende Vergrößerung des Arbeitskräfteangebots bewirken können, daß der Mensch sich vom reinen Jäger mehr und mehr zum Landwirt wandelte.

III

Archäologen haben eine Reihe von Erklärungen zur Begründung des Überganges von der Jagd zur Landwirtschaft vorgebracht. Jede von ihnen enthält irgend eine Erkenntnis im Zusammenhang mit dieser Verlagerung und läßt sich in der Ausdrucksweise des oben dargestellten Modells vorbringen; aber keine von ihnen befriedigt voll und ganz — entweder weil sie für das oben zusammengefaßte Belegmaterial keine Erklärung hat oder weil ihre Theorie unvollständig ist. V. Gordon Childe (1951) behauptet, daß mit dem Rückgang der letzten Eiszeit eine gründliche Klimaveränderung eingetreten sei. Der Nahe Osten und Nordafrika, die vordem zureichend bewässert und somit Grünland gewesen waren, in dem wilde Tiere und Pflanzen dem Menschen leicht und reichlich verfügbar waren, trockneten weitgehend aus. Infolgedessen konzentrierte sich das verfügbare Nahrungsmittelangebot sowohl an Tieren wie an Pflanzen um die noch bestehenden Wasserlöcher und Oasen. In diesen wenigen Oasen kam der Mensch in enge Berührung mit Pflanzen und Tieren. Er konnte sie genau beobachten und war in der Lage, manche der Tiere vor ihren Verfolgern zu schützen. Pflanzenfressende Tiere wurden allmählich domestiziert, weil die Menschen es vorteilhaft fanden, sie zu schützen und zu hegen und mit Gras- und Körnerfutter zu versorgen.

Betrachtet man Childes Theorie im Zusammenhang mit dem oben dargestellten historischen Belegmaterial, so beruht sie auf einer Umweltveränderung, die eine Schrumpfung des Subsistenzmittelspielraumes, einschließlich der Ausrottung mancher Tiere, bewirkte. Ein verkleinerter Nahrungsmittelspielraum läßt auf eine Verringerung der Arbeitsproduktivität der Jagd schließen, weshalb der Mensch, um überleben zu können, die verbleibenden Subsistenzmittel besser zu nutzen sich angewöhnen mußte. Dabei lernte der Mensch, die Produktivität seiner Arbeit in der Landwirtschaft zu steigern, weil er dazu durch den Rückgang seiner Jagdgelegenheiten gezwungen war. Childes Erklärung ist, um in der Ausdrucksweise unseres Modells zu bleiben, eine Verschiebung vom WGP_J nach links, so daß es für einen Teil der Arbeitskräfte lohnend wird, sich der Landwirtschaft zu widmen.

Childes Theorie wurde aus zwei Gründen angegriffen. (1) Warum trat die

von ihm beschriebene Entwicklung nicht schon nach dem Ende früherer
Eiszeiten ein? (2) Wichtiger vielleicht: Historiker der Wetterkunde haben
nicht bestätigt, daß die Klimaveränderungen zeitlich und räumlich mit dem
Übergang zur Landwirtschaft zusammenfallen. Außerdem war das Ver-
schwinden von Tierarten nicht immer von Klimaveränderungen begleitet.
Des weiteren erklärt Childes Hypothese nicht die Geschwindigkeit des
Überganges zur Landwirtschaft, auch nicht die Bevölkerungsexpansion der
Jungsteinzeit. Trotzdem ist es wahrscheinlich, daß ein Klimawandel den
Nahrungsmittelspielraum einengte und in manchen Gebieten Tiere und
Pflanzen zunehmend knapper werden ließ.

Eine zweite Theorie, die Theorie der sogenannten Kernzonen, entwik-
kelte Robert J. Braidwood (1963). Diese Kernzonentheorie geht von einer
Auffassung der kulturellen Entwicklung aus, der zufolge der Mensch mit
den Pflanzen und Tieren seiner Umgebung allmählich vertraut wird. Braidwood definiert eine Kernzone als „eine natürliche Umgebung, die eine Vielfalt wilder Pflanzen und Tiere enthält, die für eine Domestizierung geeignet
und reif sind". Braidwood faßte seine Theorie folgendermaßen zusammen:

„Die Umwälzung in der Nahrungsmittelerzeugung scheint sich als Höhepunkt
der fortgesetzt steigenden kulturellen Differenzierung und Spezialisierung
menschlicher Gemeinschaften ereignet zu haben. Um 8000 v. Chr. waren die Bewohner der Hügelketten um den Fruchtbaren Halbmond mit ihrer Umgebung so
vertraut, daß sie anfingen, die Pflanzen und Tiere, die sie bislang gesammelt und
gejagt hatten, zu domestizieren. ... Aus diesen Kernzonen übertrug sich mit der
Ausbreitung der Kultur die neue Lebensform auf die übrige Welt." (1960)

Braidwoods Erklärung kommt einer Verschiebung des WGP_L nahe oder
gleich. Ein einleuchtender Gedanke dieser Kernzonentheorie ist der, daß
wahrscheinlich in manchen Gebieten Pflanzen und Tiere ursprünglich
besser für eine Domestizierung geeignet waren als in anderen. Außerdem
betonte Braidwood, daß der Mensch nicht plötzlich eine eingehende
Kenntnis von Pflanzen und Tieren erwarb, sondern diese allmählich, aber
unumgänglich kennenlernte. Was Braidwoods Erklärung nicht enthält, ist
irgend eine ursächliche Begründung des Wandels. Erschöpfend erklärt seine
Beschreibung gar nichts: weder die Ursache noch die Zeit noch die langsame
Ausbreitung der seßhaften Landwirtschaft, auch nicht den Bevölkerungsanstieg und nicht das Aussterben großer Tierarten. Offensichtlich ist die Ver-
trautheit mit Pflanzen und Tieren kein hinreichender Grund für die Agrar-
revolution, wenn freilich scheinbar ein notwendiger.

Diese zwei Theorien betrachten das Bevölkerungswachstum nicht als un-
erläßlichen Bestandteil einer Erklärung des Übergangs zur Landwirtschaft.
Das tut eine dritte Theorie, von Lewis R. Binford, ausgearbeitet von Kent
Flannery. Dieser Theorie zufolge übt die durch Zuwanderung entstehende

Bevölkerungsexpansion Druck auf den Nahrungsmittelspielraum aus und läßt zwischen verschiedenen Gruppen einen Kampf ums Überleben ausbrechen. Binford (1968) nimmt an, daß in gewissen Gebieten verschiedene sozio-kulturelle Gruppen ein Ungleichgewicht schaffen:

„Vom Standpunkt der Bevölkerung, die in der Zuwanderungszone bereits vorhanden ist, würde das Eindringen von Zuwanderern das bestehende Dichtegleichgewicht zerstören und könnte die Bevölkerungsdichte so weit erhöhen, daß eine Schrumpfung des Nahrungsmittelspielraumes zu erwarten stünde. Diese Situation würde bewirken, daß die ursprünglich ansässigen Gruppen einen deutlich stärkeren Druck in Richtung einer Produktivitätserhöhung ausübten. Die Eindringlinge hingegen wären gezwungen, sich ihrer neuen Umgebung anzupassen. Es gäbe starken selektiven Druck, der in beiden Gruppen die Entwicklung effizienterer Methoden der Nahrungsmittelbeschaffung begünstigen würde."

Flannery (1969) arbeitet Binfords Erklärung in einer Untersuchung aus, in der er den Vorgang, so wie er gewesen sein könnte, eingehend behandelt. Er macht den Bevölkerungsdruck für Veränderungen der Jagd- und Sammelmethoden verantwortlich: Der Mensch wendete sich von großen Säugetieren ab und den kleineren zu und ging schließlich vom Sammeln auf den Ackerbau über.

Die Erklärung von Binford und Flannery nimmt eine Bevölkerungsexpansion über q_k hinaus und infolgedessen die Verlagerung eines Teils der Bevölkerung in die Landwirtschaft an. Sie leidet jedoch darunter, daß sie keine Bevölkerungstheorie hat, auf der die Erklärung aufbauen könnte, und auch keine Antwort auf die Frage zu geben weiß, warum die Bevölkerungsexpansion zur Entwicklung der Landwirtschaft führte.

IV

Das hier vorgetragene Modell nimmt an, daß der prähistorische Mensch, der vor der Entscheidung zwischen zwei Alternativen stand, wohl eher diejenige wählte, die ihn im Ergebnis besser stellte. Ich behaupte nicht, daß diese Annahme das Verhalten irgend eines einzelnen oder einer Horde prähistorischer Menschen genau beschreibt. In einer Welt der Unsicherheit ist es unmöglich, im voraus zu wissen, welche Entscheidung die „richtige" ist. Anstatt dessen erwiesen sich regelmäßig, da ja viele Horden vor vergleichbaren Entscheidungen standen, einige der Versuche, auf eine neue Situation zu reagieren, in bezug auf den Kampf ums Überleben als die „richtigen"; d. h., diese Entscheidungen versetzten die Horde in eine bessere materielle Lage und erhöhten damit ihre Überlebenschancen im Verhältnis zu anderen Horden. Die Horden, welche die „richtige" Entscheidung treffen, sei dies bewußt oder durch Zufall, sind im Vorgang der natürlichen Auslese begünstigt. Andere Gruppen, die sich zunächst dafür entscheiden, anders zu handeln und infolgedessen weniger erfolgreich sind, werden mit der Zeit entweder die Vorgangsweise ihrer erfolgreicheren Rivalen übernehmen oder zugrundegehen.[6]

Der prähistorische Mensch, so wie ihn das einfache komparativ-statische Modell vorstellt, das oben vorgeführt wurde, hatte grundsätzlich zwei Möglichkeiten, seine gegebene Arbeitskraft einzusetzen. Jene Horden, welche die Alternative wählten, die den Wert der Produktion maximierte, mußten mit der Zeit besser dastehen als diejenigen, die das nicht taten. Das einfache komparativ-statische Gleichgewichtsmodell, von dem wir ausgingen, ist daher innerhalb seiner Grenzen durchaus annehmbar. Es ist jedoch für unsere Zwecke insofern unvollständig, als es nicht ausdrücklich das Wesen der gegebenen Eigentumsrechte berücksichtigt, die für diesen prähistorischen Menschen galten; außerdem enthält es keine demographische Annahmen. Da die gegebene Eigentumsrechtsstruktur das wirtschaftliche Verhalten des Menschen lenkt, stellt der einzelne fest, daß es in seinem Interesse liegt, sich angesichts einer bestimmten Konstellation von Eigentumsrechten anders zu verhalten als bei einer anderen. Der prähistorische Mensch setzte seine Arbeit im Verein mit naturgegebenen Mitteln ein, um sich seinen Lebensunterhalt zu sichern. Die naturgegebenen Mittel, seien es jagdbare Tiere oder sammelbare Pflanzen, wurden zunächst als Gemeineigentum angesehen. Diese Art von Eigentumsrecht bedeutet, daß alle in gleicher Weise Zugang zu dem Mittel haben. Ökonomen ist die Behauptung geläufig, daß unbeschränkter Zugang zu einem Bestand an Mitteln deren ineffiziente Nutzung zur Folge hat. Mit steigender Nachfrage nach dem in Frage stehenden Mittel führt dessen ineffiziente Nutzung schließlich zur Erschöpfung des Bestandes. Auftreten kann diese Erschöpfung im Falle eines reproduzierbaren Mittels als Verminderung des biologischen Bestandes bis unter dasjenige Niveau, das regelmäßig erreicht werden müßte, um fortgesetzte Ernten zu ermöglichen.

Dieses Beispiel wäre ein Fall von Anreizversagen infolge kultureller oder institutioneller (eigentumsrechtlicher) Unzulänglichkeiten. Der einzelne oder die Horde hat einen Anreiz, bestimmte Kosten außer acht zu lassen, was dazu führt, daß ein Produktivmittel übermäßig genützt und dadurch vielleicht sein Fortbestand gefährdet wird.

---

[6] Die Knappheit der Mittel sichert den Wettbewerb, der seinerseits dafür sorgt, daß sich als beobachtbares Verhalten im Wege des Ausleseverfahrens, wenn nicht überhaupt als Ergebnis bewußter Überlegung, ein solches herausbildet, das mit der Hypothese der Wohlstandsmaximierung vereinbar ist.

Betrachten wir den Fall, daß mehrere Horden sich um dieselben, im Gemeineigentum befindlichen Wandertiere bemühen. Die Tiere sind für die Horden erst wertvoll, wenn sie gefangen sind. Die Horde hat dann den Anreiz, den Bestand an Tieren so weit auszunützen, bis der Wert des letzten Tieres gleich den privaten Kosten seiner Tötung ist. Es wird so lange weiter Beute gemacht, bis das gesamte Einkommen, das mittels des knappen Produktivmittels bei Privateigentum hätte erzielt werden können, aufgebraucht ist.[7] Das heißt: In einer Wettbewerbssituation hat keine Horde irgend einen Anreiz, den Produktivmittelbestand zu erhalten, da die Tiere, die sie verschonen würde, um deren Fortpflanzung zu sichern, wahrscheinlich von ihren jeweiligen Konkurrenten getötet würden. Der Tierbestand könnte somit in die Gefahr kommen, ausgerottet zu werden. Die entscheidende Ursache dieser Ineffizienz liegt darin, daß die Ausbeutung der in Gemeineigentum stehenden Mittelbestände in keiner Weise beschränkt ist. Einzelne oder ganze Horden gehen auf die Jagd, sobald sie feststellen, daß ihre privaten Erträge daraus größer sind als der Nutzen, den sie aus der zweitbesten ihnen offenstehenden Handlungsweise ziehen könnten. Fazit: Es gibt zu viele Jäger. Ab einem bestimmten Ausmaß der Ausbeutung muß der Bestand allmählich zurückgehen; somit müssen sich die Kosten für alle Jäger erhöhen (bzw. muß deren Produktivität sinken). Die Gelegenheit zum Einsatz von Arbeit bei der Jagd (GWP_J) verlagert sich zurück; allerdings wird diese Tatsache weitere Jäger nicht davon abhalten, sich auch an der Jagd zu beteiligen, solange ihre Produktivität als Jäger über derjenigen liegt, die sie in der nächstbesten Form des Arbeitseinsatzes, nämlich in der Landwirtschaft, aufwiese.

Es ist gezeigt worden, daß nicht der gesamte Ertrag verloren geht, wenn einige der möglichen Teilnehmer von der Nutzung des Produktivmittelbestandes ausgeschlossen werden (Cheung, 1970). Auf diese Weise hatte die primitive Landwirtschaft, die als exklusives Gemeinschaftseigentum geordnet gewesen sein muß, gegenüber der Jagd den Vorteil der Effizienz der Eigentumsrechte. Es ist unvorstellbar, daß nicht von allem Anfang an schon die ersten Bauern Dritte vom Genuß der Früchte ihrer Arbeit ausschlossen. Außerdem war die Horde wahrscheinlich eine genügend kleine Gruppe, um die Tätigkeiten ihrer Mitglieder so überwachen zu können, daß das Kollektivverhalten keinen Raubbau am knappen und geschützten Boden, den die Gruppe in ihrem gemeinschaftlichen Eigentum hatte, bedeutete. Damit konnte also die Horde — zumindest im Prinzip — ihre Möglichkeiten, die Landwirtschaft zu betreiben, durch Regeln, Tabus und Verbote an die Adresse ihrer einzelnen Angehörigen fast so wirksam nützen, als ob private

---

[7] Die klassische Darstellung des Modells der Produktionsmittel im Gemeineigentum stammt von GORDON (1954). Siehe auch SMITH (1975) und CHEUNG (1970).

Eigentumsrechte daran bestanden hätten.[8] Wir werden sehen, daß dieser Unterschied zwischen Gemeineigentumsrechten in der Jagd und exklusiven Gemeinschaftsrechten in der Landwirtschaft für eine Erklärung der Ersten Wirtschaftlichen Revolution entscheidend ist. Im Jagdsektor fallen die Produktivmittel in die Kategorie des Gemeineigentums, im Agrarsektor in die Kategorie des Dritte ausschließenden Gemeinschaftseigentums, das so geregelt ist, daß es in seinen Verhaltenswirkungen bereits an Privateigentum grenzt.[9]

Der Wesensunterschied zwischen den zwei Arten von Eigentumsrechten, die jeweils für die Jagd und für die Landwirtschaft gelten, ist sehr bedeutsam für die Wirkung, die technischer Wandel langfristig auf die Wohlfahrt der Horde hat. Zweifellos war der prähistorische Mensch erfinderisch. Der Fortschritt in der Entwicklung von Werkzeugen bezeugt das hinlänglich. Lernen durch Tun und durch Experimentieren ist für jede Zeit kennzeichnend. Aufgrund von Anreizen, die sich aus Knappheitssituationen ergaben, konzentrierte der Mensch seine Anstrengungen auf eine bestimmte Aufgabe, lernte allmählich, sie geschickter zu erledigen und fand Wege, sie zweckmäßiger zu erledigen.

Der langfristige Einfluß solcher Veränderungen auf die wirtschaftliche Wohlfahrt des prähistorischen Menschen mußte ein völlig anderer sein, wenn diese Verbesserungen auf Tätigkeiten angewendet wurden, die in den Bereich eines Gemeineigentumsrechtes fielen, als wenn sie sich auf Tätigkeiten bezogen, die exklusiven Gemeinschaftseigentumsrechten unterlagen. Ähnliches gilt für die kurzfristigen Wirkungen. Der technische Wandel, der die Produktivität des Menschen bei der Jagd steigerte, mußte für die Jagd relativ zur alternativen Landwirtschaft zunächst höhere Ertragsaussichten zulassen (die Kurve der Arbeitsmöglichkeiten im Bereich Jagd, d. h. die GWP_J-Kurve in Abb. 1, verlagert sich nach außen). Entsprechendes träfe auf eine technische Veränderung in der Landwirtschaft zu, welche die Kurve GWP_L nach oben verschöbe, so daß also die Landwirtschaft die relativ höheren Ertragsaussichten verzeichnete. Langfristig jedoch mußten die höheren Erträge in der Landwirtschaft erhalten bleiben, während jene in der Jagd durch die Auswirkungen des vermehrten Arbeitseinsatzes auf den Be-

---

[8] Der Ökonom löst das Problem des Gemeineigentums durch eine Benützungsgebühr, einen Übergang zum Privateigentum oder die Durchsetzung von Verhaltensregeln. Siehe SMITH (1975).

[9] Während wir keine Belege dafür haben, daß in der Älteren Steinzeit Eigentumsrechte an der Megafauna bestanden, hat man verschiedentlich versucht, solche Rechte für die Jäger nachfolgender Perioden nachzuweisen (s. SMITH a.a.O.). Die Kosten der Messung und Durchsetzung solcher Rechte haben ihr heutiges Gegenstück in den Kosten des Walfangs.

stand an jagdbaren Tieren eines Gebietes aufgebraucht wurden. Die Kurve möglichen Arbeitseinsatzes in der Jagd mußte sich demnach anfänglich nach außen verschieben, d. h., es zogen mehr Arbeitskräfte auf die Jagd und beschleunigten die Erschöpfung des Tierbestandes, der im Gemeineigentum stand, so daß die Arbeitskurve schließlich von ihrer Ausgangsposition nach links verschoben wurde. Die Verschiedenheit der Eigentumsrechte in der Jagd und im Ackerbau sorgt dafür, daß der technische Wandel schließlich eine Verlagerung der Arbeit in die Landwirtschaft bewirken mußte.[10]

V

Ein weiteres entscheidendes Element der Analyse ist eine Hypothese über die demographische Entwicklung des prähistorischen Menschen. Die Zahl der Menschen auf dieser Erde hat sich selbstverständlich im Laufe der Zeit vermehrt, aber weder unausgesetzt noch mit gleichbleibender Geschwindigkeit. Der säkulare Trend ist ein Aufwärtstrend, war aber ungleichmäßig und zuzeiten sogar unterbrochen. Eine vollständige Erklärung der Schwankungen der menschlichen Bevölkerung geht über die Aufgabe, die ich mir hier gestellt habe, hinaus. Trotzdem sind nähere Ausführungen zu einigen der Punkte, die eine solche Erklärung enthalten müßte, für unsere Zwecke nötig.

Die einfache Arithmetik des Bevölkerungswandels im Verlaufe der ersten Jahrmillion läßt auf eine sehr geringe Wachstumsrate schließen. Aber jedenfalls scheint die Bevölkerung zugenommen zu haben. Somit überstieg trotz wahrscheinlicher Rückschläge im Zuge von Klimaveränderungen die Fruchtbarkeit tendenziell die Sterblichkeit.[11] Solange das Lebenshaltungsniveau eine bestimmte Mindesthöhe nicht unterschritt, zeigte der Mensch die Tendenz, sich zu vermehren. Dieser Trend mußte ein Aufwärtstrend sein, trotz des periodischen Auftretens von Faktoren, die die Sterblichkeit zu erhöhen tendierten. Diese Behauptung läuft diametral den Beobachtungen von Anthropologen zuwider, die entdeckt haben, daß heutzutage Stämme, die sich auf dem Niveau von Steinzeitmenschen befinden, eine tendenziell stabile Bevölkerung haben. Außerdem scheint die Bevölkerungsgröße, bei der solche Stämme verharren, durchaus unter derjenigen zu bleiben, bei welcher der Subsistenzmittelspielraum gefährdet würde. Aus dieser heu-

---

[10] Eine andere Art der Betrachtung dieses Vorganges wäre die, daß der technische Wandel in der Jagd die privaten Kosten der Jagd senkt, damit die Geschwindigkeit der Ausbeutung des im Gemeineigentum befindlichen Bestandes erhöht und somit die Erschöpfung dieses Bestandes beschleunigt.

[11] Siehe COALE, „The Human Population" (1974).

tigen Beobachtung haben Anthropologen und Archäologen schließen zu dürfen geglaubt, daß die oben gegebene Darstellung einer Bevölkerungsdynamik unzutreffend sei und besser durch die Annahme ersetzt würde, daß die prähistorische Bevölkerung am ehesten eine homöostatische gewesen sei.

Dieser Schluß von heutigen Steinzeitstämmen auf deren historische Vorläufer ist in verschiedener Hinsicht problematisch. Betrachten wir die Bedingungen, unter denen eine homöostatische Bevölkerung erreicht und erhalten werden könnte. (1) Die Subsistenzmittelbestände müssen vorgegeben sein, um eine Vergrößerung der Bevölkerung mit abnehmenden Erträgen einhergehen zu lassen. (2) Es müssen exklusive Gemeinschaftseigentumsrechte an den Subsistenzmittelbeständen gegeben sein, damit es keinen Wettbewerb zwischen rivalisierenden Gruppen gibt. (3) Die Zugänglichkeit des Subsistenzmittelbestandes muß in irgend einer Form gemeinschaftlich festgelegt sein, um das wirtschaftliche Verhalten von Mitgliedern der Gruppe regeln zu können.

Wäre die erste Bedingung nicht erfüllt, so würden Vergrößerungen der Bevölkerung für die Gruppe keine Kosten entstehen lassen, die Gruppe also keinen Grund haben, die Bevölkerung zu beschränken zu trachten. Die zweite und die dritte Bedingung sind erforderlich, wenn das Ergebnis eines Gemeineigentums vermieden werden soll. Nehmen wir einmal an, daß eine Horde damit befaßt wäre, einen in Gemeineigentum stehenden Produktivmittelbestand zu nutzen, und daß es ihr gelungen wäre, ihre Bevölkerung so zu beschränken, daß sie diesen Bestand nicht gefährdete. Nehmen wir weiter an, daß eine andere Horde aufträte, die für sich einen Anteil an diesem Produktivmittelbestand in Anspruch nähme. Ob es der ersten Horde gelingt, die zweite davon auszuschließen, hängt zweifellos von der Größe ihrer Bevölkerung ab. Je größer die Bevölkerung, umso höher sind ihre Chancen eines erfolgreichen Ausschlusses Fremder. Wenn verschiedene Horden miteinander in Berührung kommen, werden also diejenigen, die keinen Versuch machen, ihre Bevölkerung zu beschränken, tendenziell jene dominieren, die dies tun. Eine homöostatische Bevölkerung kann es nur im Falle isolierter Horden geben. Und genau dort findet man sie auch heute noch: in Gebieten, die weitab liegen von den Rivalitäten anderer Völker.[12]

In der Welt des prähistorischen Menschen mußten jene Horden, die den Versuch machten, ihre Größe an die Größe des ihnen verfügbaren Subsistenzmittelspielraumes anzupassen, schließlich jenen Horden unterliegen, die große und wachsende Bevölkerungen begünstigten, selbst wenn dies Wanderung und Aufsplitterung der Horde bedeutete. Die prähistorische

---

[12] Heutige Überbleibsel der Steinzeit werden in BINFORD (1968) besprochen.

menschliche Bevölkerung zeigte also eine kollektive Tendenz zu wachsen, wann immer es das Lebenshaltungsniveau erlaubte.

VI

Sehen wir uns das Modell nun im Zusammenhang mit dem Belegmaterial, das Archäologen und Anthropologen beigebracht haben, an. Die Menschen lebten in kleinen Horden, die immer bereit sein mußten weiterzuziehen, wenn das Nahrungsmittelangebot am jeweiligen Standort zusammengeschmolzen war. Kleine Kinder und alte Leute waren eine Last. Die Menschen nahmen mit jedem Obdach vorlieb, das die Natur ihnen bot, wenn die Horde den von ihnen gejagten Tieren nachzog. Es gibt wenig Hinweise auf dauerhafte Dörfer – abgesehen davon, daß man einige halb in den Boden gebaute Hütten gefunden hat. Mit der Zunahme der Bevölkerung im Verlaufe der Jahrmillionen, in denen der Mensch als Jäger auftrat, teilten und unterteilten sich die Horden und wanderten auf der Suche nach Nahrung umher. Zunächst erlegte der Mensch die größeren Tiere. Man hat eine Reihe von Schlachtplätzen mit größeren Mengen von Knochen gefunden, die darauf schließen lassen, daß die Jagd in der Weise betrieben wurde, daß man große Tiere über eine Felswand stürzte. Möglicherweise trug die zunehmende Fertigkeit des Menschen, die großen Säuger der kalten Zonen – das Mammut und das Wollige Nashorn auf deren Rückzug in den Norden – zu jagen, zu deren Ausrottung vor rund 25–12.000 Jahren bei.[13] Vor rund 30.000 Jahren ließ die Bevölkerungsexpansion Menschen die Beringstraße von Asien nach Amerika überschreiten. Seither bewegten sie sich auch über diese Landmasse. Zeitlich fiel das Erscheinen des Menschen hier mit dem Verschwinden mehrerer Arten von Großtieren zusammen.

Bauen wir diese sehr allgemeine Beschreibung nun in unser ökonomisches Modell ein. Anfänglich war dies eine Welt, in der der Bestand an Tieren und Pflanzen, von denen sich der Mensch ernähren konnte, unbegrenzt schien. Wenn mit der Zunahme der Bevölkerung das Nahrungsmittelangebot in einem gegebenen Lebensraum gänzlich unzureichend zu werden drohte, pflegten sich die Horden zu teilen und in bisher unbetretene Gebiete weiterzuziehen, wobei sich allmählich neue Gruppen von schon vorhandenen ablösten. Diesen Vorgang bezeichnen Anthropologen als System des offenen Spenders. In ökonomischer Sprache ausgedrückt war es eine Welt mit konstanten Skalenerträgen für ein wachsendes Arbeitskräfteangebot, so daß ein Bevölkerungswachstum eine proportionale Produktionssteigerung im Ge-

---

[13] Eine ökonomische Analyse dieser Erscheinung findet sich bei SMITH (1975).

folge hatte. Diese Welt konstanter Skalenerträge erhielt sich, solange unberührtes Land gleicher Ergiebigkeit vorhanden war, das eine wachsende Bevölkerung bewirtschaften konnte. Solange diese Bedingung erfüllt war, brauchte niemand zu versuchen, ein exklusives Eigentum an Pflanzen oder Tieren zu begründen. Wir würden allerdings erwarten, daß Gruppen, die sich innerhalb der Besiedlungsgrenzen befanden, zunächst versuchten, ein stabiles Verhältnis zwischen der Größe ihrer jeweiligen Horde und dem Nahrungsmittelspielraum herzustellen, da sie ja von anderen Horden umgeben waren und vorläufig keine Möglichkeit hatten, den Nahrungsmittelspielraum zu erweitern. Solche Bevölkerungsgruppen mußten versuchen, genau jene Art homöostatischer Beziehungen herzustellen, die den Berichten der Anthropologen zufolge in heutigen primitiven Gesellschaften bestehen. Diese Horden mußten ihre Fruchtbarkeit durch Tabus, Kindermord und verschiedene andere Methoden beschränken, um auf diese Weise das Verhältnis von Bevölkerung und Nahrungsmittelspielraum konstant zu halten. Wir würden außerdem erwarten, daß sie den Versuch machten, eine Reihe von Bräuchen und Geboten zur Regelung der Jagd zu entwickeln und zwar so, daß in deren Befolgung Stabilität erreicht wurde. Ein solcher Versuch muß aber aus den oben genannten Gründen fehlschlagen: Eine homöostatische Bevölkerung kann es nur in voneinander abgesonderten Horden geben.[14]

Sobald die Bevölkerung einmal so groß geworden war, daß sie den Nahrungsmittelspielraum voll ausschöpfte, bewirkte jede weitere Bevölkerungszunahme eine Abnahme des Grenzertrags der beim Jagen und Sammeln eingesetzten Arbeit. Trotzdem wuchs — wir bleiben bei der Annahme konkurrierender Horden und eines Gemeineigentums an Subsistenzmitteln — die Bevölkerung weiter. Die Folgen lassen sich in Abbildung 1 anschaulich machen. Eine Bevölkerungszunahme bis zum Punkt q_a konnte ohne Beeinträchtigung des Subsistenzmittelspielraumes vor sich gehen, eine stärkere Zunahme hatte abnehmende Erträge zur Folge. Große Tiere wurden zunehmend knapper, und allmählich war der Mensch gezwungen, sich in den niedrigeren Ordnungen der Tiere neue Nahrungsquellen zu erschließen. Wir wissen jedenfalls, daß um 20.000 v. Chr. der Mensch anfing, sich an verschiedene Arten von Tieren und Pflanzen als Nahrungsmittel zu gewöhnen (Flannery, 1969). Diese Periode kann ihrerseits nur eine Übergangsphase gewesen sein, denn mit steigendem Bevölkerungsdruck und zunehmender Konkurrenz um die in Gemeineigentum stehenden Nahrungsmittel mußten diese zunehmend knapper und ihr Erwerb somit in Arbeitszeit gerechnet immer „teurer" werden.

---

[14] In Mittelamerika scheint die Breitbandrevolution nach 5.000 v. Chr. eingesetzt zu haben.

Dieses Problem des Gemeineigentums, in dem sich der prähistorische Mensch befand, löste er durch Entwicklung exklusiver Gemeinschaftseigentumsrechte. Solange Tiere und Pflanzen relativ zur Nachfrage der menschlichen Bevölkerung reichlich vorhanden waren, gab es keinen Grund, Kosten für die Begründung von Eigentumsrechten an ihnen aufzuwenden. Erst während der Übergangsphase zunehmender Knappheit wurde es lohnend, die Kosten zur Entwicklung und Durchsetzung von Eigentumsrechten, welche das Ausmaß der Nutzung der Nahrungsmittelbestände beschränken konnten, aufzuwenden.

Die Entwicklung von Eigentumsrechten ging historisch so vor sich, daß zunächst Hordenfremde von der Nutzung des in Frage stehenden Bestandes ausgeschlossen und dann Regeln aufgestellt wurden, welche die Intensität der Nutzung des Bestandes durch Hordenangehörige beschränkten. Wie Flannery (1968, S. 68) betont: „Wir wissen von keiner menschlichen Gruppe auf der ganzen Erde, die so primitiv gewesen wäre, daß sie den Zusammenhang zwischen Pflanzen und den Samen, aus denen diese wachsen, nicht erfaßt hätte." Um es in der Ausdrucksweise unserer Abbildung 1 zu sagen: Sobald die Bevölkerung q_k erreichte, ließ sich zusätzliche Arbeit produktiver in Ackerbau und Viehzucht einsetzen. Solange dieser Punkt nicht erreicht war, wurde bei abnehmenden Erträgen der Jagd mehr Arbeit auf das Sammeln aufgewendet. Zu irgend einem Zeitpunkt war es für die Horde ein logischer Schritt, zu versuchen, ein von Natur aus fruchtbares Gebiet zu finden, sich dort niederzulassen und spätere Ankömmlinge nicht hereinzulassen. Horden, die bereits innerhalb der Besiedlungsgrenzen lebten, wurden so in zunehmendem Maße seßhaft. Mit der Vergrößerung dieser Horden wurden die Naturschätze des von ihnen jeweils besiedelten Gebietes intensiver genutzt.

Es ist interessant, daß Flannerys oben wiedergegebene Feststellung manche Anthropologen und Archäologen auf die Vermutung brachte, daß die erste Domestizierung von Pflanzen und Tieren nicht dort vorgenommen wurde, wo diese von Natur aus reichlich vorhanden waren. Anstatt dessen, so behaupten sie, sei es zu einer Domestizierung zuerst dort gekommen, wo die natürlichen Ernten weniger ergiebig waren, denn hätte der Mensch in ausreichender Menge wilden Weizen sammeln können, würde er sich nicht die Mühe gemacht haben, ihn anzubauen. Harlan und Zohary bemerken (1966): „Warum sollte irgend jemand Getreide dort anbauen, wo es von Natur aus so dicht wächst wie auf einem von Menschen bestellten Feld? ... Der Ackerbau selbst ist vielleicht eher in Gegenden entstanden, die den Gebieten mit den reichsten Vorkommen an wildem Getreide benachbart waren, nicht in diesen selbst."[15] Diese Behauptung läßt den grundsätzlichen

---

[15] HARLAN und ZOHARY (1966, S. 1074−80).

Widerspruch zwischen steigendem Bevölkerungsdruck und Gemeineigentum an Naturschätzen außer acht. Wahrscheinlicher ist es, daß der Mensch fruchtbare Gebiete fand, wo es in Hülle und Fülle Wildgetreide gab, das er mit der Sichel ernten konnte, und daß er dann daranging, solche Gebiete gegen Eindringlinge zu verteidigen. Wir würden daher eher der Ansicht zuneigen, daß der intensive Wildgetreidebau, der laut Jean Perrot (1966) in der halb seßhaften Natufian-Kultur in Palästina betrieben wurde, als Schritt auf dem Wege zur Domestizierung wahrscheinlicher ist als die alternative Vorstellung eines Anbaus von Samen auf marginalen Böden.[16]

Die Belege über die Natufian-Kultur lassen darauf schließen, daß die Bestellung des Bodens dort wahrscheinlich schon als Alternative zur Jagd bestand. Die jeweils unabhängigen Entwicklungen des Ackerbaus in verschiedenen Teilen der Erde und die geringe Geschwindigkeit, mit der er sich über Europa nordwestwärts ausbreitete, scheinen mit dieser Annahme übereinzustimmen. Festzuhalten ist jedoch folgendes: Selbst wenn neues Wissen notwendig war, um zu Ackerbau und Viehzucht übergehen zu können, ändert dies nichts an der Anfangsbehauptung, daß exklusive Eigentumsrechte den Anreiz, neues Wissen zu erwerben, erhöhen. Die in diesem Abschnitt skizzierte Erklärung läßt sich entweder als Geschichte des Übergangs zu einer bereits bekannten Alternative lesen oder als eine Geschichte, wie Horden Eigentumsrechte an reichen Beständen wilden Getreides festlegten und dann den Anreiz verspürten, sich die Kenntnisse, die zu dessen Anbau bzw. Domestizierung nötig sind, anzueignen. Wahrscheinlich war der erste Schritt die Abgrenzung eines Gebietes mit dem Ausschließlichkeitsanspruch, wie man ihn noch heutzutage an primitiven Horden und Stämmen beobachten kann. Demsetz (1967) beschreibt unter Verweis auf die Anthropologin Eleanor Leacock, wie sich die Montagnais-Indianer, um der steigenden Nachfrage der Hudson Bay Company zu entsprechen, ein jeden anderen Benützer ausschließendes Biberjagdgebiet schufen.[17] Ein in diesem Sinne exklusives Gebiet ließ sich mit relativ geringen Kosten für Pflanzen und nicht-wandernde Tiere abgrenzen, für wandernde Tiere hingegen nur mit sehr viel höherem Aufwand. Sobald die Ausschließlichkeit einmal begründet war, mußten sich Jäten, primitive Bewässerung und Saatgutauswahl allmählich durch Ausprobieren, also: Lernen durch Tun, entwickeln. Die Produktivität des Anbaus stieg dadurch; das Grenzwertprodukt der Arbeit im Ackerbau erhöhte sich.

Die Unterscheidung von Anbau und Domestizierung ist heikel. Bei dieser

---

[16] Perrot (1966).

[17] Vgl. jedoch den Vorbehalt von McManus (1972), der darauf schließen läßt, daß das Überleben der Gruppe als Allokationskriterium wichtiger wurde als Erwägungen individueller interner Allokation. Smith (1975) beschreibt eine Reihe anthropologischer Untersuchungen primitiver Eigentumsrechte.

handelt es sich um eine genetische Veränderung der Pflanze bzw. des Tiers mit dem Zwecke der Erhöhung seines Wertes für den Menschen.[18] Zwei wichtige einschlägige Beispiele aus der Urgeschichte sind die Entwicklung von Emmer und Einkornweizen von der Form, die ihre Körner verliert, zu der Form, welche sie behält, sowie die Umwandlung des Wildschafes zu einem ruhigeren, leichter lenkbaren Tier. In beiden Fällen war die Domestizierung vielleicht nur zufälliges Ergebnis des Auswahlprozesses. Aber sobald es einmal exklusive Eigentumsrechte gab, mußten die Ergebnisse der Domestizierung den praktischen Lernvorgang der Auswahl von Saatgut und Zuchttieren begünstigen.

Nichts deutet darauf hin, daß der Übergang von der Jagd zur Landwirtschaft rasch erfolgt wäre. Aus den Belegen, welche die Archäologen zusammengetragen haben, ist zu schließen, daß hierzu eine erhebliche Zeitspanne erforderlich war. Der Übergang ereignete sich als Ergebnis des fortgesetzten Bevölkerungsdruckes, der die relativen Knappheiten der Produktivmittelbestände, die der prähistorische Mensch nutzte, veränderte. In Reaktion auf diese Entwicklungen begannen einzelne Horden, Fremden den Zugang zu Subsistenzmittelbeständen zu verwehren. Dabei wurden diese Horden seßhaft. Die Begründung exklusiven Gemeinschaftseigentums erhöhte den Ertrag, den die Horden aus Versuchen, die Produktivität der Subsistenzmittelbestände zu erhöhen, ziehen konnten. Vielen Gruppen gelang es wahrscheinlich nicht, diesen Übergang zu bewerkstelligen, aber manche vollzogen ihn durch einen glücklichen Zufall; eben hier nehmen die Entwicklung der Zivilisation und das Wirtschaftswachstum, die sich in den zehn Jahrtausenden seither ereigneten, ihren Anfang.

Die Erste Wirtschaftliche Revolution war nicht deshalb eine Revolution, weil sie die hauptsächliche Wirtschaftätigkeit des Menschen vom Jagen und Sammeln zur Landwirtschaft verlagerte. Sie war eine Revolution, weil dieser Übergang für den Menschen eine ganz grundlegende Verschiebung der Anreizstruktur bewirkte. Die Anreizveränderung ist in der Verschiedenheit der Eigentumsrechte in den beiden Systemen begründet. Wenn die Subsistenzmittel im Gemeineigentum stehen, so gibt es wenig Anreiz zum Erlernen einer besseren Technik oder zum Erwerb größeren Wissens. Im Gegenteil: Exklusive Eigentumsrechte, die dem Eigentümer etwas einbringen, bieten einen unmittelbaren Anreiz zur Erhöhung von Effizienz und Produktivität bzw. − allgemeiner gesprochen − zum Erwerb größeren Wissens und zur Aneignung neuer Verfahren. Eben diese Anreizveränderung erklärt den raschen Fortschritt, den die Menschheit in den letzten 10.000 Jahren im Unterschied zu ihrer langsamen Entwicklung in der langen Zeit des primitiven Jagens und Sammelns davor verzeichnete.

---

[18] Anbau und Domestizierung finden sich erörtert bei ISAAC (1970).

Kapitel 8

Die organisatorischen Folgen der Ersten Wirtschaftlichen Revolution

I

Zwischen den Anfängen der seßhaften Landwirtschaft und dem Höhepunkt des Römischen Reiches spannt sich eine Zeit von rund achttausend Jahren. Da der Länge dieser Zeit keineswegs eine entsprechende Menge an Belegmaterial gegenübersteht, denken wir uns diese Jahrhunderte gern als endlose Abfolge von Königreichen, Kaiserreichen, ganzen Kulturen, die in Erscheinung treten, um dann in Krieg, Verrat, Ränkespiel und Mord unterzugehen. Aber es gab natürlich durchaus alltäglichere Entwicklungen in diesen Gesellschaften; und trotz des spärlichen Beweismaterials ist es möglich, einzelne dieser Entwicklungen zu rekonstruieren. Wir wüßten besonders gern über die Struktur der Wirtschaften Bescheid, die den Unterbau dieser Kulturen abgaben und die Existenz großer Reiche ermöglichten; manche von ihnen überdauerten immerhin Jahrhunderte. Wir erführen auch gern mehr über deren Untergang als nur die Geschichte einer großen Schlacht oder der Plünderung einer Hauptstadt und der Tötung oder Versklavung ihrer Bewohner.

Ich will die Fragen ganz spezifisch stellen. In Teil I behauptete ich, daß die Leistung einer Wirtschaft von ihrer Ordnungsform abhängt. Im Verlaufe der acht Jahrtausende, die ich nunmehr betrachten will, traten Wirtschaftsordnungen in geradezu verwirrender Vielfalt auf den Plan − zum größten Teil sehr anders als diejenigen, mit denen wir heute vertraut sind. In der modernen Welt werden etwa Märkte dazu verwendet, Güter und Leistungen ebenso wie die Produktionsfaktoren zu verteilen. Im Altertum gab es die längste Zeit hindurch gar keine organisierten Märkte. Welche Arten von Organisationen nahmen die Stelle solcher Märkte ein? Welche Arten von Eigentumsrechten gab es; wie ging der Tausch vor sich? Wie erklären sich die Größe der politisch-wirtschaftlichen Einheiten und die verschiedenen Formen der Ordnung des Staatswesens? Und was am allerwichtigsten ist: Wie wirkten sich diese Institutionen auf die wirtschaftliche Leistung aus? Gab es ein Wirtschaftswachstum?

Im nächsten Abschnitt gebe ich einen Überblick über die Grundzüge der Struktur und Leistung von Wirtschaften in diesem Zeitraum, bevor ich mich im besonderen der Frage der Entwicklung des Staates zuwende. Die Verteilung des „Zwangsgewaltpotentials" sowohl *innerhalb* der als auch *zwischen* politisch-wirtschaftlichen Einheiten wurde zur wichtigsten Bestimmungsgröße für Struktur und Leistung von Wirtschaften der antiken Welt. Topographische Verschiedenheiten wirkten sich in bezug auf funktionsfähige Größe und Überlebensfähigkeit von Staaten in verschiedenster Weise aus, doch müssen diese Verschiedenheiten jedenfalls in Zusammenhalt mit den Merkmalen der Militärtechnik gesehen werden, um die interne Herrschaftsstruktur und demzufolge die Struktur der Eigentumsrechte, die sich herausbildeten, erklären zu können. In Abschnitt III bespreche ich kurz die Entwicklung des Staates, bevor ich in den Abschnitten IV bis einschließlich VII ungefähr in chronologischer Reihenfolge (manchmal gibt es hier Überschneidungen) den zentralistischen ägyptischen Staat des Neuen Königreiches, das dezentralisierte Persische Reich, den griechischen Stadtstaat und dann die Römische Republik und das Römische Kaiserreich bespreche. Die dazugehörige Wirtschaftsstruktur wird in jedem Fall kurz beschrieben. Der letzte Abschnitt ist einer Gesamtbeurteilung der wirtschaftlichen Leistung der antiken Welt gewidmet.

II

In den acht Jahrtausenden, welche das Altertum ausmachen, lassen sich gewisse durchgehende Grundzüge erkennen.

1. Es ist klar, daß die Bevölkerung wuchs, und zwar mit beispielloser Geschwindigkeit. Das menschliche Siedlungsgebiet wurde zudem größer. Die Gebiete rund um das Mittelmeer etwa wurden in diesem Zeitraum ziemlich dicht besiedelt.

2. Es kam zu einem allmählichen Übergang von Jagen und Sammeln zum Ackerbau, und mit der Zeit wurde die seßhafte Landwirtschaft die vorherrschende Form wirtschaftlicher Tätigkeit.

3. Die politische Ordnung des Staates trat erstmals in Erscheinung. Die besonderen Formen, die der Staat in dieser Zeit annahm, waren verschiedenster Art: Sie reichten von der Despotie bis zur Demokratie. Aber gleichgültig, welche Form der Staat annahm, er übte in jedem Falle Herrschaft aus. Der Aufstieg des Staates war mit Krieg und politischen Wirren verbunden. Die Größe des Staates nahm tendenziell zu, bis schließlich die ganze abendländische Welt im römischen Weltreich vereinigt war.

4. Die Entwicklung der Technik machte erhebliche Fortschritte; im Verlauf der achttausend Jahre folgte auf die Bronzezeit die Eisenzeit.

5. Handel entstand und breitete sich aus. Insbesondere der internationale Handel nahm während dieser Zeit an Bedeutung zu. Allmählich entstanden unpersönliche Märkte, die dann zunehmend der Verteilung von Gütern bzw. Produktionsmitteln dienten.

6. Erstmals entstanden städtische Siedlungen. Die Städte wurden größer, ihre Funktionen wurden vielfältiger, und sie breiteten sich über den Mittelmeerraum aus.

7. Eine Vielfalt von Wirtschaftsordnungen entwickelte sich. Die Umverteilungswirtschaften der Sumerer, Ägypter und Mykenes stellen deren eines Extrem vor, die Ausbreitung von preisbildenden Märkten im hellenischen Griechenland und in Rom das andere.

8. Eine Vielfalt von Eigentumsrechten lag den verschiedenen Arten von Wirtschaftsordnungen zugrunde. Zunächst schufen sich die ersten agrarischen Gemeinwesen ein exklusives Gemeinschaftseigentum; mancherorts wurde dies von exklusivem Staatseigentum und anderswo von individuellem Privateigentum abgelöst. Wo individuelle Privateigentumsrechte begründet wurden, bezogen sich diese auf die bewegliche Habe, auf Grund und Boden und auf die Arbeit, und zwar in der Form von Leibeigenschaft.

9. Es ereignete sich erhebliches Wirtschaftswachstum. Der Zuwachs wurde teilweise auf die Ernährung einer wachsenden Bevölkerung verwendet, teilweise auf die Erhöhung des allgemeinen Lebenshaltungsniveaus.

10. Die Einkommensverteilung wurde entschieden ungleichmäßiger, wobei sich schon sehr früh große Ungleichheiten ausprägten.

Ich will auf diese Tendenzen genauer eingehen. Zunächst will ich die Ordnungsmerkmale eines Jäger-und-Sammler-Gemeinwesens denen eines agrarischen Gemeinwesens gegenüberstellen. Ein Jäger-und-Sammler-Gemeinwesen bestand aus einer Horde, die auf der Suche nach Nahrung herumzog. Die Mitglieder dieser Horde jagten gemeinsam und bestanden überwiegend aus Familieneinheiten. Abgesehen von der Koordination, welche die Jagd erforderte, war nur wenig Organisation nötig. Die Mitglieder der Horde unterschieden sich relativ wenig voneinander. In unserer Sprache ausgedrückt: Die Einkommensverteilung war sehr gleichmäßig.

Im Unterschied hierzu erforderte die seßhafte Landwirtschaft eine weit komplizertere soziale und wirtschaftliche Ordnung. Vor allem anderen mußte ein System exklusiver Eigentumsrechte festgelegt werden, welche Nicht-Mitglieder einer Gemeinschaft von einem Anteil an deren gemeinschaftlich geschaffenem Produkt ausschlossen. Die Begründung solcher Eigentumsrechte an Tieren und Pflanzen erfordert zugleich irgend eine Form von gemeinschaftlicher Verteidigung.

Wenn die Landwirtschaft erfolgreich betrieben sein soll, setzt dies Entscheidungen darüber voraus, was angebaut wird, wann es angebaut wird, wann geerntet wird und wie die verschiedenen Tätigkeiten, die zwischen Saat und Ernte anfallen, bewältigt werden sollen. Neben den Entscheidungen über das Was und das Wann sind die wichtigen Entscheidungen zu treffen, wer diese Aufgaben ausführen wird; und zudem muß mit Hilfe irgend eines Kontrollsystems dafür gesorgt sein, daß die zugeteilten Aufgaben ordnungsgemäß erledigt werden. Einer seßhaften Gesellschaft steht es außerdem offen, Güter für Zeiten einer Hungersnot oder einer Dürre aufzubewahren. Die Lagerung von Gütern bedarf der Koordination und der Einrichtung von Lagermöglichkeiten. Eine Institution, welche für die Gemeinschaft Entscheidungen treffen und in die Tat umsetzen kann, ist unerläßliche Voraussetzung für die Lebensfähigkeit eines agrarischen Gemeinwesens.

Wenn die frühe Landwirtschaft der Bewässerung bedurfte, wie das aus einigen archäologischen Funden in Palästina, Ägypten und dem Zweistromland zu schließen ist, so wird das Organisationsproblem noch verwickelter. Das Kapital, das für ein Bewässerungssystem nötig ist, muß beschafft werden; es müssen etwa Kanäle gegraben und instandgehalten werden, für systematische Entwässerung muß Sorge getragen werden, Schleusen und Flutgatter müssen so angeordnet werden, daß das Wasser über die ganze zu bewässernde Fläche verteilt wird.

Die seßhafte Landwirtschaft brachte eine Aufteilung der Aufgaben mit sich. In einer Jäger-und-Sammler-Gesellschaft beschränkte sich die Spezialisierung auf eine einfache Rollenteilung: Das Jagen besorgten die Männer, das Sammeln die Frauen. Im Gegensatz hierzu brachte die seßhafte Landwirtschaft eine vielschichtige Aufgabenteilung mit sich. Von den ersten Bauern spezialisierten sich einige auf den Schutz nach außen; andere fungierten als Priester und besorgten den Menschen die „Rationalisierung" ihrer Umwelt. Innerhalb der Agrargemeinschaft entstanden neue Berufe. Im zweiten Jahrtausend v. Chr. war die handwerkliche Spezialisierung bereits ziemlich weit fortgeschritten. Töpfer, Metallarbeiter, Weber, Maurer, Zimmerleute, Schiffsbauer, Bronzeschmiede und Goldschmiede sind einige der spezialisierten Berufe, die in Linear B Täfelchen der mykenischen Kultur verzeichnet sind (Renfrew, 1972, S. 341). Eine derartige Spezialisierung und Arbeitsteilung bedeutet einen unerhörten Wandel gegenüber der relativ undifferenzierten Gesellschaft der Jäger und Sammler. Eine Gesellschaft, die sich aus spezialisierten einzelnen zusammensetzt, erfordert die Einrichtung eines Mechanismus für die Verteilung des gesellschaftlichen Produkts auf alle Angehörigen. Dies ist in einer Jäger-Sammler-Gesellschaft eine ziemlich einfache Aufgabe, bedarf jedoch in einer Gesellschaft, in der es Spezialisierung und Arbeitsteilung gibt, viel umfangreicherer Koordinations- und Entscheidungsvorgänge.

Die Probleme, die eine Agrargemeinschaft mit der Entscheidung, was, wie und für wen zu produzieren sei, zu bewältigen hatte, waren deshalb viel komplexer als jene, denen sich Horden von Jägern und Sammlern gegenüber sahen. Festzulegen waren irgend eine Art der Organisation einer gemeinsamen Verteidigung nach außen, die Vorsorge gegen Hungersnot, Entscheidungen über Gegenstand, Zeitraum und Verfahren der Produktion, Abgrenzung und Abstimmung der zunehmend spezialisierten Aufgaben, welche die Seßhaftigkeit mit sich brachte, sowie Entscheidungen über die Verteilung der zunehmend verschiedenartigen Güter auf die Bevölkerung.

Die Einrichtungen, die dabei entstanden, wurden wahrscheinlich nicht neu geschaffen, sondern entwickelten sich aus dem Mechanismus gemeinschaftlicher Entscheidungen der einfacheren Nomadenhorden. Solch einen Mechanismus zu konstruieren, wäre den werdenden agrarischen Gemeinwesen nicht ernstlich schwer gefallen. Da diese Gemeinwesen klein waren, mußte jedes Mitglied sich zu seinen Rechten und Pflichten bekennen. Die Kosten solcher gemeinschaftlicher Entscheidungen waren dementsprechend äußerst geringfügig. Versuchte einer wirklich, sich seiner Verantwortung zu entziehen, so mußte dies ohne weiteres entdeckt werden.

Aber eben der Erfolg einer Agrargemeinschaft trug dazu bei, den Mechanismus gemeinschaftlicher Entscheidungen zu belasten. Die Produktivität der Landwirtschaft stieg mit der Zeit eher an, die Fähigkeit, Nahrungsmittel zu lagern, verminderte eher den Schaden, den eine Mißernte anrichten konnte. Beide Veränderungen mußten das Bevölkerungswachstum begünstigen. Umgekehrt mußte Wachstum der Bevölkerung sowohl die Kosten gemeinschaftlicher Entscheidungen erhöhen wie auch den Anreiz für jeden einzelnen, sich von seinen Gemeinschaftspflichten zu drücken (da die Messung der Drückebergerei ja teurer wurde). In einem wachsenden Gemeinwesen mußten auch die Kosten der Koordination von Produktionsentscheidungen und der Verteilung des gemeinsamen Produkts steigen.

III

Die Schaffung des Staates mit dem dazugehörigen Bestand an Regeln zur Ordnung seines inneren Aufbaus und mit seiner Zwangsgewalt sowohl zur Durchsetzung dieser Regeln und zur Konkurrenz mit anderen Staaten war die bedeutendste Leistung der antiken Welt. Dieses Kapitel stellt die positive Seite dieser Leistung in den Vordergrund: Die Rolle, die der Staat in der Entwicklung vielschichtiger Kulturen und in der ungeheuren wirtschaftlichen Expansion des Altertums spielte. Im nächsten Kapitel werde ich dann die ihm innewohnende Instabilität und den unvermeidlichen Niedergang, der schließlich jeden Staat ereilt, beleuchten.

Während die Archäologen uns immer noch neues Belegmaterial für sehr frühe Städtegründungen liefern, etwa für Jericho, das auf 8000 v. Chr. zurückgeht, und Çatal Hüyük in Anatolien, das um 6000 v. Chr. zu datieren ist, liegen dennoch vier Jahrtausende zwischen den Anfängen der Landwirtschaft und den „Stadtstaaten", die in der Ebene von Sumer und Akkad in Mesopotamien entstanden, oder den ersten Dynastien in Ägypten.[1] Gleichgültig, ob die Ursprünge des Staates vertraglicher oder gewaltsamer Natur waren, es dauerte jedenfalls lange, bis die neue Institution so geordnet war, daß sie ein lebensfähiges politisches Gebilde vorstellte. Die Religion war von entscheidender Bedeutung für die Legitimierung der Zwangsgewalt des Herrschers; diese frühen Staaten hatten deshalb auch die Merkmale von Tempelgesellschaften: Der ägyptische Pharao war zugleich Herrscher und Gott. Sie wurden größer, und um 2350 v. Chr. hatte Sargon die Bedeutung der Stadtstaaten in Mesopotamien bereits eingeschränkt und eine zentralisierte Regierung geschaffen. Auch Ober- und Unterägypten waren um 3100 v. Chr. bereits konsolidiert. In beiden Fällen war die topographische Beschaffenheit des Landes von entscheidendem Einfluß auf die Ausgestaltung des Staates und die Festlegung seiner wechselnden Größe. Beide waren von einem Bewässerungssystem abhängig, das die wechselseitige Abstimmung und Übereinstimmung von Entscheidungen erforderte; die Unteilbarkeit solch eines Bewässerungssystems begünstigte die Vergrößerung des Staates, doch war die effiziente Größe dieses Systems in jedem Fall eine andere. In Mesopotamien begünstigten steigende Skalenerträge zweifellos eine Konsolidierung über die Grenzen eines einzelnen Stadtstaates hinaus, aber diese Skalenerträge waren hier viel begrenzter als in Ägypten, wo das gesamte Niltal unterhalb des Ersten Kataraktes eine natürliche Einheit bildete. Der zweite wesentliche geographische Unterschied bestand darin, daß Ägypten durch Wüste und Wasser vor Eindringlingen geschützt war und erstmals gegen Ende der 12. Dynastie überhaupt besetzt wurde, und zwar von den Hyksos. Hingegen wurde Mesopotamien wiederholt besetzt bzw. überrannt: und zwar von Indo-Europäern (den Hethitern) und von Semiten (den Amoritern). Infolgedessen gab es hier eine verwirrende Fülle von Herrschern und Reichen verschiedenster Größe. Wichtiger noch: Die Form der politisch-wirtschaftlichen Ordnung entwickelte sich von der Tempelwirtschaft weg — im Gegensatz zu Ägypten, dessen Wirtschaft weiterhin von einem allmächtigen Pharao beherrscht wurde.

Mehr als ein Jahrtausend trennt die Regierungszeit Hammurabis in Babylon (1792—1750 v. Chr.) vom Persischen Reich (550—331 v. Chr.), aber

---

[1] Im Industal sind Mohendscho-Daro und andere städtische Siedlungen um 2500 v. Chr. nachweisbar.

als dieses Reich unter Kyros dem Großen in Erscheinung trat, war die politisch-wirtschaftliche Einheit riesenhaft groß geworden: Das Reich erstreckte sich von der Ägäis bis über den Indus hinaus. Unter Darius (521–466 v. Chr.) wurde das Reich in zwanzig Provinzen oder Satrapien geteilt, deren jede einen Statthalter, dessen Hofstaat und eine eigene Schatzkammer hatte.

Staat und Gesellschaft der hellenischen Griechen, die allmählich in Konflikt mit Persien gerieten und unter Alexander das Persische Reich eroberten, hatten eine von Grund auf andere Struktur. Den Mittelpunkt der griechischen politisch-wirtschaftlichen Ordnung bildete der Stadtstaat, die Polis. Deren geringe Größe war angesichts der Gebirgigkeit und ausgeprägten Küstengliederung des Landes, das nur kleinräumige Ebenen kennt, zweckmäßig. Zwar umfaßte Athen ein Gebiet von rund 2.600 qkm und Sparta etwa 8.500 qkm, doch die meisten griechischen Stadtstaaten waren kleiner als 1.000 qkm. Wenn die griechische Eintracht auch durch den Glauben an gemeinsame Vorfahren, durch gemeinsame Sprache und Religion, Gebrauch derselben Orakel und die gemeinsame Teilnahme an den griechischen Wettspielen befestigt wurde, so wurde die griechische Zwietracht durch die Rivalität der Stadtstaaten gefördert. Nicht einmal der Einmarsch der Perser 481 v. Chr. einigte sie gänzlich. Der Wettbewerb auf allen Gebieten brachte endlos wechselnde Bündnisse und innere Kriege mit sich, die ihren Höhepunkt (wenn auch nicht ihren Schlußpunkt) im Peloponnesischen Krieg zwischen Athen und Sparta fanden. Erst 338 v. Chr. erzwang Philipp von Makedonien die Einigung der griechischen Staaten; sein Sohn Alexander schuf die hellenistische Welt und Reiche, die nach seinem Tod entstanden. Während die griechische Kultur dem Persischen Reich und der Gesellschaft des ägyptischen Pharaonenstaates aufgezwungen wurde, kämpften im Westen die Römer auf Leben und Tod mit dem konkurrierenden Reich der Karthager. Der Sieg der Römer bescherte diesen zunächst die Vorherrschaft im östlichen Mittelmeer und in der Folge die Einheit des Römischen Reiches in den ersten zwei nachchristlichen Jahrhunderten.

Die Entwicklungstendenz in diesen Jahrtausenden ist deutlich erkennbar: Der Staat wurde größer. Die Erklärung für die Größenveränderungen im Verlaufe dieser Zeit ist jedoch keineswegs eindeutig. Die Tatsache der Abhängigkeit von künstlicher Bewässerung kann die Einheit Ägyptens erklären und auch die Expansion der Stadtstaaten des Zweistromlandes, aber um die Lebensfähigkeit größerer wirtschaftlich-politischer Einheiten erklären zu können, bedarf es militärtechnischer Überlegungen. Das Pferd, der zusammengesetzte Bogen, der Streitwagen, die Phalanx — sie alle veränderten nacheinander die Kriegsführungstechnik. Fraglos wurden die militärischen Einheiten größer, doch läßt die Überlegenheit der Griechen über die Perser darauf schließen, daß jenseits einer bestimmten kritischen Mindest-

größe Disziplin und Organisation die Größe ersetzen konnten (der Marsch
der Zehntausend, von dem Xenophon berichtet, ist ein schlagendes Beispiel
hierfür).

IV

In der langen Geschichte der ägyptischen Dynastien sind verschiedene Aus-
maße der Macht der Pharaonen über die Adligen bezeugt; das Neue Reich,
das 1580 v. Chr. beginnt, bietet jedoch das klassische Bild des zentralisierten
Staatswesens Ägyptens.[2] Der Pharao war zwar noch immer theoretisch ein
Gott, ebenso wie im Alten und Mittleren Reich, doch gründete seine Macht
im Neuen Reich in der absoluten Kontrolle über den Herrschaftsapparat:
Gesetzgebung, Rechtsprechung, Armee, Polizei und „anscheinend auch die
Priesterschaft" (*CAH*, 1970, 2, S. 314). Die Verwaltung des Landes ging in
einer genau geordneten Befehlskette vor sich, wobei das Land in zwei Teile,
den Norden und den Süden, geteilt war, deren jeder seinen Verweser und
seinen Kämmerer hatte. Der Verweser oder Wesir war unmittelbar für die
gesamte Wirtschaftstätigkeit in seinem Gebiet verantwortlich. Ihm unterstanden unmittelbar diejenigen Beamten, die Vorsteher von Städten und
deren ländlichem Umland waren. Die Überwachung der Produktion, der
Einkünfte und der Steuereinhebung war dem Schatzkämmerer anvertraut,
der zwar allgemein der Aufsicht eines Wesirs unterstand, aber über eine eigene, ausgedehnte Organisation verfügte. Eng verbunden mit der Schatzkammer waren der Aufseher der Getreidespeicher und der Aufseher über
das Vieh, unter deren Leitung Rechnungsbeamte alljährlich Erhebungen der
Getreidevorräte und des Nutzviehbestandes anzustellen hatten.
    Die Besteuerung selbst unterstand einem Beamten, der „Schreiber der
Felder und Herr der Zwei Länder" hieß (*CAH*, 1970, 2, S. 359). Die jährlichen Steuern wurden im Namen des Pharao vom Produkt der Arbeitskraft
erhoben; das Wort Arbeit war zugleich eine allgemeine Bezeichnung für
Steuern (*CAH*, 1970, 2, S. 381). Die Steuern wurden von den Pächtern bzw.
Wirtschaftsverwaltern eingehoben, die es zuwege brachten, über die vom
Pharao eingeforderten Einkünfte hinaus einen Gewinn zurückzubehalten.
Die Steuern wurden als Naturalien erhoben. So wurde die Herbststeuer in
Form von Emmer und Gerste eingehoben, wobei deren Höhe nach der Er-
giebigkeit jedes Grundstückes durch den „Schreiber der Felder" festgesetzt
wurde, der das Land jährlich neu vermaß und bewertete. Eine ähnliche

---

[2] Die folgende Beschreibung ist der *Cambridge Ancient History* (*CAH*), Band II, Teil
I (3. Aufl.), Kapitel 9, entnommen.

Überwachung und Besteuerung gab es in jedem Produktionsfunktionenbereich: Sogar auf Wild wurde eine Steuer erhoben. Von fremden Ländern wurden Tribute eingefordert, auf Wasserstraßen Mauten erhoben, und Zölle erhöhten noch die Steuereinkünfte. Außerdem mußten die Gemeinden alle Staatsbeamten beherbergen und verköstigen; Land- und Seestreitkräfte konnten ebenso wie die Polizei von den Bezirken Güter anfordern (deren Gegenwert von den Steuern abgezogen wurde). Der Pharao war zudem Eigentümer riesiger Landgüter.

Die ägyptische Armee des Neuen Reiches war ein stehendes Heer aus Berufssoldaten, die ihr Geschäft von den Hyksos gelernt hatten. Es gab Schwadronen von Streitwagen, es gab den zusammengesetzten Bogen, schwere Äxte, Schwerter und Speere aus Bronze. Strategie und Militärtaktik gehörten zum Ausbildungsprogramm der Berufsoffiziere. Unter Thutmosis III. konsolidierte sich das Nordreich, dehnte seine Herrschaft auf Nubien und den nördlichen Sudan aus und seine Eroberungszüge bis in das südliche Syrien.

Diese Darstellung der politisch-administrativen Struktur der 18. Dynastie skizziert den politischen Aufbau Ägyptens in dessen erfolgreichster und leistungsfähigster Zeit. Es war eine Gesellschaft mit einem einzigen absoluten Herrscher, dem Pharao, dem letztlich alle Eigentumsrechte zustanden – eine Gesellschaft, für die es keine nahen Substitute gab, die den Staatsangehörigen überhaupt Alternativen eröffnet hätten (wie die Kämpfe zwischen Adligen und Pharao im Mittleren Reich), und mit einer hochzentralisierten Beamtenschaft, die die Produktion überwachen und messen und die Einkünfte für den Herrscher maximieren sollte. Dieser Staat erwies sich in seinen Grundzügen als so dauerhaft, daß bei der Teilung des Persischen Reiches nach Alexanders Tod das Ptolemäische Ägypten (ein Teil eben jenes Reiches) die griechische Herrschaft einfach der zentralistischen Verwaltungsstruktur, die es übernommen hatte, aufpfropfte.[3] Die Ptolemäer führten allerdings eine zusätzliche Kontrollmaßnahme ein: Es mußte nämlich der Steuerpächter für den Betrag, den die Verwaltungsbeamten einhoben, mit seiner Unterschrift „gutstehen". Er mußte jeden Fehlbetrag aus eigener Tasche bezahlen, in die andererseits jeder Mehrbetrag floß. Solchermaßen war für eine wirksame Überwachung der Verwaltungsbeamten gesorgt (Rostovtzeff, 1941, 1, S. 328–29).

Die Wirtschaft Ägyptens unter dem Neuen Reich (und später) war so organisiert, daß die Eigentumsrechte letztlich dem Pharao zustanden. Es scheint etwas Privateigentum an Grund und Boden gegeben zu haben, und die Tempel besaßen (wahrscheinlich nur zum *Nießbrauch*) ungeheure

---

[3] Siehe Rostovtzeff (1941), Band I, S. 271–331.

Reichtümer und das Verfügungsrecht über weite Landstriche; aber die gesamte Wirtschaftsstruktur hatte an ihrer Spitze einen einzigen Menschen. Der internationale Handel war praktisch ein Staatsmonopol und wurde in erster Linie von Beauftragten des Pharao betrieben; die Binnenwirtschaft war hierarchisch aufgebaut: entweder unmittelbar als Teil der Besitzungen des Pharao oder mittelbar über die bürokratische Ordnung der Beamtenschaft (die ich im letzten Abschnitt skizzierte), über welche der Pharao seine Einkünfte erhielt.

Da die Agrarproduktion zur Gänze von der Steuerung der jährlichen Überschwemmungen durch den Nil abhing, nahmen Anlage, Reparaturen und einwandfreies Funktionieren der Bewässerungsanlagen zu bestimmten Zeiten des Jahres nicht nur einen beträchtlichen Teil des gesamten Arbeitskräfteangebots in Anspruch, sondern auch einen erheblichen Teil der Beamtenschaft, der diese Funktionstüchtigkeit zu überwachen hatte.

Anhand der uns überkommenen Aufzeichnungen ist es nicht möglich, das Ausmaß der Leibeigenschaft, die genaue Art und Form der Arbeitsleistungen oder das Wesen der Frondienste, die offenbar alle Arbeitskräfte im Zusammenhang mit Erntetätigkeit, Reparaturen an den Bewässerungsanlagen und dem Bau der riesigen öffentlichen Gebäude und Denkmäler erbringen mußten, zu bestimmen; die Unfreiheit der Arbeiter in dieser Wirtschaft tritt dennoch zutage. Die Bauern waren zwar praktisch frei und konnten in bestimmtem Ausmaß Eigentumsrechte an Grund und Boden haben, dennoch schuldeten sie dem Staat oder dem Tempel gewisse Dienstleistungen. Im allgemeinen wurden alle Arbeitskräfte in Naturalien bezahlt. Es scheint einige kleine Einzelhandelsmärkte und etwas lokalen Handel gegeben zu haben. Es gab zwar kein umlaufendes Geld, doch standen Gold, Silber und Kupfer zueinander in einem festen Gewichtsverhältnis, so daß sie als Recheneinheiten dienen konnten.

Während Weber (1909) eine allmähliche Lockerung des starren hierarchischen Aufbaus einschließlich einer Zunahme der freien Arbeit, zunehmenden Individualeigentums an Grund und Boden (das allerdings immer noch mit bestimmten Grundlasten verbunden war), einer Ausdehnung der Geldwirtschaft und des Binnenhandels beschreibt (Weber, 1909, S. 88/2–90/1), beharrt Rostovtzeff darauf, daß die hierarchische Grundstruktur in ptolemäischer Zeit noch nicht wesentlich verändert war und daß die Griechen lediglich versuchten, sie effizienter zu gestalten, indem sie die Verschwendung der Pachtgelder durch die beauftragten Geschäftsführer der Hierarchie verminderten (z. B. durch den Steuerpächter; siehe Rostovtzeff, 1941, S. 271–322).

Nicht unerwähnt bleiben sollte, daß Alexandrien in ptolemäischer Zeit zur bedeutendsten Stadt des Abendlandes und zum Mittelpunkt von Kultur und Gelehrsamkeit wurde; es war jedoch nicht eigentlich Teil von Ägypten, sondern vielmehr ein Stadtstaat, „der so auftrat, als wäre er eine freie und autonome griechische Polis" (Rostovtzeff, 1941, S. 415).

V

Während Ägypten eine homogene Einheit bildete, war das Persische Reich ein riesiges Konglomerat verschiedenster Religionen, Wirtschaften und politischer Gebilde, die zu einem weitgehend dezentralisierten Reich zusammengefaßt waren.[4] Dessen politischen und militärischen Mittelpunkt bildeten die Perser. Eine von sieben Adelsfamilien stellte den „Großkönig"; seine Berater und Verwaltungsbeamten waren zum großen Teil persische Adlige, auch das stehende Heer war überwiegend persisch. Das Reich war in zwanzig Satrapien geteilt, deren jede sich erheblicher, freilich ganz verschieden umfangreicher Autonomie erfreute. Typischerweise hatten sie alle ihre eigene Hofhaltung, ihre Zivilverwaltung und Gerichtsbarkeit, sie empfingen sogar Gesandte von Nachbarstaaten. Die Satrapen oder Statthalter waren Männer von hoher Abkunft. Zuweilen wurden die Herrscher eines bislang unabhängigen Königreiches de facto erbliche Satrapen; die Herrscherfamilie übte dieses Amt dann durch Generationen hindurch aus. Dem Satrapen oblag es, die Steuern bzw. den vom persischen Herrscher festgesetzten Tribut einzutreiben; nach Herodot reichte dieser von 4680 Talenten Goldstaub, die Indien auferlegt waren, über 1000 Talente aus Assyrien und Babylon bis hinunter zu 170 Talenten der Siebten Satrapie (zwischen Indien und Baktrien). Außerdem gab es Naturalabgaben, einschließlich einer Grundsteuer und Mautgebühren. Diese Zahlungen dienten typischerweise dem Unterhalt der Armee und der Haushalte des Königs, der Satrapen und der Untersatrapen.

Gleichsam als Begleiterscheinung gehörte zur Heterogenität des Persischen Reiches die Duldung höchst verschiedenartiger Religionen und Wirtschaftsordnungen. Der Erfolg wie die wesensbedingte Schwäche des Reiches waren eine Funktion seiner dezentralisierten Gliederung. Erfolgreich war es, weil jeder Versuch, den einzelnen unterschiedlichen Teilgebilden eine einheitliche zentralistische Struktur zu geben, unerhört kostspielig gewesen wäre, ja sich aus Kostengründen überhaupt verboten hätte. Religiöse Toleranz und darüberhinaus die aktive Übernahme lokaler Religionen erwiesen sich als entscheidende Stabilisierungsfaktoren. So nahm Darius Namen, die seine Verwandtschaft mit dem ägyptischen Gott Re dartun sollten, an — in dem Versuch, der persischen Herrschaft über Ägypten sol-

---

[4] Die Darstellung stützt sich weitgehend auf *CAH*, Band IV, Kapitel 7, und Rostovtzeff (1941, 1, S. 77–90).

chermaßen einen Anstrich von Rechtmäßigkeit zu geben und damit deren Durchsetzungskosten zu senken.

Eine Umgestaltung der einzelnen Wirtschaftsordnungen hätte völlige Verwirrung und einen ungeheuren Verlust an Steuereinnahmen zur Folge gehabt. Statt dessen wurden die bestehenden Wirtschaften durch den Friedenszustand und die große Ausdehnung des Binnenmarktes günstig beeinflußt, wenn auch unter der Belastung hoher Steuern und Tributzahlungen. Das Satrapensystem krankte daran, daß es miteinander konkurrierende und somit mögliche alternative Herrscher schuf; der König der Könige stand deshalb stets vor dem Problem, Überwachungsmaßnahmen zu ersinnen, die dem Streben nach Unabhängigkeit vorbeugen und diese verhindern sollte. Regelmäßig wurden Inspektionen durchgeführt, ebenso wurden in den Garnisonen persische Truppen, die nicht dem Befehl des Satrapen unterstanden, stationiert. Doch die halbautonomen Satrapien waren und blieben ein Nährboden für Rivalitäten und Umsturzgelüste und waren schließlich auch eine Ursache für den Zusammenbruch des Reiches.

Rostovtzeff nennt das Zentralgebiet des Reiches, also Persien, „feudal und stammesherrschaftlich organisiert" (1941, S. 77); er stellt Babylonien als Bewahrer einer alten, aus der Zeit Hammurabis überlieferten Tradition einer vielschichtigen Beamten- und Priesterbürokratie hin, das sich aber gleichzeitig als blühende Wirtschaft darbietet, die sich auf Privateigentum an Grund und Boden, auf Großkaufleute und Bankiers und einen ausgedehnten Fernhandel stützt (1941, S. 78 f.). Daneben gab es Phönizien mit seiner langen Seefahrer- und Kolonialtradition und seinen wohlhabenden Hafenstädten Byblos, Ugarit und Al Mina, die griechischen Städte Kleinasiens, deren politische und wirtschaftliche Struktur derjenigen der Städte Attikas und der Peloponnes ähnelte, und die Nomadenstämme der Beduinen in der syrischen und der arabischen Wüste. Außerdem gab es noch Lydien, wo bereits um 700 v. Chr. die ersten Metallmünzen in Umlauf waren; diese waren aus Elektrum, einer Legierung von Gold und Silber, geschlagen. Dann gab es noch die Satrapen des Fernen Ostens und Ägyptens. Lassen wir Rostovtzeff selbst sprechen:

„So also war die große persische Monarchie beschaffen — eine Mischung wirtschaftlicher Gegensätze und dennoch eine Wirtschaftseinheit in der Hand der persischen Könige, die niemals von der schweren Aufgabe abließen, die verschiedenartigen Bestandteile ihres Reiches zusammenzuhalten. Ihr Erfolg erklärt sich vor allem aus ihrer vernünftigen Politik einer Dezentralisierung. In das Gesellschafts- und Wirtschaftsleben ihrer Satrapien mischten sie sich selten ein, gewährten diesen dabei aber den erforderlichen militärischen Schutz und boten ihnen neue, willkommene Gelegenheiten, ihre Wirtschaftsbeziehungen und ihren Tauschhandel auszubauen. Ausgezeichnete königliche Straßen verbanden die einzelnen Teile des Persischen Reiches; neue Seewege wurden erforscht (z. B. von der Mündung des

Indus zum Roten Meer und zum Nil); und eine königliche Gold- und Silberwährung von höchster Stabilität und Zuverlässigkeit erleichterte den Gütertausch. Betrachtet man die schwere Steuerlast, die den Satrapien auferlegt war, im Verhältnis zu den Vorteilen, die diese daraus zogen, daß sie keine unabhängigen Staaten, sondern Teile eines Weltreiches waren, so war sie nicht übermäßig hoch.

Es erstaunt nicht, daß Persien als sehr reiches Land galt. Wir können seinen Reichtum nicht ermessen. Natürlich wissen wir über den der persischen Könige Bescheid. Wir kennen ihre jährlichen Einkünfte und die Gold- und Silbermengen, die in den Hauptstädten Persiens aufbewahrt wurden. Königliche Reichtümer bedeuten nicht notwendigerweise die Wohlfahrt der Untertanen. Aber der zu persischer Zeit unablässig zunehmende Wohlstand der phönizischen Städte, der Karawanenstädte von Syrien und Mesopotamien sowie von Babylon beweist, daß der Reichtum der Herrscher auf dem Reichtum ihrer Untertanen beruhte. Man möge nicht vergessen, daß mit Ausnahme Ägyptens und Kleinasiens die meisten persischen Satrapien sich durch mindestens drei Jahrhunderte ununterbrochenen Friedens erfreuten, in der Geschichte der Alten Welt eine große Seltenheit." (Rostovtzeff, 1941)

Weber gesteht zwar die Fortdauer der unterschiedlichen Wirtschaftsordnungen zu, entwirft jedoch (1909) ein völlig anderes Bild von den Auswirkungen der persischen Herrschaft. Seiner Meinung nach handelte es sich um eine Zeit wirtschaftlicher Stagnation: Das babylonische Kanalsystem verfiel, und weder die phönizischen noch die griechischen Städte blühten, „trotz der Befriedung dieses großen zusammenhängenden Staatsgebietes" (Weber, 1909, S. 125/1). Er zieht folgenden Schluß: „Der *stationäre* Charakter der persischen Staatswirtschaft muß entsprechend auch auf den Außenverkehr gewirkt haben: Die ökonomische Entwicklung des großen 1 ½ Jahrhunderte lang fast ganz befriedeten Gebietes blieb offenbar stehen" (Weber, 1909, S. 125/2). Weber schreibt diese Stagnation den hohen Steuern, dem Requirierungssystem und dem Fehlen der nötigen Anreize im Zusammenhang mit der politischen Expansion zu (Weber, 1909, S. 125/1). Ob das Persische Reich Wirtschaftswachstum begünstigte oder die florierenden Wirtschaften Babyloniens, Phöniziens und der jonischen Griechen erstickte, kann hier nicht entschieden werden. Und diese Frage ist auch nicht wesentlich, denn die Überlegenheit der griechischen Sozialordnung, der Sieg der Griechen über die Perser und schließlich die Eroberung des Persischen Reiches durch Alexander sind die Hauptereignisse der antiken Wirtschaftsgeschichte. Die hellenistischen Reiche, die auf Alexanders Tod im Jahre 331 v. Chr. folgten, gaben der Alten Welt ein griechisches Gepräge und verschmolzen schließlich mit dem Römischen Reich.

VI

Die griechische Polis war durch topographische Gegebenheiten bedingt, welche die Existenz kleiner politisch-wirtschaftlicher Einheiten ermöglichte.[5] Aristoteles vertrat die Ansicht, daß eine Polis von mehr als einhunderttausend Bürgern (d. s. freie erwachsene Männer) keine Polis mehr wäre. Neben der geringen Größe war eine unerläßliche Überlebensbedingung der Polis, daß sie angesichts der allgegenwärtigen Konkurrenz und Rivalität zwischen den zahlreichen aneinandergrenzenden unabhängigen Gemeinwesen eine hinreichend große männliche Bevölkerung für den Militärdienst rekrutieren konnte. Somit kommt in der traditionellen Entwicklung, wie sie die klassischen Historiker beschreiben, von der aristokratischen Polis über die Polis der Hopliten zur Polis der Bürger die notwendige Erweiterung der militärischen Basis (von einigen wenigen gut bewaffneten Rittern zur Phalanx der Hopliten und − im Falle Athens und einiger anderer Staaten − zur Bemannung der Kriegsflotten) ebenso zum Ausdruck wie die Erweiterung der politischen Basis von wenigen auf viele und die Schaffung einer demokratischen Gesellschaft.

In Athen ließ der Konflikt zwischen Aristokraten und Bauernvolk Reformer (Solon) ebenso wie Tyrannen (Peisistratos) erwachsen; aber zur Zeit des Perikles war Athen bereits eine direkte Demokratie, in der die Versammlung aller Bürger regierte und die überwiegende Mehrzahl der öffentlichen Ämter (mit Ausnahme der militärischen Befehlshaber) aus der Bürgerschaft durch das Los besetzt wurde.[6]

Während in Athen die Demokratie vorherrschte, gab es in anderen griechischen Stadtstaaten Oligarchien; dort trat die Spannung zwischen Reich und Arm, Gläubiger und Schuldner − anders ausgedrückt: traten die Meinungsverschiedenheiten über die Verteilung von Vermögen und Einkommen − ebenso deutlich in Erscheinung wie die Spannung zwischen den einzelnen Stadtstaaten.

In Athen und bestimmten anderen Demokratien wirkten die Bürger an den Staatsgeschäften mit: Sie fungierten als Geschworene und leisteten natürlich ihren Wehrdienst. Diese Mitwirkung erforderte einen erheblichen Zeitaufwand; hierfür wurden dem Bürger zwei, später drei Oboli täglich für seine Mitarbeit an den Staatsgeschäften und der Rechtsprechung bezahlt. Die freiwillige Mitarbeit war ein Wesensmerkmal der griechischen Polis; er-

---

[5] Dieser Abschnitt stützt sich auf EHRENBERG (1969), WEBER (1909), DICKINSON (1958), FORREST (1966), *CAH*, Bände IV, V, STARR (1977).

[6] Im Gegensatz hierzu blieb Sparta eine Monarchie mit zwei Königen und einer militaristischen Struktur: Es hatte eine relativ kleine Anzahl freier Bürger und eine große Sklavenbevölkerung.

möglicht wurde sie durch die Struktur des Rechtes im allgemeinen und der Eigentumsrechte im besonderen, die zu Steuereinkünften von Nicht-Bürgern (Sklaven und Metöken, d. s. ansässige Ausländer) führten, durch freiwillige Zahlungen von Reichen (Liturgien) und in der Zeit der athenischen Vorherrschaft auch durch Tributzahlungen von den Verbündeten Athens. Themistokles' Entscheidung, angesichts der persischen Bedrohung 483 v. Chr. die Einkünfte aus den mit Sklavenarbeit betriebenen Silberbergwerken von Larium auf den Bau einer Kriegsflotte zu verwenden statt sie weiter an die Bürger zu verteilen, veranschaulicht nicht nur den primitiven Zustand der athenischen Staatsfinanzen, sondern auch deren wirtschaftliche Grundlage.

Ein Stadtstaat war jedoch für sich allein nicht lebensfähig, und dementsprechend gehörten endlose Koalitionen, Konföderationen, Bündnisse und Zeiten der Vorherrschaft eines Staates mit anderen oder über andere so selbstverständlich zum Bild des klassischen Griechenland wie innerhalb der Polis der Kampf um die Macht und um die Verteilung von Reichtümern. Der Peloponnesische Krieg zwischen Athen und Sparta ist nur der bekannteste der unzähligen Konflikte, welche die nicht-enden-wollenden Rivalitäten kennzeichnete.

Der griechische Staat war so beschaffen, daß die Opportunitätskosten der Staatsangehörigen durch die lebensnotwendigen militärischen Erfordernisse bestimmt wurden. Eine Vergrößerung der Wählerschaft war wesentliche Voraussetzung seiner Lebensfähigkeit und unweigerlich von unaufhörlichem Tauziehen um die Vermögensverteilung begleitet, ebenso wie die Notwendigkeit der Koalition mit anderen Stadtstaaten entsprechende Kämpfe um die Vorherrschaft zwischen den einzelnen Staaten entbrennen ließ. Die griechische Demokratie war von der griechischen Sklaverei (bzw. dem Helotentum Spartas) nicht zu trennen, denn die Struktur der Staats- und Wirtschaftsordnung erforderte den Einsatz der Arbeitskraft von Sklaven oder Heloten, welche die grundlegenden wirtschaftlichen Leistungen zu erbringen hatten, um so die freien Bürger für politische, richterliche und militärische Tätigkeiten freizustellen.

Die Wirtschaften der griechischen Stadtstaaten, die in den Jahrhunderten nach dem Untergang des mykenischen Griechenland entstanden, beruhten auf dem Privateigentum an Grund und Boden, welches das Kollektiveigentum der Sippe abgelöst hatte. Ob der Klerus (d. i. der Grundbesitz der Familie) vor dem fünften Jahrhundert v. Chr. enteignet werden konnte, ist umstritten; Starr behauptet, daß die verfügbaren Belege für die Enteignungsmöglichkeit sprechen (Starr, 1977, S. 150 f.). Die an der Sippe orientierte Gliederung der neuen solonischen Wirtschaftsordnung (welche die alte Klasseneinteilung aufgrund militärischer Leistungsfähigkeit ablöste: nämlich Ritter, die sich Pferde halten konnten, *zeugitai*, die sich zum

Kampf in der Hoplitenphalanx ausrüsten konnten, und schließlich *thetes* oder Arbeiter) erfolgte nach dem Kriterium des Grundbesitzes. Der Besitz bemaß sich nach der jährlichen Erzeugungsmenge von Getreide, Wein oder Öl (eine Einheit war rund 1 ½ Scheffel, d. s. rund 50 Liter), wobei *thetes* weniger als 200 Einheiten erzeugten, *zeugitai* 200 bis 300 und Ritter mehr als 300 Einheiten, „erstklassige" Ritter mehr als 500. Starrs Schätzungen zufolge muß es um 600 v. Chr. eine erhebliche Anzahl athenischer Bürger gegeben haben, die entweder gar kein Land besaßen oder jedenfalls nicht genug, um sich selbst ernähren zu können (Starr, 1977, S. 155).

Solons berühmte Reformen lassen darauf schließen, daß die Konsolidierung von Grund und Boden ebenso wie die Schuldknechtschaft im Zunehmen begriffen gewesen waren. Die drastische Veränderung der Eigentumsrechte an Grund und Boden durch Solon und später Peisistratos stärkte die wirtschaftliche (und politische) Stellung der zwei untersten Klassen von Bürgern (und sicherte zugleich eine Vergrößerung des Wehrkraftpotentials). Wenn die Schuldknechtschaft für Athener Bürger von Solon aufgehoben wurde, so war es kein Zufall, daß in der Folgezeit die Leibeigenschaft von Fremden (zumeist Thrakern, Phrygiern und Syrern) erheblich zunahm. Diese wachsende Sklavenbevölkerung wurde vor allem als Dienstboten, im Bergbau und in anderen nichtlandwirtschaftlichen Tätigkeiten beschäftigt. Im welchem Umfange Sklaven in der Landwirtschaft eingesetzt wurden, ist eine umstrittene Frage.

Zwischen 800 und 500 v. Chr. ist deutlich eine zunehmende Spezialisierung bzw. Arbeitsteilung zu bemerken und infolgedessen eine Zunahme des Binnenhandels wie des internationalen Handels mit entsprechender Entwicklung einer Geldwirtschaft.[7] Die zunehmende Tätigkeit von Handwerkern und Händlern lag zu einem guten Teil in den Händen von Metöken, und sowohl Löhne als auch Zinsen unterlagen im allgemeinen anscheinend keiner staatlichen Regelung (*CAH*, Band V, Kapitel 1). Mit seiner wachsenden Abhängigkeit von Getreideimporten aus den Schwarzmeerländern war Athen ebenfalls in erheblichem Maße auf Metöken und Ausländer angewiesen, die im Rahmen ihrer Organisation des internationalen Handels Seekredite vergaben.

Das fünfte Jahrhundert v. Chr. zwischen dem Sieg über die Perser und dem Peloponnesischen Krieg war die große Zeit Athens. Politisch und mi-

---

[7] Dem theoretischen Rahmen dieser Untersuchung zufolge würde die Entwicklung des Geldes von der Meßtechnik und von den Interessen des Herrschers abhängen. Hicks entwickelte ein sehr gutes Schema der Entstehung des Geldes (HICKS, 1969, S. 63–68), das sich mit unseren theoretischen Voraussetzungen verträgt. Sein Argument betreffend die Bedeutung des Stadtstaates für die Entwicklung von Märkten (ebenda, Kapitel 3, 4) ist auch ganz allgemein mit der hier vertretenen Auffassung vereinbar.

litärisch beherrschte Athen die griechische Welt; wirtschaftlich war es eine
Zeit des Wohlstands, der aus der Zunahme des Handels, sowohl des internationalen wie des Binnenhandels, herrührte. Die Importe an Getreide,
Holz, Sklaven und Luxuswaren wurden mit Silber, Öl, Keramik und anderen Ausfuhrgütern bezahlt. Tributzahlungen von Athens „Verbündeten"
halfen, die Seemacht des athenischen Reiches zu finanzieren, was die Seeräuberei verminderte und somit die Sicherheit des internationalen Handels
erhöhte und insbesondere den für Athen lebenswichtigen Getreidehandel
verläßlich schützte. Diesem wirtschaftlichen Wohlstand lag ein Gebilde von
Eigentumsrechten an Personen (Sklaverei) und anderen Produktionsfaktoren ebenso wie an Gütern und Leistungen zugrunde, das sich von Drako
über Solon, Kleisthenes und Perikles allmählich institutionalisierte.

Kenner der Antike haben zweifellos recht, wenn sie betonen, welch entscheidende Rolle die Polis in dieser Entwicklung der athenischen Wirtschaft
spielte. Zudem kann man Polanyi zustimmen, daß die Entwicklung „preis-
nehmender" Binnenmärkte ebenso wie die Zunahme des „administrierten"
Bereiches des internationalen Handels auch von der athenischen Polis ausgingen (Polanyi, 1977); aber die logische Konsequenz dieser Struktur
(ebenso wie später die Wirtschaftsordnung der Römischen Republik und
des Römischen Reiches) hat zu einer der besonders unfruchtbaren Debatten
der Wirtschaftsgeschichte geführt. Wie in Kapitel 4 erwähnt, traf Polanyi
eine Unterscheidung zwischen Märkten, wirtschaftlichem Verhalten und
Kapitalismus einerseits und Gegenseitigkeit und umverteilenden bzw.
Hauswirtschaften andererseits. Diese sind anders motiviert als jene und sind
einer Analyse mit modernen neoklassischen (oder auch marxistischen) Methoden der Wirtschaftstheorie nicht zugänglich. Nach Polanyi läßt die Vorrangstellung der Polis darauf schließen, daß die zweitgenannte Konstellation von Motiven nicht nur in Griechenland, sondern in allen Wirtschaften
bis herauf zur Moderne dominierte. Aber diese Unterscheidung entbehrt
einer faktischen Grundlage. Der Staat spezifiziert die Eigentumsrechte im
Sinne der Interessen der Machthaber (in diesem Fall der Bürger Athens) und
bestimmt dann entsprechend diesen Beschränkungen diejenigen Formen der
Wirtschaftsordnung, welche Transaktionskosten minimieren: Im vorliegenden Fall einen freien Binnenmarkt für Güter und Leistungen, der auf
einer Eigentumsrechtsstruktur gründet, die einerseits Privateigentum und
Veräußerungsfreiheit an Boden, Kapital und Arbeit kennt, und andererseits
den internationalen Handel dem Gemeinwesen vorbehält, um solchermaßen
die Nahrungsmittelversorgung zu sichern (häufig zu subventionierten
Preisen). Polanyi hat gewiß recht, wenn er betont, daß Athen nicht einem
internationalen Freihandel mit Getreide zustimmen konnte, wenn sein
Überleben vom ununterbrochenen Zustrom dieses Einfuhrgutes abhing.
Die strategische Bedeutung der Getreideeinfuhr nach Athen (und später

Rom) findet ihre Parallele im ausgehenden zwanzigsten Jahrhundert in der strategischen Bedeutung des Erdöls für dessen Einfuhrländer; die Parallelen in der politischen Ökonomie sind ganz erstaunlich (aber niemand würde behaupten, daß die Beweggründe einer Sicherung der Erdöleinfuhr nicht-wirtschaftlicher Natur wären).

Lange nachdem die Bedeutung Athens schon verhältnismäßig zurückgegangen war, spielte die Wirtschaftsform, die sich aus der Polis entwickelt hatte, in der antiken Welt noch eine beherrschende Rolle. Hinterließ Philipp von Makedonien einen monarchischen Staat, so war die Struktur, die sein Sohn Alexander dem von ihm geschaffenen hellenistischen Reich gab, der griechischen Polis abgeschaut. Es ist richtig, daß im Seleukidenreich das Persische Reich lediglich durch einen griechischen Überbau überlagert wurde und im Ptolemäischen Ägypten die vorhandene ägyptische Hierarchie nur einen Anstrich griechischer Autorität erhielt; aber die dynamischen Zentren wirtschaftlicher Expansion im östlichen Mittelmeerraum pflegten die Tradition der Polis. Insbesondere Rhodos entwickelte sich im dritten Jahrhundert v. Chr. zum wirtschaftlichen Mittelpunkt des Ostmittelmeerraumes. Es wurde nicht nur Stapelplatz für Getreide, Sklaven und andere Handelsgüter des östlichen Mittelmeeres, sondern bot auch Bankdienstleistungen, ein Handelsrecht und eine Flotte zur Verminderung der Seeräuberei an. Bis Rom aus Neid der Vorherrschaft von Rhodos dadurch ein Ende bereitete, daß es Delos zu einem Freihafen machte und damit einen guten Teil des Getreidehandels von Rhodos abzog, hatte die für die hellenistische Welt so kennzeichnende Expansion des Handels ihren Mittelpunkt auf dieser Insel.

VII

Die spätere Wirtschaftsgeschichte der abendländischen Antike ist eine Geschichte Roms; ihr Herzstück ist, ebenso wie das für Griechenland galt, die Entwicklung der politischen Struktur und die dieser entsprechende Herausbildung eines Systems von Eigentumsrechten, die im Römischen Recht kodifiziert wurden, dessen Tradition sich auf dem europäischen Festland bis heute erhalten hat. Wie der Stadtstaat der Etrusker wies auch der römische Stadtstaat viele Parallelen zur frühen griechischen Polis auf. Er war aristokratisch; aber wie in der griechischen Polis zwang auch hier die militärische Notwendigkeit der Unterhaltung einer sich selbst ausrüstenden Hoplitenarmee dem Adel Zugeständnisse ab. Weber behauptet, daß das militärische Klientenverhältnis (d. h., der Klient wurde militärisch ausgerüstet und folgte seinem Patronus in die Schlacht) sinnlos wurde und von dem freien Klientenverhältnis (in dem grundbesitzlose Personen und freigelassene

Sklaven ihren Herren Dienstleistungen im Austausch für Schutz und Lebensunterhalt erbrachten) abgelöst wurde, als die Hoplitenphalanx der
Plebs die einfache Reiterschlacht ersetzte (Weber, 1909, S. 148/2–149/2).
Die Zwölf Tafeln (450 v. Chr.) legten die Vertretung der Plebs in der Regierung fest. Die Zwistigkeiten über Schulden, Grundbesitz und die Verteilung
des Ager publicus hat in vieler Hinsicht Parallelen in der griechischen Geschichte. Sie unterscheiden sich davon jedoch in drei wichtigen Punkten: (1)
Obzwar die Plebs im Verlaufe der nächsten drei Jahrhunderte sich zunehmend politische Rechte sichern konnte und der Ager publicus im Zuge der
römischen Eroberungen, die für die Bürger neues Land gewannen, sich ver-
größerte, wurde die dabei entstehende politische Struktur nie eine demokra-
tische wie in Athen; reiche Plebejer gesellten sich zur Führung der Staatsgeschäfte den Patriziern zu, und die politische Struktur wandelte sich von
einer Aristokratie zu einer Oligarchie. (2) Der Kampf um die Verteilung
von Grund und Boden wurde während der nächsten vier Jahrhunderte zum
Brennpunkt wiederholter innerer Auseinandersetzungen und sogar des Bürgerkrieges; aber das Endergebnis war trotz der Reformen und der revolutio-
nären Führerschaft durch die Gracchen und andere einerseits eine zunehmend ungleichmäßige Verteilung von Grund und Boden, so daß der Anteil
der grundbesitzlosen Bürger an der Bevölkerung immer größer wurde und
diese schließlich Teil des städtischen Proletariats wurden, andererseits die
Entstehung einer Latifundienwirtschaft, die auf einem Potential leibeigener
Arbeitskräfte beruhte, die im Zuge der Eroberungen Roms anfielen. (3)
(Vielleicht der entscheidende Punkt:) Die Polis wandelte sich in Rom zu
einem bürokratischen Reich. Ein wichtiger Schritt in dieser Richtung war
die Ausdehnung des römischen Bürgerrechts zunächst auf andere italische
Städte und dann unter Caesar und Caracalla auch über die Grenzen Italiens
hinaus, so daß der Stadtstaat Rom in einem politischen Gebilde aufging, das
schließlich ein mittelmeerisches Reich beherrschen sollte. Die Verwaltungsstruktur Roms, die sich im Zuge der Umwandlung des Stadtstaates zu der
riesigen Verwaltungsbürokratie des römischen Weltreiches herausbildete,
war zur Zeit der Republik gekennzeichnet durch die Verantwortung des Se-
nats für die äußeren Angelegenheiten (*CAH*, Band VIII, Kapitel 12) und die
allmähliche Verlagerung des außenpolitischen Schwergewichts von Bünd-
nissen mit befreundeten Mächten hin zur Vorherrschaft über abhängige
Staaten — verbunden mit fortgesetzter Abneigung gegen die Übernahme der
Verwaltung außeritalischer Gebiete (*CAH*, Band IX, Kapitel 10).

Dennoch wuchs das Reich. Im Jahre 146 v. Chr. besaß es sechs Provinzen: Sizilien, Sardinien, die beiden Spanien, Afrika und Makedonien;
133 v. Chr. hinterließ König Attalos von Pergamon Rom sein Königreich.
Die Verwaltungsstruktur war in allen Provinzen primitiv. Rom entsandte
einen Statthalter, und es wurden (anders als in Italien) Steuern erhoben, aber

abgesehen davon wurde die Entwicklung einer lokalen Selbstverwaltung begünstigt; denn in den Zeiten der Republik gab es keine Beamtenschaft (*CAH*, Band IX, Kapitel 10, S. 466).

Eine Folge hiervon war die zunehmende Bedeutung der *publicani*, der Steuerpächter, die als private Unternehmer sowohl die Proviantierung besorgten als auch Steuern erhoben.[8] Ob dieses System wirklich so ineffizient war und eine so ungeheure Verschwendung von Steuergeldern durch skrupellose Statthalter und die enorme Bereicherung der Steuerpächter zur Folge hatte, wie viele Historiker behaupten, ist einigermaßen umstritten.[9] Aber es war unvermeidlich, daß im Römischen Reich unter Augustus wirksamere Kontrollsysteme entwickelt wurden, die mehr mit dem Persischen Reich und den hellenistischen Monarchien als mit der griechischen Polis gemein hatten. Es wurden regelmäßig Volkszählungen durchgeführt, ein Stab von Verwaltungsbeamten wurde geschaffen, erfahrene Statthalter im Range von Senatoren wurden zur Führung der Provinzen bestellt, eine bezahlte stehende Berufsarmee wurde eingerichtet. Die Steuerstruktur wurde so verändert, daß sie weniger von den Steuerpächtern abhängig wurde, und die Steuerlast so verteilt, daß sie nunmehr auch auf in Italien wohnhafte römische Bürger (die bislang lediglich eine fünfprozentige Steuer auf die Freilassung von Sklaven bezahlt hatten) ebenso wie auf die Provinzbewohner entfiel.

Im Zuge dieser politischen Umgestaltung entwickelte und verfeinerte sich das Römische Recht, dessen Grundlage exklusive individuelle Eigentumsrechte sowohl an Produktionsfaktoren wie an Produkten waren. Auch in Athen hatten die Eigentumsrechte eine gesetzliche Grundlage gehabt, der Beitrag Roms zur Rechtsentwicklung aber bestand in der Ausarbeitung eines vollständigen Systems des Privatrechts, das die vertraglichen Beziehungen in der hochentwickelten Tauschwirtschaft untermauerte, die in den ersten zwei nachchristlichen Jahrhunderten über den gesamten Mittelmeerraum hin entstand. Die Kodifikation des Handelsrechtes war eine wesentliche wirtschaftliche Leistung der Gesellschaft Roms. Ebenso wichtig waren die Gesetze, die das Eigentum an Sklaven regelten, welche ja in der ersten Zeit des Weltreiches den größten Teil des Arbeitskräfteangebots bildeten.

VIII

Der wichtigste Antriebsfaktor in der Wirtschaftsgeschichte der Antike war das Bevölkerungswachstum; eine Beurteilung der wirtschaftlichen Leistung

---

[8] Siehe BADIAN (1972).
[9] Die herrschende Lehre gibt *CAH*, Band X, Kapitel 7, wieder. Eine entgegengesetzte Meinung über die *publicani* siehe in BADIAN (1972).

der alten Welt muß daher mit dem Bevölkerungswachstum beginnen. Die Vergrößerung der Subsistenzmittelbasis mit der Seßhaftwerdung der Landwirtschaft ließ die Bevölkerungswachstumsrate ansteigen. Wahrscheinlich bewirkte sie zugleich auch stärkere periodische Unterbrechungen des Bevölkerungswachstums, weil die Konzentration der Bevölkerung in festen Dörfern die Ausbreitung ansteckender Krankheiten begünstigt haben muß. Aber die Bevölkerung wuchs, und die Wanderungen, welche die frühen Reiche im Zweistromland entstehen und auch wieder vergehen ließen, waren zumindest teilweise eine Reaktion auf den Bevölkerungsdruck, wie das übrigens auch von der dorischen Expansion in Griechenland angenommen werden kann. Unserer Sache sicherer sind wir uns, wenn wir die Kolonisierung des Mittelmeer- und Schwarzmeerraumes durch die Phönizier, Griechen und Römer ebenso als Auswirkung des Bevölkerungswachstums wie als Folge der Herausbildung fester Handelsgepflogenheiten zwischen dem heimatlichen Stadtstaat und Gebieten mit komplementären Rohstoffen bzw. Gütern hinstellen. Wenn Wanderung und Kolonisierung *eine* Auswirkung von bzw. Reaktion auf das Bevölkerungswachstum waren, so waren andere die Entwicklung exklusiver individueller Eigentumsrechte und der Kampf um die Aufteilung von Grund und Boden. Solange noch gute Böden zur Verfügung standen, war der Aufwand für Wanderung, Kolonisierung und die Ausarbeitung individueller Eigentumsrechte vermutlich durch den Ertrag nicht gerechtfertigt; aber in Zeiten abnehmender Erträge konnte es zur Beschleunigung solcher Tätigkeiten kommen.

Der Bevölkerungsdruck war und ist ein zweischneidiges Schwert. Er ist sowohl intern wie international einer der wichtigsten Auslösefaktoren von Konflikten, politischer Instabilität und Verfall; aber hier betrachte ich seine andere Seite – diejenige, die Gesellschaften bewog, neue Formen politisch-wirtschaftlicher Ordnung zu finden, die eine Produktivitätssteigerung begünstigten, welche Perioden anhaltenden Wirtschaftswachstums nach sich zog. Es steht außer Zweifel, daß es erhebliches Wachstum gab. Ich denke dabei nicht an das extensive Wachstum, das die Besiedlung des gesamten Mittelmeerraumes zur Folge hatte und sich in diesen Jahrtausenden auch über Nordeuropa und Nordafrika ausbreitete. Vielmehr beziehe ich mich auf das Einkommenswachstum pro Kopf, das durch jeweils längere Zeitabschnitte das Sozialprodukt rascher wachsen ließ als die Bevölkerung. Dieses zeigt sich deutlich im Athen des fünften Jahrhunderts vor dem mörderischen Krieg gegen Sparta, in der Zeit der Vorherrschaft von Rhodos im östlichen Mittelmeerraum im dritten vorchristlichen Jahrhundert und in den ersten zwei Jahrhunderten des Römischen Reiches. Zeitgenössische Beschreibungen belegen in vielfältiger Weise das Vorhandensein blühender Wirtschaften und das höhere Lebenshaltungsniveau erheblicher Teile der Bevölkerung. Natürlich gab es andere, zahlreiche Bevölkerungsgruppen, die kaum ihr Leben fristen konnten; aber deren Lebenshaltungsniveau wäre in der Jüngeren Steinzeit dasselbe gewesen. Um 550 v. Chr. tranken nur die Reichen Wein; um 200 v. Chr. war der Weinkonsum auch schon in untere Einkommensschichten vorgedrungen. Die Verwendung von Olivenöl breitete sich in ähnlicher Weise aus, und wir haben zeitgenössische Belege dafür, daß die Nahrung vielfältiger wurde und allmählich mehr Fleisch, Fisch, Obst und Gemüse enthielt (Forkes, 1955). Die weite Verbreitung der Sklaverei ist selbst ein Anzeichen dafür, daß freie Arbeiter über dem Existenzminimum lebten; andernfalls hätte sich die Sklaverei als Institution gar nicht halten können.

Nach einer Erklärung der wirtschaftlichen Ursachen der Produktivitätssteigerung, die der Blüte der Kulturen der alten Welt vorausging, brauchen wir nicht lange zu suchen. Die Verbesserung der Staatseinrichtungen, die wir von Ägypten über Persien bis Griechenland und Rom der Reihe nach beobachten können, bewirkte eine Senkung der Transaktionskosten, eine zunehmende regionale Spezialisierung und eine Vergrößerung der Märkte. Die zunehmende Sicherheit von Eigentumsrechten in Friedenszeiten wie den beiden ersten nachchristlichen Jahrhunderten ließ einen mittelmeerweiten Markt entstehen. Neben den Produktivitätssteigerungen, die mit der Verbesserung der Wirtschaftsordnung verbunden waren, ereignete sich im Verlaufe dieser acht Jahrtausende ein ungeheurer technischer Wandel. Verglichen mit der Geschwindigkeit heutigen technischen Wandels ging er langsam vor sich; aber der Übergang von Bronze zu Eisen, die Entwicklung der Schrift (wesentlich für die Formulierung von Verträgen und die Senkung von Meßkosten, was seinerseits die Zunahme des Tausches auf dem anonymen Markt begünstigte) aus Bilderschrift und Hieroglyphen, die Verbesserung der Agrartechnik und die Fortschritte der Mechanik sind nur einige wenige Glanzlichter in der ungeheuren technischen Umgestaltung dieser Jahrtausende.[10]

Daß es in der alten Welt zu beträchtlichem Wachstum kam, ist nicht zu bezweifeln. Daß das Pro-Kopf-Einkommen der freien Bevölkerung des Römischen Reiches im zweiten Jahrhundert n. Chr. das Einkommen jeder anderen Gesellschaft bis zum neunzehnten Jahrhundert übertraf, ist möglich. Aber diese Feststellungen sind unvollständig, solange wir die mit dem Wachstum einhergehende Verteilung von Vermögen und Einkommen nicht erklären, und darüber wissen wir so wenig genau Bescheid wie über das Wachstum selbst. Die Vergrößerung der Einkommensdifferentiale steht außer Frage. Im Dorf der Jungsteinzeit waren die Einkommensunterschiede sehr geringfügig, und die nachfolgende Spezialisierung und Arbeitsteilung

---

[10] Ein informativer Überblick findet sich bei HODGES (1970).

bewirkte sicherlich eine größere Ungleichheit. Aber dieses Muster war keineswegs einheitlich. Die Ungleichheit der ägyptischen Dynastien mag ebenso groß gewesen sein wie die Ungleichheit im Römischen Reich, wo der
Reichtum einzelner Senatoren geradezu legendär war (Plinius wird die Behauptung zugeschrieben, daß zur Zeit Neros sechs Senatoren halb Nordafrika gehörte). Doch aus der athenischen Literatur des fünften vorchristlichen Jahrhunderts gewinnt man den Eindruck, daß der Reichtum unter der
freien Bevölkerung ziemlich gleichmäßig verteilt war. Später jedoch scheint
die Entwicklung eher in Richtung einer größeren Ungleichheit von Vermögen und Einkommen unter der freien Bevölkerung und einer Zunahme
des Sklavenanteils an den Arbeitskräften gegangen zu sein.

Dieses Kapitel begann mit dem primitiven Jungsteinzeitdorf und endet
mit dem Glanze Roms auf dem Höhepunkt seiner Macht im zweiten Jahrhundert n. Chr. Die Überreste primitiver Gesellschaften, die heutige Anthropologen in Neuguinea, Afrika und Südamerika erforschen, vermitteln
uns eine annähernde Vorstellung davon, wie das primitive Dorf beschaffen
gewesen sein muß. Um die Leistungen der griechischen und römischen Welt
zu erkennen, brauchen wir weiterhin nur den Parthenon zu betrachten, die
technischen Leistungen der Römer am Aquädukt von Nîmes zu bestaunen,
die Geschichtswerke des Thukydides, Polybios oder Livius zu lesen, der
Aufführung eines Aristophanes-Stückes beizuwohnen. Die Schaffung einer
solchen Kultur war zweifellos eine Leistung, die ebenso eindrucksvoll ist
wie die Hochleistungen der Moderne, aber sie wurde von den Wirtschaftshistorikern verstellt und ignoriert, weil das dazwischenliegende Frühmittelalter sie eher als Kuriosität erscheinen läßt denn als wesentlichen Bestandteil
des Materials, das der Wirtschaftshistoriker für sein eigentliches Arbeitsfeld
hält. Dennoch machen diese Errungenschaften, gleichgültig ob sie als kulturelle Leistungen oder prosaischer als wirtschaftliche Leistungen verstanden
werden, unser Erbe aus und umfassen vier Fünftel unserer Wirtschaftsgeschichte.

Kapitel 9

Wirtschaftlicher Wandel und Niedergang in der antiken Welt

I

Im Laufe der Zeit erleben alle Gesellschaften einen wirtschaftlichen Niedergang, gleichgültig, ob dieser in absoluten Zahlen als Rückgang des Realeinkommens pro Kopf oder nur relativ, im Vergleich mit konkurrierenden politisch-wirtschaftlichen Einheiten, definiert wird. Für gewöhnlich führt wirtschaftlicher Niedergang zum Untergang des Staates als souveränen Gemeinwesens; und angesichts der gegebenen Instabilität, wie das in Teil I entwickelte Modell andeutet, überrascht das nicht. Jedoch erwiesen sich einzelne Gesellschaften über lange Zeitspannen hinweg als erstaunlich überlebensfähig, während andere wenig Anpassungsvermögen zeigten. Daß Rom fast ein Jahrtausend überdauerte, ist ebenso bemerkenswert wie sein Untergang, der genauer als irgend ein anderes Ereignis der Geschichte das Ende eines Zeitalters markierte.

Kapitel 8 endete mit einer kurzen Erörterung der Verteilung von Vermögen und Einkommen in der antiken Welt. An diesem Punkt muß eine Untersuchung wirtschaftlichen Wandels und Niederganges ansetzen, denn der Kampf um diese Verteilung, sowohl innerhalb von Staaten wie zwischen ihnen, ist die wichtigste Ursache solchen Wandels und Niedergangs.

Das letzte Kapitel konzentrierte sich auf die Erfindung und Entwicklung politischer Ordnungsformen und die entsprechenden Eigentumsrechtsstrukturen, die diese hervorbrachten. Die ägyptischen Dynastien zeichneten sich dadurch aus, daß sie mit Ausnahme des Einfalls der Hyksos keine äußeren Konkurrenten hatten; daß das Neue Reich eine innere Ordnung aufwies, in der es für den Pharao keinen greifbaren Ersatz gab, und daß das Land eine stabile Wirtschaft hatte — die allerdings nur geringe oder gar keine Produktivitätssteigerungen verzeichnete. Die Frage des Wachstums unter den Perserkönigen ist ungeklärt, aber die Tatsache, daß es unter den Satrapen fortgesetzt mögliche Konkurrenten für den König gab, war ein

wichtiger Faktor in der persischen Innenpolitik. Die Entwicklung des griechischen Stadtstaates erfolgte im Grunde im Spannungsfeld zwischen den
Erfordernissen der militärischen Sicherheit und dem inneren Kampf um die
Verteilung des Grundbesitzes (der Hauptquelle des Wohlstands). Eine ähnliche Spannung begleitete die gesamte Entwicklung der Römischen Republik.

Eine Besonderheit der antiken Welt bestand darin, daß ein Krieg für den
Sieger oft ein gutes Geschäft war. Die römischen Triumphzüge waren eine
blendende Vorführung der Siegesbeute in Form von Sklaven und Gold;
auch das Land, das durch diese Eroberungen gewonnen wurde, teilten die
Sieger unter sich. Im späten römischen Kaiserreich konnten die Barbaren
den Römern große Summen Goldes durch die einfache Drohung ihres Einfalls abpressen. Erfolgreiche militärische Expeditionen mit nachfolgender
Verteilung der Beute auf treue Untergebene und Soldaten waren für ehrgei-
zige Römer einer der wichtigsten Wege zum politischen Erfolg, ebenso wie
die Vergrößerung ihres Gebietes die Steuerbasis erweiterte und in Gestalt
von Sklaven ein Angebot an billigen Arbeitskräften schuf.

II

Selbst ohne Bevölkerungswachstum wäre es zum Kampf um die Vorherrschaft im Staat mit dem Zwecke der Umverteilung des Reichtums gekommen; das Bevölkerungswachstum aber war der wesentliche Einflußfaktor, der die Konflikt- und Anpassungsmuster in diesen Jahrtausenden
prägte.

Kapitel 7 beschrieb den Bevölkerungsdruck als das auslösende Moment
für den Übergang von Jäger- und Sammlerhorden zu seßhaften Agrarge-
meinden. Das dort verwendete Modell arbeitete den Gegensatz zwischen
den abnehmenden Erträgen zusätzlicher Jagd- und Sammelanstrengungen
und den konstanten Erträgen zusätzlichen Arbeitseinsatzes in der Landwirtschaft heraus. Die nun folgende Ausbreitung der Landwirtschaft ließ
allmählich die in Kapitel 8 beschriebenen Kulturen entstehen. Sie erlaubte
zugleich eine im Vergleich mit den Grenzen einer Jäger- und Sammlerwelt
ungeheure Expansion der Bevölkerung in diesen acht Jahrtausenden. Da die
Herausbildung kommunaler Eigentumsrechte den Ertrag aus dem Erwerb
neuen Wissens steigerte, gab es zwei komplementäre Expansionsursachen,
die eine Bevölkerungsvermehrung gestatteten. Eine war die Verfügbarkeit
von Boden und Naturschätzen, die erschlossen und landwirtschaftlich genutzt werden konnten; die zweite waren die Produktivitätssteigerungen, die
sich aus Verbesserungen in der Domestizierung von Pflanzen und Tieren
und aus technischen Verbesserungen in der Landwirtschaft ergaben. Aber

Boden und verfügbare Naturschätze waren nur in begrenztem Maße vorhanden; und die Überzeugung, daß Produktivitätssteigerungen mit dem Bevölkerungswachstum automatisch Schritt halten, läßt sich nicht logisch begründen. Der Anpassungsvorgang war manchmal erfolgreich: Kapitel 8 stellte den kulturellen Aufstieg in den Vordergrund. Aber die andere Seite der Bevölkerungsschere trat in der antiken Welt gleichermaßen in Erscheinung.

Wir können die Merkmale des Niedergangs infolge von Bevölkerungswachstum und abnehmenden Erträgen kurz folgendermaßen skizzieren. Einzelne politisch-wirtschaftliche Einheiten konnten ein fortgesetztes Wachstum pro Kopf verzeichnen, weil sie entweder über ausreichend gute Böden verfügten oder weil die zunehmenden Erträge im nicht-landwirtschaftlichen Sektor die abnehmenden Agrarerträge mehr als wettmachten oder weil Veränderungen der Eigentumsrechte für den Agrarbereich einen Produktivitätsanstieg zur Folge hatten, der die abnehmenden Erträge ausglich. Gleichzeitig hatten andere Staaten einen Rückgang des Realeinkommens zu verzeichnen und mußten dann zusehends danach streben, reiche Nachbarländer zu überfallen und zu erobern. Infolgedessen erwuchsen dem wohlhabenden Staat unablässig steigende Kosten entweder einer „Bestechung" der einfallslustigen Nachbarn oder größerer Militärausgaben. Die Erhöhung der Steuerlast trifft die Bevölkerungsgruppen mit dem geringsten politischen Einfluß; aber mit fortgesetzter Kostensteigerung müssen die Herrscher sich, wo sie nur können, nach Steuereinkünften umsehen, selbst auf die Gefahr hin, dadurch Staatsangehörige zu vergrämen oder deren produktive Tätigkeit zu drosseln. Im Ergebnis werden entweder Staatsangehörige sich einem Konkurrenten zuwenden, der bessere Bedingungen verspricht (das kann in manchen Fällen der potentielle Eindringling sein), oder es wird eine Stagnation einsetzen, die Produktion von Gütern und Rohstoffen wird absolut schrumpfen, und schließlich werden die Steuereinnahmen sinken (und zudem wird man den Eindringlingen unterliegen). Praktisch verändern Steuern und Beschlagnahmungen die Struktur von Eigentumsrechten so, daß der Anreiz zu produktiver Tätigkeit vermindert wird.

Eine derartige Konstellation könnte man als „Barbari ante portas" bezeichnen. Aber es gab eine zweite Konstellation: nämlich den Verfall im Inneren. Bevölkerungswachstum und abnehmende Agrarerträge, die in einer politisch-wirtschaftlichen Einheit einen Rückgang der Reallöhne bewirkten, hatten typischerweise vielfältige Bemühungen zur Folge, diesem Dilemma zu entkommen. Eine häufig angewandte Methode war, wie oben erwähnt, die Kolonisierung; eine andere war die Eroberung eines Nachbarlandes, das noch über ausreichend Boden verfügte. Schlugen derlei Versuche fehl, so erwuchsen dem Staatswesen im Inneren zunehmende Spannungen. Der kleine

Bauer hat zumindest anfänglich wenig Einfluß auf den Herrscher seines Landes. Vergleichsweise haben Großgrundbesitzer nicht nur leichter Zugang zum Herrscher, sondern auch den Wunsch, Eigentumsrechte so umzugestalten, daß jedes Gemeineigentum ausgeschlossen wird und sie sich die steigenden Renteneinnahmen sichern. Solch eine Neudefinition von Eigentumsrechten wird den kleinen Grundbesitzern im Agrarsektor oder den besitzlosen Bauern den Zutritt zu Grund und Boden verwehren, über den sie zuvor hatten verfügen können, und wird die Vermögen praktisch zugunsten der Großgrundbesitzer umverteilen. Die herrschende Schicht im Staat hat einen Anreiz, die Eigentumsrechte so umzugestalten, weil sie dadurch Produktion und Steuereinnahmen steigern kann. Andererseits kann die herrschende Schicht dadurch auch viel unsicherer werden, weil ein solches Vorgehen potentielle Konkurrenten anspornt, die Anhängerschaft und Unterstützung der enttäuschten Gruppen zu gewinnen zu trachten. Ohne wesentlich genauere Spezifizierung ist das Ergebnis ungewiß. Verschiedene Kompromisse, wie „panis et circenses", Programme zur Verteilung eines Teiles von Grund und Boden und natürlich Eroberung und Kolonisierung können einen Niedergang verzögern. Das Bevölkerungswachstum wird sich verlangsamen und kann sich sogar bei einer genügend niedrigen Fruchtbarkeitsrate einpendeln, um einen Umschwung zu einem Wachstum des Pro-Kopf-Produkts zu erlauben – insbesondere, wenn die Eigentumsrechte so umdefiniert wurden, daß sie einen Anreiz zu höherer Produktivität bieten. Die Alternative wäre die, daß ein Rivale mit Unterstützung der Besitzlosen die bisherigen Herrscher ablöst und Grund und Boden so umverteilt, daß er den Besitzlosen Boden überläßt, gleichzeitig aber die Eigentumsrechte so verändert, daß kein Anreiz zur Produktivitätssteigerungen entsteht – z. B. indem er Land unveräußerlich macht oder für Agrarprodukte Höchstverkaufspreise festsetzt.

III

Sowohl die Stabilität in der antiken Welt wie der Wandel, der in den oben schematisiert dargestellten Abläufen skizziert ist, sind zu einem guten Teil einer klassischen und neoklassischen Analyse, wie in Teil I vorgenommen, zugänglich. Im vorliegenden Abschnitt versuche ich, sie in einer ganz besonderen Weise anzuwenden.

1. Die Protagonisten der Veränderung waren zum allergrößten Teil Personen mit einem unmittelbaren Interesse an einer Veränderung des Systems. Die große Masse der Bevölkerung war typisch passiv und träge. Gesellschaften, die über lange Zeit stabil blieben, entwickelten eine monolithische Struktur, die keine Konkurrenten aufkommen ließ, welche den Herrschern

gefährlich werden konnten. In den ägyptischen Dynastien z. B. beschränkte sich die Konkurrenz auf die Thronfolge; vor dem Neuen Reich hatte es Kämpfe zwischen Adligen, Priestern und dem Pharao gegeben, aber danach erhielt sich das System mit geringfügigen Veränderungen. Marx und andere sahen zu ihrer Zeit in der orientalischen Produktionsweise ein eigenes, und zwar unveränderliches System. Das Eigentümliche daran war die monolithische politische Struktur, die keine inneren Rivalen hochkommen ließ, und dazu eine räumliche Absonderung, die die Kosten einer Invasion auswärtiger Rivalen erhöhte. Es gab aber noch zwei weitere wichtige Merkmale. Die erheblichen Skalenerträge einer vollständigen Regulierung des Nils hatten die Ausformung einer zentralisierten Bürokratie zur Folge und erlaubten eine derartige monolithische Struktur.[1] Und das Wachstum der ägyptischen Bevölkerung während der drei Jahrtausende vor dem Beginn des Römischen Reiches muß relativ langsam erfolgt sein, so daß es nicht zu abnehmenden Erträgen kam. Die Einkommensverteilung war zwar äußerst ungleichmäßig, doch galt Ägypten als eine der reichsten Provinzen Roms und dessen wichtigster Nahrungsmittellieferant. Wahrscheinlich war die höchst ungleichmäßige Einkommensverteilung, welche die Bauern auf einem sehr niedrigen Lebenshaltungsniveau festhielt, eine der Hauptursachen des geringen Bevölkerungswachstums und trug daher zur langfristigen Stabilität bei, statt den dynamischen säkularen Entwicklungsprozeß in Gang zu setzen, der die übrige abendländische Antike auszeichnete.[2]

2. Das Bevölkerungswachstum in anderen Teilen der antiken Welt wirkte durch die zunehmende Bodenverknappung (also relative Preisveränderungen) auf Veränderungen hin. Von den Wanderungen der Hethiter und Amoriter in Mesopotamien über das Ansuchen der Helvetier, Rom möge ihnen eine Durchquerung Galliens und somit die Flucht vor dem Druck der heranrückenden Germanenhorden gestatten (was Caesars entscheidenden Sieg im Jahre 58 v. Chr. zur Folge hatte) bis zum Ansturm der Barbarenhorden an den römischen Limes entlang Donau und Rhein im späten Römischen Reich bewirkte der Bevölkerungsdruck Wanderungen, Eroberungszüge und Kriege. Wo es noch unbewohntes Land gab, konnte es zu einer Kolonisierung kommen, und das Endergebnis war die Besiedlung ganz Europas und des Nahen Ostens. Im Inneren bewirkte der steigende Schattenpreis des Bodens zunehmendes Interesse an der Festlegung ausschließ-

---

[1] Ägypten eignet sich besser als Beispiel für Wittfogels „hydraulische Gesellschaft" als die meisten anderen Fälle, die er anführt.

[2] WILLIAM MCNEILLS Hypothese, daß die Bevölkerungsstabilität sich aus den debilitierenden Wirkungen von parasitären Krankheiten auf die Bauernbevölkerung ergab, ist mit dieser Behauptung vereinbar (siehe *Plagues and People*, 1976, S. 40).

licher Eigentumsrechte und allerorten den Kampf um Grund und Boden,
der für die Antike so typisch ist.

3. Veränderungen in der Form von Eroberungen und Revolutionen
wurden vom Herrscher oder seinen Agenten in die Wege geleitet. Von Sar-
gons Schaffung des Ersten Reiches in Mesopotamien bis zu Alarichs Eroberung Roms 410 n. Chr. (üblicherweise als das Ende des Weströmischen Reiches angesehen) waren es Könige, Pharaonen, Häuptlinge, die Kriege anfingen. Revolutionen hingegen wurden zumeist von Agenten des Herrschers angezettelt – Satrapen, Provinzstatthaltern, abhängigen Monarchen
oder militärischen Befehlshabern. Innere Kämpfe um Grund und Boden
ließen rivalisierende Anwärter auf die Macht im Staate erwachsen: Perikles
und Kimon in Athen oder die Hauptfiguren im römischen Bürgerkrieg: Ti-
berius und Gaius Gracchus, Marius und Sulla.

4. Könige, Usurpatoren und Reformatoren warben um ihre Gefolgsleute
mit selektiven Anreizen: Aufteilung der Siegesbeute unter den siegreichen
Soldaten (einschließlich der Überlassung von Boden), militärische und freie
Klientel und das Versprechen der Umverteilung von Boden an die Grundbesitzlosen; zuweilen bestachen sie auch schlicht und einfach die Massen
und wiegelten sie auf.[3]

5. In der Zunahme bzw. dem Rückgang der Sklaverei kommt deren
wechselnde Einträglichkeit zum Ausdruck. Im Griechenland der klassischen Zeit und im Römischen Reich wurde das Angebot an Sklaven durch
Eroberungen vergrößert und während der ersten zwei Jahrhunderte des Römischen Reiches durch Aufzucht von Sklaven, als nämlich infolge der Frie-
denszeit der Preis von Sklaven drastisch anstieg (Jones, 1966, S. 296). In der
Nachfrage nach Sklaven drückt sich die Rentabilität von Sklaven relativ zum
Einsatz freier Arbeitskräfte aus: zunächst in den Bergwerken und bei den
häuslichen Dienstleistungen in Griechenland und später zudem auf den La-
tifundien der Römischen Republik, als mit der Vergrößerung der Märkte
die Landwirtschaft großen Stils gewinnbringend wurde. Selbst die weitgehende Freilassung von Sklaven im Römischen Reich läßt sich zu einem
guten Teil ökonomisch erklären, denn das Anreizsystem, das sie für die
Sklaven bedeutete, bewirkte bereits eine genügend große zusätzliche Arbeitsleistung, daß schon diese den Eigentümer für den zukünftigen Verlust
der Arbeitskraft des Sklaven entschädigte. Der Rückgang der Sklaverei
zeigte deren abnehmende Rentabilität an. Wenn die Sklavenpreise hoch
genug stiegen, wurde es gewinnbringend, sie durch freie Arbeit zu ersetzen,
wie sich in den ersten zwei Jahrhunderten des Römischen Reiches zeigt
(Jones, 1966, S. 296). Als umgekehrt der Preis der freien Arbeit fiel bzw. die
Nachfrage nach Agrarprodukten im Zuge der Vernichtung des Handels im

---

[3] Ausführlicher siehe hierzu Brunt (1966).

späten Römischen Reich zurückging, war die Umwandlung von Sklaven (und freien Arbeitskräften) in *coloni* eine rationale Reaktion.[4]

6. Die Verlagerung der Schwerpunkte wirtschaftlicher Tätigkeit in der Antike war zum Teil Auswirkung von Kriegen und chaotischen Zuständen in deren Gefolge, in denen es dann unter anderem an verläßlichen Eigentumsrechten fehlte; zu einem anderen Teil, wie im Falle von Rhodos, war sie die Folge einer Veränderung von Zoll- und Handelsschranken; häufig aber ergab sie sich auch aus der Ausbreitung technischer Verbesserungen und relativer Preisverschiebungen. Athen war — technologisch besehen — führend in der Erzeugung von Wein, Olivenöl und Töpferwaren und war ab dem fünften Jahrhundert der bedeutendste Umschlagplatz für diese Güter. Sobald jedoch neue Techniken einmal standardisiert und allgemein bekannt waren, zerstreute sich die Produktion eher und breitete sich auch in andere Gebiete aus, wenn die Produktionskosten (für unveränderte Qualität) sich ausglichen und die Transportkosten den Erzeugungsstandort bestimmten.[5] Im zweiten nachchristlichen Jahrhundert sah sich Mittelitalien der wachsenden Konkurrenz afrikanischen Getreides, gallischen Weines und spanischen Olivenöls ausgesetzt (Gunderson, 1976, S. 54). Mit dem Anwachsen der Städte in Gallien und der entsprechenden Vergrößerung des dortigen lokalen Marktes kam es zu einer Verlagerung der gewerblichen Produktion von Italien nach Gallien, und die aufgrund der Wasserstraßen in diesem Gebiet niedrigeren Transportkosten ließen Gallien zu einem Zentrum von Handel und Gewerbe werden (Rostovtzeff, 1926, S. 91, 150).

7. In den Bürokratien der Reiche — seien sie ägyptisch, persisch, hellenistisch oder römisch — zeigte sich der unaufhörliche Zwiespalt, in dem sich die Herrscher insofern befanden, als sie einerseits ihre Steuereinkünfte zu maximieren suchten, andererseits ihre Staatsangehörigen und Agenten unter Kontrolle behalten wollten, deren Interessen mit denen des Herrschers nur selten übereinstimmten. Die Ausgestaltung der Bürokratiestruktur brachte die Bemühungen des Herrschers zum Ausdruck, die Verschwendung von Renteneinkommen durch bessere Überwachung der Agenten zu verhindern, doch war diesen Bemühungen bestenfalls ein Teilerfolg beschieden.[6]

8. Krisenhafte Gefährdungen der politischen Stabilität ergaben sich aus den Nachfolgeproblemen. Der römische Kaiserthron des Augustus war

---

[4] Die klassische Darstellung ist MARC BLOCHS „Comment et pourquoi finit l'esclavage antique?" (1947).

[5] Eine Erörterung des Diffusionseffektes der technischen Führerschaft in der Antike bei Wein, Olivenöl, Töpferwaren und Glasbläserei findet sich bei GERALD GUNDERSON (1982).

[6] So waren z. B. im Römischen Reich zwischen Konstantin und Justinian die fortgesetzten Bemühungen, den Ämterkauf auszurotten, trotz heftigster Anstrengungen in dieser Richtung nie erfolgreich. Siehe JONES (1966, S. 148—150).

zwar nie im Sinne des Gesetzes erblich, dennoch war de facto erbliche Thronfolge die Regel. Manchmal ließen Kaiser zur Sicherung der Thronfolge ihre Söhne noch zu eigenen Lebzeiten als Kaiser ausrufen. Oft aber starben auch Kaiser ohne einen Nachfolger; es kam zu Streitigkeiten über die rechtmäßige Nachfolge, oder Usurpatoren wurden von einem Teil der Armee zum Kaiser ausgerufen; das Ergebnis war eine nicht-enden-wollende Folge von Bürgerkriegen. Das Römische Reich wurde mehr und mehr ein Militärstaat, und in diesem Vorgang war die Armee die wesentliche Triebkraft. Häufig regierten mächtige Generäle durch Marionettenkaiser.[7]

IV

Wenn das Thema des letzten Abschnitts banal und keiner Erklärung bedürftig erscheint, so ist darauf hinzuweisen, daß Historiker und andere Sozialwissenschaftler in ihren Untersuchungen der Antike behauptet haben, daß die Bewegkräfte, welche die klassische und die neoklassische Wirtschaftstheorie zugrundelegen, sich nicht für eine Analyse der antiken Welt eigneten.[8] Ebenso ist zu bedenken, daß der Abschnitt mit dem Hinweis anfing, daß Stabilität und Veränderung zu *einem guten Teil* eben wirtschaftstheoretisch erklärt werden könnten. Es bleibt aber ein wichtiger Rest, der sich einer derartigen Analyse entzieht und die Einführung ideologischer Überlegungen erforderlich macht.

1. Die Stabilität früher Gesellschaften des Zweistromlandes und im Verlauf der Jahrtausende der ägyptischen Dynastien wurde durch die Identifizierung des Herrschers mit einem Gott noch gefestigt (zudem senkte dies die Durchsetzungskosten).

2. Der Bevölkerungsdruck und der allerorten vor sich gehende Kampf um die Macht im Staat mit dem Ziel der Umverteilung von Vermögen und Einkommen waren zwar die wichtigsten Faktoren, die in der antiken Welt säkular auf Veränderungen hinwirkten, doch reichen sie etwa nicht hin zur Erklärung der hartnäckigen, durch Jahrhunderte der Verfolgung andauernden Kämpfe der Juden um ihre völkische Identität. Deren Ausdauer zwang den Römern ab der Zeit Julius Cäsars besondere Zugeständnisse ab: Juden konnten am Sabbath weder behördlich vorgeführt noch angeklagt

---

[7] Die Thronfolgeproblematik im Römischen Reich findet sich in JONES (1966, S. 125–128) erörtert.

[8] Vgl. die Ausführungen über Karl Polanyi im vorstehenden Kapitel und FINLEY (1971). Ein guter Teil von Finleys Untersuchung ist allerdings ökonomisch analysierbar (obgleich er sich dessen nicht bewußt scheint), und seine Erklärung für den Untergang des Reiches ist im wesentlichen eine ökonomische, wie er selbst zugibt (S. 176).

werden; sie konnten keinen Militärdienst leisten; sie durften zwar keine neuen Synagogen bauen, wohl aber zerstörte wieder aufbauen. Die Christen wiesen vor der Bekehrung Konstantins (312 n. Chr.) angesichts der periodischen Verfolgungen durch die römischen Kaiser einen ähnlichen Überlebensdrang auf. Sobald das Christentum einmal zur Staatsreligion geworden war, erschütterte der Meinungskampf um seine richtige theologische Auslegung die römischen Reiche im Osten wie im Westen. Die Lehre, die Konstantin dem Konzil von Nizäa (325) verordnete, brachte keine dauernde Einigkeit, sondern war von endlosen Spaltungen gefolgt, die häufig von Gewalttätigkeit und kriegerischen Auseinandersetzungen begleitet waren. Man braucht gar nicht Gibbons Auffassung von der Rolle, die das Christentum im Untergang des Römischen Reiches spielte, zu teilen, um von dem entscheidenden Einfluß, den es mitsamt den Dogmenstreitigkeiten unter seinen Anhängern auf die Geschicke der späten römischen Reiche nahm, beeindruckt zu sein. Gibbons anschauliche Darstellung der Auseinandersetzungen und des Blutvergießens im Zuge der Kämpfe um den Arianismus, des Donatistenstreites und der Ansprüche unzähliger anderer Sekten, Alleinvertreter der wahren Lehre zu sein, gemahnt in ernüchternder Weise an die Religionseiferei, die für das späte Kaiserreich typisch war.[9]

3. Die Protagonisten der Veränderung waren auch nicht nur alle Könige, Kaiser oder deren Agenten; zu ihnen zählten Leute wie der Rabbi Akiba ben Joseph und dessen Schüler Rabbi Meir, der mit der Kodifizierung der mosaischen Gesetze begann,[10] Jesus von Nazareth, Saul von Tarsus, der für die Verbreitung des Christentums wohl die entscheidende Rolle spielte, und im siebten Jahrhundert n. Chr. Mohammed.

4. Es waren nicht bloß selektive materielle Anreize, die den Kampf der Juden gegen den Hellenismus fortdauern und sie bei Jerusalem (70 n. Chr.) und Masada (72 n. Chr.) Widerstand gegen Vespasian leisten ließen. Ebensosehr ist die Ausbreitung des Christentums mit weltanschaulich fundierten Handlungen verbunden.

V

Wenige Themen haben die Historiker so beschäftigt wie der Untergang des Römischen Reiches. Lange vor Gibbons Meisterwerk war er bereits ein zentrales Thema der Historiker und ist es bis heute geblieben. Der moralische Verfall, das Christentum, der Arbeitskräftemangel, die Vergiftung durch das Blei der Wasserrohre sind nur einige wenige der Erklärungen dieses

---

[9] Siehe GIBBON (1946). Siehe insbesondere Band I, Kapitel 21.
[10] Siehe ROTH (1954), Kapitel 12.

Niedergangs. Die meisten Fachgelehrten halten wirtschaftliche Einflußfaktoren für entscheidend,[11] aber die antike Welt war nicht das Untersuchungsgebiet ökonomisch gebildeter Gelehrter, und ein guter Teil der Belege, die den Niedergang erklären sollen, ist in seiner Aussagemöglichkeit entweder mehrdeutig oder schlicht belanglos.[12]

Im Grunde wirft der Untergang des Römischen Reiches zwei Fragen auf: (1) Warum brach es zusammen? (2) Warum trat im Westen kein anderes Reich an seine Stelle? Dabei ist die zweite Frage eine Vorfrage für die erste. Von der Zeit des Pompeius und Julius Cäsars in der Republik bis zum dritten nachchristlichen Jahrhundert steht die militärische Überlegenheit Roms unzweifelhaft fest. Selbst im fünften Jahrhundert konnten kleine römische Kontingente noch größere Armeen der Barbaren schlagen (Jones, 1966, S. 228). Aber die Überlegenheit war bereits viel geringer, und die zunehmende militärische Gewandtheit der Barbaren verringerte einfach den vergleichsweisen Vorteil der Römer. Betrachtet man den relativen Rückgang der militärischen Überlegenheit im Verein mit den steigenden Kosten der bürokratischen Kontrolle des Reiches, so leuchtet es ein, daß das Ergebnis ein Ungleichgewicht sein mußte, das zunehmend lokale Autonomie- und Autarkiebestrebungen nach sich zog.

Die römische Verteidigungslinie entlang des Rheins und der oberen Donau bedeutete mit der Zeit eine zunehmend schwerere finanzielle Belastung. Nicht nur wurden die Barbaren mit immer größeren Summen Goldes bestochen, damit sie nicht einmarschierten, sondern es stiegen auch die Ausgaben für die Legionen: Unter Diokletian kann die Armee bis zu 350.000 Mann gehabt haben. Zur selben Zeit verköstigte Rom 120.000 seiner Bürger. Während diese Ausgabensteigerungen und somit die Anforderungen an den Steuersäckel anhielten, verkleinerte sich andererseits die Steuerbasis. Diejenigen, die gute politische Beziehungen hatten, wurden von der Steuerzahlung befreit und erhöhten dadurch noch die Last für jene Gruppen, die auf politische Begünstigungen wenig Aussicht hatten. In steigendem Maße war es den Städtern wie den Bauern gleichgültig, auf welcher Seite sie in dem Kampf zwischen Römern und Barbaren standen (Jones, 1966, S. 368).

Festzuhalten ist, daß eine Erhöhung der Steuern an sich keinen wirtschaftlichen Rückgang bewirken muß, wenn durch die zusätzlichen Ausgaben mehr öffentliche Güter verfügbar werden. Aber im Falle Roms war die fortgesetzte Erhöhung der Steuern notwendig, um eine unveränderte Menge von Verteidigungsleistungen bereitzustellen. Außerdem bedeutete

---

[11] Einen ausgezeichneten Überblick hierüber gibt BERNARDI (1970, S. 16–83).

[12] Einen Überblick über dieses Belegmaterial aus der Sicht eines Ökonomen gibt GUNDERSON (1976, S. 43–68).

die Verlagerung der Steuerlast letztlich eine solche Abschreckung von wirtschaftlicher Tätigkeit, daß sie scheitern mußte. Und schließlich verringerte sie die Steuerbasis. Praktisch waren die Eigentumsrechte dadurch so verändert, daß das Wirtschaftssystem seine Funktionsfähigkeit verlor.

In mancher Hinsicht sind wir seit den Tagen Gibbons eigentlich im Irrtum befangen, wenn wir vom Niedergang des Römischen Reiches sprechen. Tatsächlich dürfte es wohl viel eher so gewesen sein, daß die oben beschriebenen Ereignisse letztlich einen Niedergang und danach jene Zeitspanne, die im Englischen als „Dark Ages" und im Deutschen als Frühmittelalter bezeichnet wird, zur Folge hatten; der eigentliche Prozeß, der damals ablief, fügt sich nicht in das übliche Verfallsschema. Passender wäre die Beschreibung, daß die Gewinne einzelner Staatsangehöriger aus ihrer Zugehörigkeit zu dem weltweiten Reichsverband namens Rom durch die Erhöhung ihrer Steuern und die Aushöhlung des Handelsschutzes, dessen sie sich erfreut hatten, erheblich gesunken waren. Immer mehr einzelne Teile des Reiches stellten fest, daß lokale politische Einheiten ihnen mehr Schutz boten als der in sich zerfallene und nicht mehr lebensfähige römische Staat. Somit gelangten sie zu der Überzeugung, daß ihre Wohlfahrt von lokaler Autonomie abhing.[13] Das kurzfristige Ergebnis war zweifellos, daß sie nicht länger die Lasten des römischen Staates trugen; aber die langfristigen Folgen waren die Zunahme der lokalen Selbstherrschaft, ein Rückgang des Handels (denn der Fernhandel war ja nicht mehr geschützt) und eine grundsätzliche Verlagerung wirtschaftlicher Tätigkeit und Umwandlung der Wirtschaftsstruktur. Die Sklaverei war nicht mehr gewinnbringend, weil es keine wirklich großen Absatzmärkte mehr gab; in zunehmendem Maße paßte sich die leibeigene Arbeit an eine Welt lokaler Autonomie und sehr geringfügigen Handels an.

Um die Darstellung des *Niederganges* zu korrigieren, behaupte ich, daß die *Gründe* für die Existenz des Römischen Reiches schlechtweg zu bestehen aufhörten, als seine militärische Überlegenheit dahinschwand und der Großstaat nicht länger Sorge für den Schutz bzw. die Durchsetzung von Eigentumsrechten trug.

Der Zerfall des Römischen Reiches ist vielleicht die am stärksten ins Auge springende Zäsur in der gesamten Wirtschaftsgeschichte. Für die westliche Welt leitete er ein fast volles Jahrtausend kleiner politisch-wirtschaftlicher Einheiten ein. Welche Vorteile auch immer eine politisch-wirtschaftliche Ordnung großen Ausmaßes gehabt haben mag, in der nachfolgenden Periode fehlte sie oder war doch zumindest erheblich abgeschwächt vorhanden. Es stimmt, daß das Römische Reich sich im Osten bis zur endgültigen Einnahme Konstantinopels durch die Türken 1453 hielt und daß die

---

[13] Ausführlich siehe zu diesem Argument GUNDERSON (1976).

Moslems, die sich auf den charismatischen Glauben der neuen Religion stützten, in Nordafrika ein Reich gründeten, das sich bis nach Europa erstreckte. Diese Ausnahmen und das kurzlebige Karolingische Reich entheben uns jedoch nicht der wichtigen Feststellung, daß die Größenvorteile, die ein einziges Reich den ganzen Mittelmeerraum beherrschen ließen, verschwunden waren.

Kapitel 10

Aufstieg und Niedergang des Feudalismus

I

Das Römische Reich verschwand im Chaos des fünften Jahrhunderts; eine mehr oder weniger willkürliche Chronologie setzt das Ende des Feudalismus mit 1500 an, also ungefähr ein Jahrtausend später. Zwischen diesen zwei Zeitpunkten erstand aus der Anarchie, die auf den Zusammenbruch der römischen Staats- und Rechtsordnung gefolgt war, allmählich Westeuropa und entwickelte eine politisch-wirtschaftliche Struktur, die genügend geordnet und stabil war, um ihrerseits Veränderungen zu bewirken, die ihren eigenen Untergang zur Folge hatten und die Entwicklung des Nationalstaates ankündigten − und schließlich die wirtschaftliche Entwicklung, welche die letzten vierhundert Jahre kennzeichnete.

Es sei gleich zu Anfang darauf hingewiesen, daß zwar die Germanenhorden, die Westeuropa überrannten, verhältnismäßig primitive Stammesgruppen waren, daß aber die Geschichte des Frühmittelalters (soweit wir sie kennen), durchaus keine Wiederholung der ihr vorausgegangenen Entstehung der griechischen und der römischen Kultur ist. Wohl spielen Bevölkerungswandel und Kriegsführung technisch in beiden Fällen eine entscheidende Rolle. Die Entstehung Westeuropas war aber im Grunde schon durch das Erbe der griechischen und römischen Kultur mitgeprägt, das sich (insbesondere in Südeuropa) erhielt und viele der institutionellen Vorkehrungen, die in der Zeit vom sechsten bis zum zehnten Jahrhundert entstanden, beeinflußte und letztlich gestaltete. Das Rittergut erscheint als unmittelbarer Nachfolger der römischen Villa, und die abhängigen *coloni* sind Vorläufer des feudalen Leibeigenen. Auch die Sklaverei dauerte bis ins Mittelalter hinein an. Das Erbe des römischen Rechts lebte fort und trat uneingeschränkt wieder im frühneuzeitlichen Europa in Erscheinung, wo es die Struktur der Eigentumsrechte gestalten half.

Die Kirche war es, die das kulturelle Erbe der klassischen Welt ins Mittelalter hinüberrettete; die Kirche war der Hort des Wissens und alleinige Pflegestätte der Lese- und Schreibkunst. Klöster waren in vielen Fällen die leistungsfähigsten Agrarbetriebe des Mittelalters.[1] Die Rolle der Kirche läßt sich nicht ohne weiteres festlegen. Einerseits war sie die kopflastige Bürokratie des späten Römischen Reiches und wichtigstes Sammelbecken materiellen Reichtums, weil sie das Seelenheil gegen Edelmetallschätze und Grundstücke verkaufte. Andererseits war sie eine Kirche der Askese, der äußersten Bedürfnislosigkeit, des Eremitenlebens und frommer Missionare vom Schlage eines Heiligen Bonifaz, der im achten Jahrhundert Innerdeutschland bekehrte und 754 in Friesland den Märtyrertod erlitt.[2] Mit der erstgenannten Gruppe von Aufgaben weist die Kirche die Merkmale eines Staates auf: mit dem Papst als Herrscher und einer riesigen Bürokratie, durch die der Papst Reichtum und Macht anhäufte, und mit Agenten (Erzbischöfen und Bischöfen), die für sich selbst Reichtümer abzweigten und auch reich und mächtig wurden. Wie ein Staat verkaufte sie Schutz und Gerechtigkeit; aber außerdem verkaufte sie das ewige Seelenheil und hatte damit eine einzigartige Macht über die Bevölkerung in einer Welt, der Hölle und Verdammnis als das den meisten Menschen vorbestimmte Los galt. Diese weltanschauliche Überzeugung gab im Verein mit der asketischen Seite der Kirche dem mittelalterlichen Leben seine unverwechselbare Prägung.

Nordwesteuropa, wo sich allmählich der Feudalismus herausbildete, war klimatisch ein Gegensatz zu den Mittelmeergebieten, in denen die griechisch-römische Kultur zuhause gewesen war. Im Unterschied zum Mittelmeerraum hatte es ausreichende Niederschläge, dichte Wälder und schwere Böden. Der Weinbau drang zwar das Rhone-Tal aufwärts nach Norden vor, doch waren Gallien und England besser für Viehzucht und Getreidebau geeignet als die Mittelmeerküstenländer. Geringfügige Klimaveränderungen hatten große, zuweilen katastrophale Veränderungen der Erntemengen zur Folge.

Wollen wir den Verlauf dieses Jahrtausends kennzeichnen, so können wir von einer Zeit sprechen, in der im Zuge wiederholter Kriege, Invasionen und Wirren aller Art eine Verschmelzung germanischer und römischer Institutionen im Gange war. Das Karolingische Reich bildete sich und erschien unter Karl dem Großen gleichsam als Auferstehung des Römischen Reiches im Westen; sein Zerfall trat bald ein, wozu die Einfälle von Wikingern, Madjaren und Moslems beitrugen. Langsamer entstand eine Feudalstruktur dezentralisierter politischer Gebilde, hierarchischer Steuerverpflichtungen und einer Rittergutswirtschaft, die durch einen verhältnismäßig hohen Grad der Selbstversorgung gekennzeichnet war. Die Wirtschaftstätigkeit lebte wieder auf, lokaler und Fernhandel nahmen zu, die Städte entwickelten sich, die Produktion städtischer Handwerker stieg an,

---

[1] Die Organisation der Benediktinerabtei Cluny behandelt DUBY (1974, S. 213−221).
[2] Siehe PREVITT-ORTON (1966), Band I, Kapitel 12.

und die Geldwirtschaft breitete sich aus. Schließlich zerfiel die feudale Rittergutswirtschaft in einem Jahrhundert, das von Hungersnot, Pest und Krieg gekennzeichnet war; an ihre Stelle traten allmählich größere politische Einheiten und Systeme von Eigentumsrechten an Boden, Arbeit und Kapital, die je nach der Verhandlungsstärke von Monarchen und deren Untertanen verschieden waren.

II

Dieses Kapitel beschäftigt sich vornehmlich mit Entstehung und Niedergang des Feudalismus; Bevölkerungswandel und Krieg sind die Schlüssel zur Erklärung des damit verbundenen Strukturwandels. Der Krieg war der Faktor, der über Größe und Struktur der politischen Einheit entschied; der Bevölkerungswandel spielte durch seine Auswirkung auf die relativen Preise von Arbeit und Boden eine ebenso entscheidende Rolle für die Veränderung von Wirtschaftsordnung und Eigentumsrechten. Bevor ich auf die Bedeutung von Bevölkerung und Krieg für Aufstieg und Niedergang dieses gesellschaftlichen Ordnungssystems eingehe, will ich die allgemeinen Merkmale des feudalen oder Lehenssystems festhalten.

Die westeuropäische Wirtschaft des zehnten Jahrhunderts hatte folgende Ausgangsbedingungen: Recht und Ordnung herrschten im allgemeinen nur innerhalb der Grenzen besiedelter Gebiete – ein Umstand, der Handel und Verkehr ernstlich beeinträchtigte; Güter waren üblicherweise viel weniger mobil als Arbeit, weil ihre Transaktionskosten höher waren. Boden war reichlich vorhanden, wertvoll aber nur in Verbindung mit Arbeitskräften und in geschützter bzw. schützbarer Lage. Infolge des relativ reichlichen Vorhandenseins von Boden waren die Kosten der Arbeit, wenn sie im Verein mit Boden zur Güterproduktion eingesetzt wurde, konstant. Weil eine Burg unteilbar war, hatte der Schutz bis zu einem gewissen Grade steigende Skalenerträge. Stieg die Zahl der Einwohner, die ein Lehensherr zu schützen hatte, so nahm freilich die Entfernung der bebauten Böden von der Burg dabei zu, was schließlich einen Anstieg der Schutzkosten bewirkte. Kurz gesagt: Der Schutz wies die dem Ökonomen nur zu geläufige u-förmige Kostenkurve auf. Die „effiziente" Größe des Rittergutes gab jener Punkt an, an dem die Grenzkosten des Schutzes dem Wert des Anteils des Lehensherrn am Grenzprodukt der Arbeit (d. h. also der Steuer oder des Zehnten) gleich waren.

Eine Burg am Ort und eine entsprechende Zahl von Rittern waren die Voraussetzungen des Schutzes. Der lokale Lehensherr war mit den Lehensherren über sich bis hinauf zum obersten Herrn, dem König, in einer Hierarchie feudaler Verpflichtungen verbunden. Zwischen dem lokalen Herrn

und dem König konnte es mehrere Zwischenstufen geben; aber auf jeder
Stufe leistete der niedriger stehende Herr dem unmittelbar über ihm stehenden Ritterdienste. Im Feudalismus waren Eigentumsrechte de facto eine
bedingte Eigentumsübertragung als Gegenleistung für Militärdienste. Im
Verlauf der Entwicklung des Feudalismus aus den Jahrhunderten der
Wirren, die auf den Untergang Roms folgten, waren der Lehensherr und
seine Ritter sowohl eine Kriegerschicht wie auch eine hoch spezialisierte
herrschende Schicht geworden, deren Überleben und Lebenszweck von
ihrem militärischen Geschick abhingen.[3] Die ideologische Verbrämung
dieser Schicht machte die *Ritterlichkeit* aus — eine Vorstellung, die an König
Artus und seine Tafelrunde, an Ritterdienste und höfische Minne denken
läßt, in Wirklichkeit aber eher nur Aufputz für eine Schicht, die von der Gewalttätigkeit lebte, war.

Der Unterbau dieser Struktur, der als Gegenleistung für Schutz und
Rechtsprechung, wie groß diese auch jeweils sein mochten, für die Produk-
tion von Gütern und Dienstleistungen sorgte, waren Sklaven, Leibeigene
und freie Arbeiter. Die Sklaverei dauerte in kleinem Umfang noch bis ins
Mittelalter fort, im wesentlichen aber baute die Rittergutswirtschaft auf
Leibeigenen und Freien auf. Diesen Aufbau faßt die *Shorter Cambridge
Medieval History* (S. 424—425) vorzüglich zusammen:

„Die typischste Form des Rittergutsdorfes war, obwohl sie das kleinste Verbrei-
tungsgebiet hatte, die englische Gutsherrschaft (manor), die das am besten durch-
organisierte und dauerhafteste von dessen Spielarten wurde. Sie hatte zwei, vor-
mals unterschiedene Grundbestandteile, den wirtschaftlichen und den administra-
tiven, und strebte somit nach der Verwirklichung zweier eng verbundener Ziele,
der Versorgung der Dorfbewohner und dem Gewinn und der Autorität des
Herrn. Dem Ganzen zugrunde lag die Dorfgemeinschaft. In einer kurzen Beschreibung kann nur eine durchschnittliche Angabe gemacht werden, von der es
zahllose Abweichungen gab. Der normale Dorfbewohner (der hörige Bauer: vil-
lanus, englisch villain) hatte in der Regel ein Grundstück (eine Hufe, englisch vir-
gate) von dreißig Morgen (oder die Hälfte davon, bovate oder Halbhufe), verteilt
auf verstreute Streifen in den drei oder zwei offenen Feldern des Rittergutes, das
mit dem Dorf zusammenfallen oder auch nur ein Teil davon sein konnte. Bei der
Bestellung seiner Streifen und beim Pflügen, Säen und Ernten folgte er den Gepflogenheiten (dem „Gewohnheitsrecht") seiner Grundherrschaft; eine unabhängige Bearbeitung war in den offenen Feldern kaum möglich. Alljährlich blieb je
ein Feld von den zwei oder drei (je nachdem, wieviele es waren) brach und wurde
nicht eingezäunt, so daß Tiere es abweiden konnten; bebaute Felder wurden ein-

---

[3] Der französische Titel von Dubys bereits erwähntem Buch war *Guerriers et Paysans*,
und dieser Originaltitel drückt die Grundhaltung von Dubys Untersuchung über das siebte
bis zwölfte Jahrhundert besser aus als der nichtssagende englische Titel, *The Early Growth
of the European Economy.*

gezäunt. Es stand dem Hörigen frei, seine eigenen Tiere bis zu einer bestimmten Höchstzahl auf Ödland weiden zu lassen; er hatte seinen Anteil an der Heuwiese. Zwischen den Streifen der Bauern in den offenen Feldern lagen die Streifen, die sich der Grundherr vorbehielt, sein Eigengut (Domäne, englisch demesne). Es entwickelte sich jedoch eine Neigung, die Domäne als eigenen Betrieb zu isolieren. In diesem Zusammenhang fiel der größere Teil der Arbeitsleistungen an, die der Dorfbewohner für seine eigene Bauernstelle schuldete. Jeder Hörige schuldete Wochenarbeit (einer Arbeitskraft) von üblicherweise drei Tagen in der Woche auf dem Hof des Herrn, worin sein Anteil an Pflügen, Ochsen und Gerätschaften aller Art für Hand- und Spanndienste inbegriffen war. Die Häusler, deren Besitz viel kleiner war, schuldeten natürlich weniger Arbeitsleistungen. Zur Mahd- bzw. Erntezeit war darüberhinaus zusätzliche Arbeit aller Art zu leisten, und daran beteiligten sich alle, die Freisassen, die Zinsbauern und andere, die ihre Wohnstätten gegen einen Pachtzins oder zu anderen Bedingungen, die einen freien Vertrag voraussetzten, bewohnten. Ein Freisasse konnte jedoch Grund und Boden auch zu den Bedingungen für einen Hörigen besitzen, und umgekehrt. Bebaubare Bodenfläche, die dem Ödland abgewonnen war (englisch assarts), wurde für gewöhnlich weniger hoch mit Abgaben belastet als sonstiger höriger Besitz. Abgaben aller Art bedrückten sowohl den Hörigen wie den Freisassen einer Herrschaft – in Form von Hühnern, von Eiern, von besonderen Zahlungen usw. Der Hörige war nicht nur an Grund und Boden gebunden, sondern mußte bei der Verheiratung seiner Tochter eine als merchet oder formariage bezeichnete „Strafe" bezahlen, und bei seinem Tod fiel sein bestes Stück Vieh (Besthaupt, heriot) als mainmorte an die Herrschaft; er bezahlte die Geldabgabe (englisch tallage), wenn es seinem Herrn gefiel; sein Getreide wurde in der Mühle des Herrn gemahlen; in Frankreich waren der Backofen und die Weinpresse Monopole des Grundherrn. Der Hörige konnte zum Vogt bestimmt oder zu anderen kleinen Ämtern der grundherrlichen Wirtschaft herangezogen werden. Seine Lebensumstände wurden jedoch dadurch erleichtert, daß sich zunehmend Rechtsgepflogenheiten der grundherrlichen Wirtschaft herausbildeten, so daß zumindest die Anforderungen, die an ihn gestellt wurden, fest bestimmt waren und auch seine Bauernstelle erblich wurde und ihm somit gesichert war. Wie der Freisasse wohnte er dem herrschaftlichen Gericht bei, das die Rechtsgepflogenheiten der Herrschaft und ihren Vollzug festlegte. Ein Herr über viele Herrschaften pflegte einen Vertreter herumzuschicken, der den Gewinn für ihn entgegenzunehmen hatte und in denjenigen Herrschaften, in denen er regelmäßig wohnte, auch Naturalien für seinen Unterhalt einzusammeln hatte. Abgesehen von der Gewinnung ihres eigenen Lebensunterhaltes bestand die Aufgabe der hörigen Bauern kurz gesagt darin, ihre Arbeitskraft der herrschenden Kriegerschicht und den mit dieser verbündeten kirchlichen Würdenträgern zur Verfügung zu stellen, denen sie ihr bißchen Frieden, Rechtsprechung und Bildung verdankten."

Wie der Überbau der Feudalhierarchie waren die Eigentumsrechte der Hörigen und der Freisassen eine bedingte Eigentumsübertragung als Gegenleistung für die eben beschriebenen vielfältigen Arbeitsleistungen, Naturalleistungen und Geldzahlungen. Drei Aspekte dieser Grundherrschaftsstruktur

standen im Mittelpunkt langer Auseinandersetzungen: (1) der Umstand,
daß der größte Teil der Verpflichtungen der Leibeigenen und der Freisassen
gegenüber dem Grundherrn sich als Dienstleistungsverpflichtungen erhielt;
(2) die wesentlichen Merkmale der Einrichtung der Leibeigenschaft; (3) die
Gemengelage der Grundstreifen, die dem einzelnen Arbeiter in den offenen
Feldern gehörten, wie im obenstehenden Zitat beschrieben.

In einer früheren Untersuchung (1971, 1973) boten Robert Thomas und
ich eine Erklärung der Dienstleistungen und die Aufzählung der Wesens-
merkmale der Leibeigenschaft an. Wir behaupteten, daß die Dienstleistungen eine Folge der Transaktionskosten der Schaffung geordneter
Märkte seien, die so hoch waren, daß sie Spezialisierung und Tauschhandel
von vornherein ausschlossen. Unter solchen Umständen konnten die gewünschten Konsumgüter billiger dadurch beschafft werden, daß man verfügbare Arbeitsleistungen dazu bestimmte, die gewünschte Mischung von
Gütern und Leistungen zu erzeugen. Kurz gesagt, es war für den Grundherrn weniger teuer, die ihm geschuldeten Arbeitsleistungen zur Erzeugung
der Güter, die er wünschte, zu verwenden, als jedes Mal mit seinen Leibeigenen Verhandlungen zu führen, wenn er im folgenden Jahr andere Güter
konsumieren wollte. In Ermangelung eines Marktes waren Arbeitsleistungen die effizienteste Form der Güterbeschaffung, trotz der in dieser
Wirtschaftsform enthaltenen Möglichkeit einer Drückebergerei. Die Kosten
solcher Drückebergerei wurden durch die Gepflogenheiten der Grundherrschaft (deren Gewohnheitsrecht) vermindert, welche die für verschiedene
Aufgaben erforderliche Arbeitszeit festsetzten, einen Aufseher zur Kontrolle der Tätigkeit der Leibeigenen bestellten und Strafen für überführte
Drückeberger festlegten.

Zur Frage der Leibeigenschaft als Institution stellten wir fest, daß es sich
hierbei im wesentlichen um eine vertragliche Beziehung handelte, wie oben
beschrieben, und daß die bemerkenswerteste Eigenheit der ritterlichen
Grundherrschaft die Art der Erfüllung des Vertrages zwischen Herrn und
Leibeigenen war. Es gab keine unparteiische Instanz, welche die Erfüllung
des Vertrages hätte überwachen können. Das grundherrschaftliche Gericht,
dem der Grundherr oder dessen Vertreter als Richter vorsaß, setzte die Gepflogenheiten der Grundherrschaft durch, also ungeschriebenes Recht.
Dabei war der Grundherr in Verhandlungen mit seinen Leibeigenen Partei.
Eine derartige Einrichtung bot, so würde man meinen, dem Grundherrn
eine Fülle von Möglichkeiten, seine Leibeigenen auszubeuten. Dem Grundherrn war jedoch eine Grenze gezogen, die seine Macht wirksam beschränkte: Arbeit war knapp, die Grundherren standen nicht selten miteinander in Wettbewerb um Leibeigene und schickten wahrscheinlich entlau-
fene Leibeigene auch gar nicht zurück. Deshalb hatte der Grundherr einen
Anreiz, sich an die vertraglichen Abmachungen zu halten, die in den Ge-

pflogenheiten der Herrschaft vorgegeben waren, und sie „mit Maßen" aus-
zulegen. Tat er das nicht, so brachen vielleicht seine Leibeigenen den Vertrag, indem sie aus seinem Herrschaftsbereich entflohen.

Unsere Thesen sowohl über die Arbeitsleistungen wie über die vertraglichen Beziehungen der Leibeigenschaft hatten eine ausgedehnte Diskussion
zur Folge, aus der wir großen Nutzen zogen; im Lichte der vorgebrachten
Kritik und der nachfolgenden einschlägigen Publikationen würde ich beide
Thesen abschwächen.[4]

Der Hauptpunkt der Kritik an unserer These über die Arbeitsleistungen
war der, daß in der Zeit vom zehnten bis zum zwölften Jahrhundert Märkte
viel weiter verbreitet waren, als wir angenommen hatten, und daß dementsprechend die Transaktionskosten des Erwerbs des Konsumgüterkorbes
über den Markt keine teurere Alternative war als der Einsatz geschuldeter
Dienstleistungen hierfür. Postan (1972, Kapitel 11) zeigt überzeugend, daß
es im Mittelalter in England mehr Handel gab, als unser Modell wahrhaben
wollte. Duby entwirft vom Verfall der Arbeitsleistungen nach 1100 in der
nördlichen Hälfte Europas ein Bild, in dem die Ausbreitung der Geldherr-
schaft eine entscheidende Rolle spielt. Die Grundherren fanden es gewinnbringend, Freiheit zu verkaufen, Einkommen aus ihren Backofen- und
Mühlenmonopolen zu beziehen und statt geschuldeter Arbeitsleistungen
Zinszahlungen zu erhalten. Kurz gesagt, „es war klüger, eine ‚Arbeit' aufzugeben, die infolge der ‚Unachtsamkeit, Nutzlosigkeit, Teilnahmslosigkeit
und Faulheit' derjenigen, die diese Arbeitsleistungen schuldeten, sehr wenig
einbrachte und viel kostete. ... Es mußte daher günstiger sein, diese ‚Arbeit' in das Bargeld einzutauschen, das den Bauern sehr viel rascher, als das
früher der Fall gewesen war, in die Hände kam" (Duby, S. 226).[5] Aus
Dubys Untersuchung ist zu folgern, daß die Zunahme von Handel und
Geldtausch auf Faktor- wie auf Gütermärkten meistens früher einsetzte, als
unsere Untersuchung feststellte, obwohl seine Behauptung nicht der Auffassung widerspricht, daß das frühere Vorhandensein von Arbeitsleistungen
durch die hohen Transaktionskosten vor der Ausbreitung der Geldwirtschaft erklärt werden könnte.[6]

Die These, die Thomas und ich über das Wesen der Leibeigenschaft auf-
stellten, wurde weiterer, stichhaltiger Kritik unterzogen, sowohl weil wir

---

[4] Siehe Fenoaltea (1975a).

[5] Kapitel 8 erörtert die allgemeine Tendenz zu Geldzahlungen.

[6] Fenoaltea (1975b) bietet ein anderes Transaktionskostenargument für Arbeitsleistungen an, das sich auf die bessere Technologie stützt, die der Grundherr auf seinem Eigengut eingesetzt habe, oder auch auf die Behauptung einer Form der Wirtschaftsordnung,
die zwar ineffizient war, aber die überlegene gesellschaftliche Stellung des Grundherrn
wahrte.

die Beziehung als Vertrag hinstellten, als auch weil wir die Einseitigkeit der Einrichtung nicht genügend betonten. So wie wir die Struktur beschrieben, sah sie zu sehr nach gleichem Tausch, also einem Austausch von Schutz und Rechtsprechung gegen gleichwertige Fronden und Giebigkeiten (Dienst- und Naturalleistungen) aus. Fenoaltea (1975a) wies jedoch zu Recht darauf hin, daß Schutz und Rechtsprechung nicht wirklich öffentliche Güter waren, denn mit nur geringen Kosten konnten Bauern davon ausgeschlossen werden. Wirklichkeitsnäher wäre die Behauptung, die auch mit der in Teil I vorgetragenen Staatstheorie in Einklang steht, daß die Kriegerschicht in der Art und Weise, wie sie den Bauern Einkommen abpreßte, der heutigen Mafia entsprochen habe. Arcadius Kahan (1973) betont in einer ausgewogenen Erörterung der Leibeigenschaft, daß durch die Übertragung des modernen Vertragsbegriffes auf die Beziehung zwischen Grundherrn und Leibeigenen diese eine modernistische Fehldeutung erfahren habe. Der Leibeigene war an den Grundherrn gebunden; seine Tätigkeiten und seine Bewegungsfreiheit wurden durch seinen Stand stark behindert; von seiner Seite her kam keinerlei Freiwilligkeit ins Spiel. Nichtsdestoweniger ist nochmals auf ein entscheidendes Argument unserer Untersuchung zu verweisen: nämlich daß die Veränderung der marginalen Opportunitätskosten der Grundherren und der Leibeigenen das Wesen der Grundherrschaft in Frage stellte und schließlich zu ihrem Untergang führte.

Die Fortdauer des Streubesitzes forderte zu einigen Transaktionskostenargumenten heraus, welche die offensichtliche Ineffizienz eines einzelnen Bauern erklären sollte, der eine größere Zahl einzelner Grundstreifen, die über die drei Felder der typischen Herrschaft verstreut waren, zu bestellen hatte. Es werden zwei Arten von Erklärungen angeboten. Der einen zufolge war dieser Streubesitz Ergebnis der Entscheidungen der Dorfgemeinschaft und als solches entweder eine Reaktion auf das große Risiko räumlich konzentrierten Grundbesitzes, also eine Versicherung (McCloskey, 1976), oder eine Folge einer dualen Produktionsfunktion, welche die Erhaltung der großen Felder als Produktionseinheit voraussetzte, um die Skalenerträge der Viehweide erzielen zu können – weshalb die Dorfgemeinschaft darauf bestand (so Dahlman, 1980) –, oder die Auswirkung einer egalitären Haltung einer Mehrheit der Dorfbewohner (Georgescu-Roegen, 1969).

Eine andere Erklärung betont das ausbeuterische Verhältnis zwischen Herrscher und Beherrschten und behauptet, daß die Fortdauer des Streubesitzes aus den Bemühungen der Grundherren herrührte, die Produktion der Hörigen und der Freisassen zu überwachen, um so die Drückebergerei zu verringern (Hall, unveröffentlicht) und um die Größe des bäuerlichen Grundbesitzes auf das unumgängliche Minimum zu reduzieren und auf diese Weise das grundherrliche Eigengut (und Einkommen) zu vergrößern (Kula, 1976).

Die unterschiedlichen Umstände und die große Vielfalt einschlägiger Abmachungen machen es unmöglich, diese alternativen Erklärungen der Fortdauer des Streubesitzes sinnvoll gegeneinander abzuwägen. Belegmaterial dafür und dagegen bietet sich für jede an. Legt man jedoch das in Teil I dargestellte Staatsmodell zugrunde, so wäre es eine rationale Reaktion des Grundherrn gewesen, die Produktion zu überwachen, um so sein Einkommen auf Kosten des Bauern zu erhöhen — wenn die Opportunitätskosten des Grundherrn diese Alternative als realistisch hätten erscheinen lassen.[7]

III

Von den zwei Hauptfaktoren der Veränderungen in diesem Jahrtausend, nämlich dem Bevölkerungswandel und der militärischen Technik und Organisation, ist uns der erste bestenfalls bruchstückhaft bekannt. Die Fachleute glauben im allgemeinen, daß die Bevölkerung im späten Römischen Reich zurückging. Dieser Rückgang beschleunigte sich wahrscheinlich im sechsten Jahrhundert durch den Ausbruch der Beulenpest, die bis weit ins siebte Jahrhundert hinein endemisch gewesen sein dürfte. Wenn die Bevölkerung danach zu wachsen begann, wie Duby (1974, S. 71) glaubt, so kann dies angesichts der fortdauernden chaotischen Lebensumstände nur sehr langsam vor sich gegangen sein.

Aber der Feudalismus bedeutete in dieser chaotischen Welt ein gewisses Maß von Ordnung und Sicherheit und bewirkte eine dementsprechende Zunahme sowohl der Bevölkerung wie der Wirtschaftstätigkeit. Nordwesteuropa war noch großenteils bewaldet und bot einem Bevölkerungswachstum reichlich Raum. Als die Zunahme der Bevölkerung schließlich zu Übervölkerung und lokal zu abnehmenden Erträgen führte, war die logische Folge die Kolonisierung: die Schaffung neuer Grundherrschaften in der Wildnis. Es entwickelte sich eine Grenzlandbewegung. Neue Grundherrschaften breiteten sich über Nordwesteuropa hinweg aus und erhöhten die möglichen Handelsgewinne, indem sie (1) die unbesiedelten Landstriche zwischen schon bestehenden Herrschaften, in denen Räuber Unterschlupf gefunden hatten, verkleinerten, indem sie (2) das Wachstum von Städten förderten, wo sich spezialisierte Fähigkeiten in der Erzeugung von Fertigwaren entwickeln konnten, und indem (3) Gebiete mit einer deutlich anderen Faktorausstattung besiedelt wurden. Weine aus dem Burgund, aus Bordeaux und von der Mosel, Wolle aus England, Metallwaren aus Deutschland, Tuche aus Flandern, Fisch und Holz aus den Ostseegebieten belegen alle die

---

[7] Die Fortdauer der Leibeigenschaft in Osteuropa scheint diesem Muster zu entsprechen; sie steht im Mittelpunkt von Witold Kulas wichtiger Untersuchung.

unterschiedlichen Faktorausstattungen sowohl an Rohstoffen wie an Humankapital. Kurz gesagt: Die Besiedlung der Randgebiete bewirkte eine Senkung der Transaktionskosten des Handels, und damit stiegen die Handelsgewinne.

Die Städte entwickelten ihr eigenes Recht und richteten mit der Zeit ihre eigene Handelsgerichtsbarkeit ein. Während das Stadtrecht in seinen Anfängen nur die Sanktion der Ächtung gekannt haben mag, entwickelten die Gemeinwesen später ihre lokale Polizei. Lokales Handelsrecht wurde kodifiziert und dann von größeren Gebieten übernommen: Die Charte d'Oleron (nach der Insel Oleron vor La Rochelle) etwa galt in großen Teilen von Flandern, Holland und England als bindendes Recht.

Innerhalb der Städte entwickelten sich die Zünfte, die den Interessen der ansässigen Gewerbetreibenden wie auch der Kaufleute dienten. Die Eigentumsrechte im Zusammenhang mit der Erzeugung nicht-landwirtschaftlicher Produkte waren unauflöslich an die Zünfte gebunden, die in ihrer Frühform freiwillige Vereinigungen waren, aber bald ein rechtlich anerkannter Bestandteil des Staates wurden. Zünfte legten zunächst nur eine Reihe von Vorschriften, deren Einhaltung sie selbst zu überwachen hatten, zum Schutze des Eigentums ihrer Mitglieder fest, aber mit dem Ende des zwölften Jahrhunderts waren sie in den italienischen Städten bereits ein Teil der öffentlichen Verwaltung geworden.

Abnehmende Erträge des Bevölkerungswachstums scheinen in Westeuropa allgemein im zwölften Jahrhundert eingesetzt zu haben. Infolgedessen veränderten sich die relativen Faktorknappheiten: Arbeit verlor, Boden gewann an Wert. Der steigende Bodenwert hatte Bestrebungen zur Folge, ein exklusives Privateigentum und dessen Übertragbarkeit herzustellen. In den Grundherrschaften zeigte sich eine Tendenz zur Überbeanspruchung der Allmende, wenn alle Einwohner gleichermaßen Zugang dazu hatten. In Reaktion auf diese Ausbeutung wurden in die Gepflogenheiten der Grundherrschaft Bestimmungen aufgenommen, welche diesen Zugang einschränkten. Beschränkungen der Stückzahl von Vieh, das eine Familie auf der Allmende weiden lassen konnte, wurden üblich. Im dreizehnten Jahrhundert entwickelte sich in England ein umfangreiches Bodenrecht; es begannen die Einhegungen, und schließlich wurde die Fähigkeit zur Übertragung des Eigentums an Grund und Boden formalisiert. Zu ähnlichen Entwicklungen kam es im Burgund, der Champagne und in Frankreich. Der steigende Bodenwert erhöhte die Anreize, die Eigentumsrechte so zu verändern, daß der knapper werdende Faktor Boden effizienter genutzt werden konnte.[8]

---

[8] Ausführlicher wird die Umgestaltung der Eigentumsrechte an Boden und Arbeit in NORTH und THOMAS (1973) erörtert.

Das zwölfte und das dreizehnte Jahrhundert waren eine Blütezeit des internationalen Handels. Hier ist nicht der Ort, um den institutionellen Neuerungen nachzugehen, welche die Entwicklung organisierter Waren- und Faktormärkte mit sich brachte, die die lokale Selbstversorgung und den Naturaltausch ablösten. Die Messen der Champagne, der sich entfaltende Mittelmeerhandel Venedigs, Genuas und anderer italienischer Städte, die „Verstädterung" des Metall- und Tuchhandels in Flandern sind nur einzelne bedeutende Beispiele, in denen die große Expansion des Handels in jener Zeit zum Ausdruck kommt. Unter dem Blickwinkel dieses Kapitels ist das Interessante daran der Übergang der Sicherung der Eigentumsrechte von einer privaten Aufsicht durch freiwillige Gruppen auf den Staat. Überall garantierten Könige und Fürsten (gegen Bezahlung) reisenden Kaufleuten sicheres Geleit, sie schützten ausländische Kaufleute und gewährten ihnen exklusive Handelsprivilegien, sie vollstreckten die Urteile von Handelsgerichtshöfen, und sie gewährten oder übertrugen Eigentumsrechte an die aufblühenden Städte.

Es ist kaum daran zu zweifeln, daß es im nicht-agrarischen Sektor infolge der Senkung der Transaktionskosten zu erheblichen Produktivitätssteigerungen kam; trotzdem fand in diesem Sektor nur ein verschwindender Bruchteil der gesamten Wirtschaftstätigkeit statt. Das Bevölkerungswachstum trieb die Preise der Agrargüter relativ zu anderen Gütern in die Höhe, und die Reallöhne fielen. Bevölkerungswachstum bei gleichzeitig abnehmenden Erträgen senkte das Lebenshaltungsniveau der meisten Menschen. Das wirkte sich auf die Agrarproduktion aus: Es wurde relativ weniger Vieh aufgezogen und relativ mehr Getreide angebaut. Diese Verschiebung machte sich in der Ernährung der Landbevölkerung bemerkbar: Eiweiß wurde durch Kohlehydrate ersetzt. Die Bevölkerung Westeuropas fiel beinahe auf das Existenzminimum zurück, und der Subsistenzmittelspielraum schrumpfte in beängstigender Weise. Die Hungersnöte, die im frühen vierzehnten Jahrhundert große Teile Westeuropas in Mitleidenschaft zogen, zeigen dies; und sie waren nur Vorboten von Schlimmerem. Die Pest des Jahres 1374 wurde endemisch und brach immer wieder von neuem aus, so daß die Bevölkerung wahrscheinlich ein Jahrhundert lang zurückging. Infolgedessen schrumpften Handel und Gewerbe. Westeuropa erlebte eine malthusianische Krise.

Im nicht-landwirtschaftlichen Sektor war das bemerkenswerteste Ergebnis dieser Krise die Stärkung der Zünfte, die sich angesichts der rasch verfallenden Märkte zum Schutz der ansässigen Handwerker bildeten. Der Einsatz der Zünfte für die Erhaltung lokaler Monopole gegen Übergriffe auswärtiger Konkurrenten erfuhr durch die Zwangsgewalt von Königen und Oberherren häufig noch Unterstützung. In großem Maßstab stellte der Hansische Bund ein solches Verteidigungsbündnis von Städten zum Schutze

ihrer kleiner werdenden Märkte gegen die Konkurrenz rivalisierender
Städte vor.

Der Agrarsektor kehrte wieder in den Zustand reichlich vorhandenen Bodens bei Arbeitskräftemangel zurück. Allerorten wurde die Bebauung
schlechter Böden aufgegeben; man verlegte sich vom Getreidebau auf die
Viehzucht; die Reallöhne stiegen, die Renten sanken. Die Verhandlungsposition der Bauern verbesserte sich relativ zu der der Grundherren. Die Opportunitätskosten der Bauern stiegen, als Flucht in die Stadt (die „nach Jahr
und Tag" frei machte) einen Ausweg aus der Unterdrückung durch den
Grundherrn bot. Trotz wiederholter Bemühungen um eine Festsetzung von
Höchstlöhnen hatte die Konkurrenz zwischen den Grundherren eine zunehmende Verbesserung der Lebensbedingungen der Bauern und steigende
Löhne zur Folge; infolgedessen wandelte sich die Leibeigenschaft von
einem Verhältnis zwischen Herrn und Dienstboten zur Anerkennung von
Pachtrechten; Fronden und Giebigkeiten fanden ein Ende (obwohl sie in
England erst 1666 gesetzlich aufgehoben wurden). Freisassen hatten sich in
England bereits im dreizehnten Jahrhundert der grundherrlichen Gerichtsbarkeit entzogen und unterstanden den königlichen Gerichten. Mit der Zeit
kamen auch die Hörigen unter die Gerichtsbarkeit des Königs, das grundherrliche Gericht verlor allmählich seinen Zweck. Der große Bevölkerungs-
rückgang im vierzehnten und im fünfzehnten Jahrhundert brachte man-
cherlei Rückfälle in Zustände des Frühmittelalters mit sich – bei chaotischen Lebensbedingungen und allseits auftretenden kriegerischen Auseinandersetzungen, die Eigentumsrechte zunehmend unsicher werden ließen.
Aber wenn der Handel auch zurückging, so verschwand er doch nicht;
Märkte konnten sich halten und mit ihnen eine Geldwirtschaft.

Die auf den letzten Seiten dieses Abschnitts beschriebenen Veränderungen betrafen ganz Westeuropa. Der Bevölkerungsdruck und das Auftreten von Hungersnöten und Pest zeigten regionale Verschiedenheiten,
aber bis zu einem gewissen Grade machte sich die Verschiebung der relativen Faktorknappheiten in ganz Westeuropa bemerkbar. Die Reaktionen
darauf in Form sich herausbildender Institutionen und Eigentumsrechte allerdings fielen in den verschiedenen Teilen Westeuropas ganz unterschiedlich aus. Um die Abweichungen zwischen den verschiedenen Arten der Anpassung an diese Veränderungen zu verstehen, müssen wir uns dem zweiten
Faktor zuwenden, der zur Veränderung der mittelalterlichen Welt beitrug,
nämlich der Technik und Organisation der Kriegführung.

IV

Das letzte Kapitel endete mit der Feststellung, daß die Skalenerträge der militärischen Organisation, welche die Existenz großer Staaten und die Ordnung von Gebieten erheblicher Größe ermöglichten, im späten Römischen Reich verschwunden oder doch beträchtlich geschwächt waren. Während des folgenden Jahrtausends beherrschte eine Kriegerschicht, die von Plünderei, Raub und Erpressung lebte, das Bild. Diese Schicht wurde nur im Karolingischen Reich vorübergehend in Schranken gehalten, und sogar die relative Verbesserung von Schutz und Ordnung, die mit dem Feudalismus eintrat, änderte deren Lebensart nicht wesentlich. Kriege waren typischerweise jeweils nur kleine Unternehmungen, dafür gab es sie immer und überall. Am Ende dieses Zeitraumes aber hatte sich das Wesen der Kriegsführung gründlich verändert, und diese Kriegerschicht war überholt.

Die chaotischen Zustände in Westeuropa beruhigten sich nur vorübergehend, als Karl Martell 753 die Araber bei Poitiers schlug. Im Jahre 800 hatte Karl der Große bereits riesige Landstriche erobert bzw. seinem Reich einverleibt, von den Grenzen des islamischen Spanien bis nach Sachsen, Bayern und zur Lombardei; am Weihnachtstag jenes Jahres wurde er vom Papst im Petersdom zum Kaiser gekrönt. Die nachfolgende Karolingische Renaissance stand im krassen Gegensatz zum Frühmittelalter, aber der Zerfall und Zusammenbruch des Karolingischen Reiches im neunten Jahrhundert bewiesen überzeugend, daß die funktionsfähige Größe der politisch-wirtschaftlichen Einheit nur gering war. Es entstand keine zentralisierte Verwaltungs- und Fiskalstruktur, und es war im Grunde das Genie Karls des Großen, das dessen Reich für kurze Zeit zusammenhielt. Innere Kriege wurden durch die Erbteilungen noch begünstigt; beschleunigt wurde die Auflösung durch Angriffe aus drei Richtungen: durch die Wikinger, die Moslems und die Madjaren.[9] Die Wikinger kreuzten 786 vor der englischen Küste auf, 795 vor Irland und 799 vor der Küste Galliens. London wurde 841 geplündert, und die Wikinger zogen in ihren langen Schiffen die Flüsse aufwärts, um so weit auseinander gelegene Städte wie Rouen im Norden und Toulouse im Süden anzugreifen. Moslemische Korsaren griffen christliche Schiffe im Mittelmeer an und plünderten von Süditalien bis in die Provence. Madjarische Reiterhorden folgten den alten Römerstraßen, plünderten 915 Bremen und gelangten im Westen 937 bis nach Orléans.

Ein entfernter König bot nur geringen Schutz gegen solche Räuberhorden. Die sinnvolle Reaktion war die ortsfeste Befestigung und der

---

[9] Aus einer Beschreibung des Zusammenbruchs des Karolingischen Reiches. Siehe PREVITT-ORTON (1966), Band I, Kapitel 14.

schwergepanzerte Reiter. Dessen komparativer Vorteil über das Fußvolk erhöhte sich unerhört mit der Verbreiterung des Steigbügels, der für den bewaffneten Ritter auf dem Pferderücken die nötige Hebelwirkung erzeugte, um durch die Verbindung von menschlicher und tierischer Kraft den Gegner niedermachen zu können (White, 1962). Die Folge war die hierarchische dezentralisierte Struktur des Feudalismus, wie sie oben skizziert wurde. Es bildete sich, wie zu Anfang dieses Kapitels beschrieben, wieder eine lokale Ordnung heraus, die Wirtschaft expandierte; neu im Bilde waren die Wikinger, die sich in Nordeuropa angesiedelt hatten und ein Teil der Struktur wurden.

Das militärische Ergebnis war ein Patt, was die Fortdauer kleiner politisch-wirtschaftlicher Einheiten nur begünstigte. Die Burg war uneinnehmbar, außer durch hartnäckigste und bestdotierte Militärexpeditionen, die sich eine langwierige Belagerung zur Aushungerung der Insassen leisten konnten; Kriege wurden typischerweise in kleinstem Maßstab, zwischen schwer bewaffneten Reitern, geführt.

Aber wenn die Kriegstechnik auch die Feudalstruktur untermauerte, so bewirkte das Wiederaufleben wirtschaftlicher Tätigkeit das Gegenteil: Es untergrub diese Struktur. Die Ausbreitung der Geldwirtschaft brachte das Dienstgeld mit sich und eine Geldzahlung als Ablöse für Ritterdienste. Nunmehr konnten Könige Söldner mieten, anstatt sich auf die vierzig Tage jährlichen Ritterdienstes zu verlassen. Die Größe der Armee eines Königs hing somit von seiner Geldbörse ab. Langfristig minderte sich die Macht der Vasallen, die von Anfang an gedroht hatten, militärisch mächtiger als der König zu werden. Kurzfristig aber − während des fünfzehnten Jahrhunderts − begleiteten mehr Kriege und größere Wirren die Ausweitung des Marktes für Söldner, die, sobald sie einmal in Horden organisiert waren, zur Geißel Westeuropas wurden, als sie herausfanden, wie einträglich Erpressung, Lösegeldeinnahmen und Plünderei waren. Zwischen den Zeiten, in denen sie von der einen oder der anderen Seite gemietet waren, lebten sie von diesen sehr ergiebigen „Geschäften".

Vom dreizehnten bis zum Ende des fünfzehnten Jahrhunderts kam es zu einer Reihe wesentlicher Verbesserungen der Kriegführungstechnik.[10] Dazu zählen die Pike, der große Bogen, die Kanone und endlich die Muskete im Krieg zu Lande sowie Verbesserungen im Schiffsbau in Verbindung mit der Kanone im Krieg zur See. Bei Courtrai erbrachten 1302 flandrische Pikeniere den Beweis, daß schwerbewaffnete Reiterei einer Pikenfront nicht standhalten konnte; bei Crecy schlugen (mit großen Bogen ausgerüstete) englische Bogenschützen in Verbindung mit abgesessener Reiterei die Fran-

---

[10] Zur Kriegführung zu Lande im fünfzehnten Jahrhundert siehe *CMH* (1969), Band VIII, Kapitel 21. Zum Seekrieg vgl. CIPOLLA (1966).

zosen in die Flucht, ebenso wiederum bei Poitiers und nochmals bei Agincourt. Im fünfzehnten Jahrhundert entschieden dagegen die Franzosen 1450 bei Formigny und 1453 bei Castillon die Schlacht für sich, als sie mit einer Feldartillerie aufzogen, welche die englischen Reihen dezimierte, bevor deren Bogenschützen überhaupt aufgestellt waren. Zudem machte die Entwicklung der Belagerungskanone der Jahrhunderte während Uneinnehmbarkeit der Burg ein Ende; die Franzosen eroberten 1449/50 die meisten befestigten Lager der Engländer in der Normandie zurück.

Wir sahen, daß Söldner-Spezialtruppen, von den Schweizer Pikenieren bis zu den englischen Bogenschützen, im ausgehenden Mittelalter wirksam und gewinnbringend eingesetzt wurden. Sie waren nicht nur dem Feind gefährlich, sondern auch dem eigenen Brotherrn, wenn sie in den Zeiten, in denen sie ohne Arbeit und Sold waren, das Land verheerten. In unmittelbarer Reaktion auf solche Verheerungen durch gedungene Söldner schuf Karl VII. von Frankreich 1445 die erste stehende Armee Westeuropas.[11] Die Compagnies d'Ordonnance bestanden schließlich aus 12.000 Mann, die zu einem Satz von zehn Pfund (livre tournois) monatlich für einen Bewaffneten und vier bis fünf Pfund (livre tournois) für jeden Mann aus dessen „Gefolge" besoldet wurden.

Ob die Entwicklung einer Tauschwirtschaft eine hinreichende Bedingung für die Ausdehnung der optimalen Kriegsgröße war oder ob technische Neuerungen diese Ausdehnung bewirkten, ist noch nicht ausdiskutiert. Daß eine Ausdehnung stattfand, steht außer Frage. Infolgedessen änderten sich die Bedingungen des politischen Überlebens drastisch. Um überleben zu können, bedurfte man fortan nicht einfach einer größeren Armee, sondern einer ausgebildeten, disziplinierten Streitmacht mit einer kostspieligen Ausrüstung in Form von Kanonen und Musketen. Das Zeitalter des gepanzerten Reiters mit der Lanze war vorbei, das Zeitalter des Rittertums vorüber. Land- und Seekrieg (wo Größe und Ausrüstung der Kriegsschiffe drastisch anstiegen) hatten den Bedarf an finanziellen Mitteln, die für ein Überleben erforderlich waren, außerordentlich stark expandieren lassen.[12]

Hier angelangt, machen wir in unserer historischen Berichterstattung am besten eine Pause, um eine Analogie aus der Wirtschaftstheorie einzufügen. Betrachten wir den Fall einer Industrie, in der viele kleine Unternehmen miteinander in Wettbewerb stehen. Es werde eine Veränderung eingeführt, die relativ zur Größe des Marktes beträchtliche Größenvorteile entstehen läßt, so daß das einzelne Unternehmen, um effizient zu sein, größer werden muß. Der Pfad vom ursprünglichen Wettbewerbsgleichgewicht zu einer

---

[11] Die türkischen Janitscharen hatten bereits die Überlegenheit einer stehenden Armee in Osteuropa unter Beweis gestellt.

[12] Siehe BEAN (1973) und Anmerkungen hierzu von RINGROSE und ROEHL (1973).

neuen (und vielleicht unstabilen) Oligopollösung wird folgendermaßen aussehen: Die ursprünglich kleinen Unternehmen müssen wachsen oder sich zusammenschließen, oder sie werden Bankrott machen müssen. Um das Überleben wird schonungslos gekämpft werden. Das unvermeidliche Ergebnis ist eine kleinere Zahl größerer Unternehmen optimaler Größe. Selbst dann aber wird das Gleichgewicht wahrscheinlich unstabil sein. In einem Oligopol wird es endlose Bemühungen um Absprachen und Preisfixierungen geben, aber einem einzelnen Unternehmen, das derlei Abmachungen nicht einhält, winken immer Vorteile. Im Ergebnis werden Zeiten solcher Absprachen mit Zeiten ruinösen Wettbewerbs abwechseln.

Vergleichen wir diese Beschreibung mit der politischen Welt des ausgehenden Mittelalters, so bemerken wir erstaunliche Ähnlichkeiten. Zwischen 1200 und 1500 erlebten die zahlreichen politischen Einheiten Westeuropas unzählige Auseinandersetzungen, Bündnisse und Vereinigungen, während die lokalen Grundherrschaften dem werdenden Nationalstaat Platz machten. Diese Jahrhunderte waren Zeugen von Intrigen und Kriegen immer größeren Ausmaßes. In einzelnen Fällen wurden Staaten immer größer; entscheidend hierfür war ihre Fähigkeit, die Steuereinnahmen zu erhöhen, nicht einfach, die politische Einheit zu vergrößern. Die konkurrierenden Nationalstaaten sahen sich ins Riesenhafte steigenden Ausgaben gegenüber. Ein Jahr Krieg bedeutete mindestens die Vervierfachung der Kosten der Staatsführung — und in den meisten Jahren gab es Krieg, nicht Frieden. Könige, die in der Vergangenheit von ihrem eigenen Vermögen gelebt hatten, konnten das nicht mehr. Monarchen waren unablässig von Finanzkrisen und steigender Verschuldung geplagt und mußten oft zu verzweifelten Mitteln greifen. Das Gespenst des Staatsbankrotts drohte immer wieder, und häufig wurde es zur Wirklichkeit.

Noch 1157 erhielt der Graf von Flandern einen erheblichen Teil seiner Einkünfte in Naturalien. Naturaleinkommen ist in Empfangsbestätigungen der französischen Krone noch bis weit ins dreizehnte Jahrhundert hinein belegt. In der Zeit des Feudalismus war es üblich gewesen, daß der königliche Hof von einem Teil des Landes zum anderen zog, um die Güter und Dienstleistungen naturaliter zu verbrauchen. Mit der Ausbreitung einer Geldwirtschaft wurden die Einkünfte zunehmend monetisiert. Allerdings gingen sie, weil die Bodenrenten im Zuge des Bevölkerungsschwundes schrumpften, im vierzehnten und im fünfzehnten Jahrhundert zurück — genau zu der Zeit also, in der höhere Einkünfte zum Überleben nötig wurden.

Angesichts rückläufiger Einkünfte und steigender Finanzbedarfe sahen sich die Fürsten Europas in einem immer schlimmeren Dilemma. Sitte und Herkommen setzten Höchstgrenzen für die Summen, die sie den niedrigeren Herren abfordern konnten. Wie die Magna Charta weidlich bestätigt, mußte ein König, der die Grenzen anerkannter Sitte überschritt, mit dem Aufstand rechnen. Viele Vasallen des Königs waren beinahe so mächtig wie er (genau genommen waren etwa die Herzöge von Burgund um diese Zeit sogar viel mächtiger als die Könige von Frankreich), und sicherlich waren sie im Verein mächtiger als der Herrscher. Oft gab es mehr als einen Anwärter auf den Thron. Sogar in Ermangelung eines aktiven Anwärters bedeuteten mächtige Vasallen die akute Drohung entweder des Sturzes des Königs oder der Kollaboration mit Eindringlingen von außen, wie etwa die der Burgunder mit England gegenüber der französischen Krone. Steuererhöhungen konnten in Europa eine Krone zum Wackeln bringen.

Es gab die Möglichkeit, Geld zu borgen — und dieser Möglichkeit bediente man sich auch in großem Maße, um kriegsbedingte kurzfristige Finanzkrisen abzuwenden. Da ein Fürst seiner Schulden wegen gerichtlich nicht belangt werden konnte, forderte der Darlehensgeber einen hohen Zinssatz, meist in versteckter Form, um das Wucherverbot zu umgehen. Als Ausgleich für das hohe Risiko wurde das Darlehen oft noch real besichert (häufig durch Krongüter, Kronjuwelen, Zolleinnahmen oder gewisse Monopolkonzessionen). Oft wurde nicht bezahlt. Eduard III. von England ruinierte die Peruzzi und die Bardi, später ruinierten Karl V. und Philipp II. die Genueser Bankhäuser und die Fugger.

Ein König konnte sich auf Kredite verlassen, um sein Staatswesen durch einen Krieg zu bringen; aber wenn er vor der peinlichen Pflicht der Rückzahlung stand, bedurfte er der Steuereinkünfte. Die Notwendigkeit, eine regelmäßige Einkommensquelle zu finden, um Kriegskredite zurückzahlen zu können, beeinflußte bzw. bestimmte die Beziehung zwischen Staat und Privatwirtschaft.[13]

Die Freiheitsgrade des Herrschers waren sehr verschieden bemessen. Er konnte Vermögen beschlagnahmen. Es mochte ihm eine Zwangsanleihe gelingen, wenn er seine Untertanen überzeugen konnte, daß sie durch einen Angriff oder Einmarsch gefährdet seien. Er konnte als Gegenleistung für Einkünfte Privilegien vergeben: Eigentumsrechte und den Schutz von Eigentumsrechten. Offensichtlich konnte der Staat sich wirtschaftliche Vorteile dadurch sichern, daß er von den bisherigen Grundherren den Schutz der Eigentumsrechte übernahm. Mit der Ausweitung von Handel und Ge-

---

[13] Sie spielte auch eine entscheidende Rolle für den relativen Machtschwund der Kirche, die im Mittelalter die größten Vermögen angehäuft hatte. Wie weiter oben in diesem Kapitel bemerkt, hatte die Kirche während dieser ganzen Zeit mit dem Staat konkurriert und spielte in den endlosen Intrigen wesentlich mit; aber als werdende weltliche politische Gemeinwesen auf der Suche nach Einkünften waren, stellte eine Besteuerung bzw. Beschlagnahmung der Einkünfte und des Vermögens der Kirche eine zunehmende Versuchung vor. Die Drohung der Exkommunikation durch den Papst schien ein geringeres Übel zu sein als die Vernichtung von Feindeshand.

werbe über die Grenzen von Grundherrschaft und Stadt hinaus entdeckten
die Bauern, Kaufleute und Händler, daß die privaten Kosten des Schutzes
durch eine weiträumigere Zwangsgewalt zu mindern waren. Hier war die
Grundlage für einen beiderseits vorteilhaften Tausch zwischen Privatwirtschaft und Staat gegeben. Da im privaten Sektor für den einzelnen immer
der Anreiz gegeben war, als Schwarzfahrer eine Steuer zu vermeiden, mußte
der Staat nach Einkommen suchen, das sich messen ließ und leicht zu erlangen war. Im Gegensatz zur heutigen Steuereinhebung gab es damals
keine Institution, die diese hätte durchführen können. Der werdende Nationalstaat suchte sich Einkünfte aus wirtschaftlichen Tätigkeiten, die verhältnismäßig einfach zu besteuern waren. Dabei stand einem Herrscher eine
Reihe von Möglichkeiten offen.

Wo der Außenhandel einen erheblichen Teil der Wirtschaft ausmachte,
waren die Kosten der Ermittlung seines Ausmaßes und der Steuereinhebung
typischerweise gering – insbesondere im Falle des Handels zu Schiff, denn
die Zahl der Häfen war beschränkt. Wo hingegen der Handel in erster Linie
lokal innerhalb einer Stadt oder eines eng begrenzten Gebietes stattfand
bzw. zum größten Teil innerhalb der Wirtschaft des eigenen Landes, waren
die Ermittlungs- und Einhebungskosten typischerweise viel höher. Der Außenhandel war eine viel reizvollere Quelle möglicher Einnahmen als der
Binnenhandel.

Eine andere Alternative, deren man sich zu dieser Zeit häufig bediente,
war die Gewährung bestimmter Eigentumsrechte an Gruppen, die dafür bezahlen konnten, oder die Verabschiedung von Gesetzen, die Handlungs-
weisen untersagten, welche die Einkünfte des Staates gefährden konnten.
Wir können hier nur einige wenige der zahllosen (und raffinierten) Arten erwähnen, wie Fürsten Eigentumsrechte gegen Einkommen tauschten. Das
Recht, Grund und Boden zu veräußern, wurde den freien Bauern in England 1290 gewährt (in dem Statut *Quia Emptores*) und Adligen 1327; andernfalls hätte der König Einkünfte aus der Afterbelehnung verloren. Später
wurde ein Statut über letztwillige Verfügungen (1540) erlassen, das eine Eigentumsübertragung durch Vererbung einführte, weil der Krone durch die
verbreitete Übung des Nießbrauchs Einkünfte entgingen. Ähnliche Gesetze
wurden in Frankreich, der Champagne und im Anjou verabschiedet. Derlei
Gesetze verhinderten nicht nur den Entgang von Einkünften, sondern ermöglichten dem Staat auch, Eigentumsübertragungen von Grund und
Boden zu besteuern. Städte erhielten Handels- und Monopolprivilegien
gegen jährliche Zahlungen, ausländischen Kaufleuten wiederum wurden
gegen Geldzahlungen gesetzliche Rechte und die Freistellung von Zunft-
zwängen gewährt. Die Zünfte erhielten ihrerseits ausschließliche Monopolrechte gegen Zahlungen an die Krone, und im Austausch gegen Monopolrechte wurden Zölle auf die Ausfuhr und Einfuhr von Waren festgesetzt.

In den meisten Fällen wurde die Krone zunächst gezwungen, „repräsentativen" Körperschaften (dem Parlament, den Generalständen) als Gegenleistung dafür, daß diese sich überhaupt für Einkünfte der Krone aussprachen, die Bestimmung der Steuersätze zu überlassen. In einzelnen Fällen behielten solche Körperschaften dieses Privileg; in anderen verloren sie es. Dieser letzte Punkt muß besonders betont und noch genauer ausgeführt werden, denn er ist der Schlüssel für die später unterschiedlichen Entwicklungsmuster, die wir innerhalb Europas vorfinden. Was mußte der Herrscher aufgeben, um diese lebensnotwendigen Steuereinnahmemöglichkeiten zu erhalten? Anders ausgedrückt: Was bestimmte seine Verhandlungsmacht gegenüber seinen Untertanen? Das oben vorgetragene Argument unterstellt, daß drei wesentliche Überlegungen den Verhandlungsvorgang beeinflußten: (1) das Ausmaß der möglichen Gewinne, die den Staatsangehörigen dadurch entstanden, daß der Staat von lokalen Grundherren oder freiwilligen Verbänden den Schutz der Eigentumsrechte übernahm; (2) die Befähigung möglicher Rivalen des Staates, dieselbe Leistung zu erbringen; und (3) die Wirtschaftsstruktur, die bestimmte, welche Nutzen und Kosten dem Staat aus verschiedenen Besteuerungsarten erwüchsen.

Im nächsten Kapitel werde ich untersuchen, wie sich diese drei Faktoren auf die Staatsformen, die sich in Frankreich, Spanien, den Niederlanden und England ausbildeten, auswirkten, und wie umgekehrt die Staatsform das Wirtschaftswachstum dieser Staaten beeinflußte.

Kapitel 11

Struktur und Wandel im frühneuzeitlichen Europa

I

Die zwei Jahrhunderte von 1450 bis 1650 zeichneten sich in Europa erstens durch ausgedehnte Entdeckungen, Ausbeutung, Handel und Besiedlung der Neuen Welt und Westindiens aus, zweitens durch eine, krisenhafte Ausmaße erreichende, strukturelle Umgestaltung politisch-wirtschaftlicher Einheiten. Die endgültige Folge dieser Expansion war die Integration der übrigen Welt mit den westeuropäischen Nationalstaaten; kürzerfristig besehen hingegen bewirkte sie eine Ausdehnung des Marktes und die Vermehrung der Gewinnmöglichkeiten sowie, dadurch ausgelöst, politische Bemühungen um Strukturveränderungen zum Zwecke der Verwirklichung dieser Möglichkeiten. Die daraus resultierende strukturelle Umgestaltung schuf die wesentlichen Voraussetzungen für das wirtschaftliche Wachstum der letzten drei Jahrhunderte.[1]

II

Henri Pirenne, der in der ersten Hälfte des zwanzigsten Jahrhunderts schrieb, behauptete, daß die Entwicklung Europas im Frühmittelalter entscheidend durch islamische Einflüsse geprägt worden sei, die Europa bedrängt und seinen Handel erstickt hätten und schließlich Europa vom Mittelmeerraum weg zum Atlantik hin sich ausrichten hätten lassen (1939). Historiker haben ein ähnliches Argument gebraucht, um die Entdeckungen und Besiedlungen einer späteren Zeit zu erklären: nämlich die Eroberung Konstantinopels durch die Türken 1453, die dem Gewürzhandel mit dem

---

[1] Eine ebenso wichtige Ursache säkularen Wandels war der Beginn der modernen Naturwissenschaft in diesen Jahrhunderten; aber da die wirtschaftlichen Folgen der Entwicklung wissenschaftlicher Disziplinen viel später in Erscheinung treten, gehe ich darauf erst in späteren Kapiteln ein.

Orient ein Ende machte und die Portugiesen (und andere) einen anderen Weg nach Indien suchen ließ.

Jede der beiden Hypothesen mußte sich Kritik gefallen lassen. Der Handel dauerte im gesamten Mittelmeerraum während des Frühmittelalters fort, wenn auch in sehr reduziertem Umfang; und der Gewürzhandel ging weiterhin durch die Levante, auch nachdem die Türken sich des Zuganges zum Orienthandel bemächtigt hatten. Beide Hypothesen enthalten jedoch ein wichtiges Erklärungselement: die Verschiebung der relativen Preise. Pirennes These zufolge wurde der Mittelmeerhandel unsicherer im Vergleich zu anderen Handelsmöglichkeiten; der Gewürzhandelsthese zufolge erhöhte die türkische Eroberung den möglichen Ertrag aus der Entdeckung alternativer Wege nach Indien.

Die Motive, die Prinz Heinrich von Portugal bewogen, die afrikanische Küste zu erforschen, hießen: „Gott zu dienen und reich zu werden". Es wäre falsch, den weltanschaulichen Eifer, der dieser materialistischen Bestrebung aufgeprägt war, zu unterschätzen, denn die Gottesfurcht beschränkte (zumindest kurzfristig) in diesem ganzen Zeitraum die Möglichkeiten, die den Teilnehmern offenstanden. Aber die Suche nach Gold, Gewürzen, Silber, Sklaven und auch alltäglicheren Handelsgütern war der entscheidende Beweggrund, der Portugiesen, Spanier, Holländer, Engländer und Franzosen trieb, das Kap der Guten Hoffnung (das aus guten Gründen auch das Kap der Stürme hieß) zu umsegeln, Amerika neu zu entdecken, die Kulturen der Maya und der Inka zu erobern und zu zerstören, die Nordwestpassage zu suchen, endlose Kriege miteinander ebenso wie mit den Moslems und Eingeborenenbevölkerungen zu führen. Um die Mitte des siebzehnten Jahrhunderts war die Welt in groben Umrissen entdeckt (bzw. wiederentdeckt), und die Muster der kolonialen Besiedlung waren mit bleibenden Folgen für die spätere Entwicklung vorgezeichnet. Eine päpstliche Bulle zog eine imaginäre Grenzlinie, die Brasilien Portugal zuschlug und das übrige Mittel- und Südamerika Spanien. Den Holländern gelang es trotz ihrer so gewichtigen Rolle im Handel nur vorübergehend, die Portugiesen von der brasilianischen Zuckerküste zu vertreiben und sich eine Niederlassung in Nordamerika zu halten (nämlich Neu-Amsterdam). Immerhin war ihre Leistungsfähigkeit im Handel und Transportwesen von größter Bedeutung für die Gestaltung der Außenpolitik Frankreichs und besonders Englands. Die Engländer, die auf der Suche nach gewinnbringenden Handelsunternehmungen eher Nachzügler waren, entwickelten allmählich ein System der kolonialen Besiedlung und eines begünstigten Handels zwischen ihren westindischen und ihren nordamerikanischen Kolonien. Dieses System war in defensiver Hinsicht so angelegt, daß es die Holländer (und andere) ausschloß, und in positiver Hinsicht so, daß es die Kolonien und das Mutterland aktiv miteinander verflocht. Die Teilung von Nutzen und Kosten zwischen Kolonien und Mutterland aufgrund der Navigationsakte ist Gegenstand einer umfangreichen Literatur.[2] Im Fernen Osten begründete die Überlegenheit der westlichen Segelschiffe und Kanonen den portugiesischen, holländischen und englischen Handel. Wie Cipolla klar macht, beschränkte sich die Handelstätigkeit dieser Länder nicht einfach auf den Ost-West-Handel, sondern sie waren außerdem „Mittelsleute in einem riesigen Handelsnetz, das asiatische Völker miteinander verknüpfte ..." (1966, S. 136).

In der Sprache des ersten Teiles dieses Buches ausgedrückt, hatten diese europäische Expansion und die Verflechtung der übrigen Welt mit den europäischen Atlantikstaaten zwei entscheidende Folgen: Die aus dem Mutterland mitgebrachten Institutionen und Eigentumsrechte prägten die spätere Entwicklung der Kolonialgebiete, und die Handelsbeziehungen bzw. die Faktorbewegungen (von Arbeit und Kapital) trugen dazu bei, das Entwicklungsmuster der Atlantikstaaten selbst zu gestalten.

Der Gegensatz zwischen der Wirtschaftsordnung der spanischen, der portugiesischen und der französischen Ansiedlungen einerseits und der englischen andererseits entstand aus einer Verbindung der aus dem Mutterland übernommenen Eigentumsrechte mit der jeweiligen Faktorausstattung des Kolonialgebietes. Das spanische System der *encomienda* ersetzte in Mexiko die Aztekenherrscher durch feudale spanische Grundherren, die *encomenderos*. Als Gegenleistung für „Schutz und Rechtsprechung" erhielten die neuen Herrscher Tributzahlungen und Frondienste. Die portugiesischen Zuckerkolonien wurden mit Sklaven, die man aus Afrika eingeführt hatte, bewirtschaftet. Die Franzosen versuchten, Französisch-Kanada in einer Weise zu besiedeln, die dem feudalen Grundeigentum im Mutterland weitestgehend entsprach — mit dem vorhersehbaren Ergebnis, daß dies wenige Ansiedler herbeilockte.

In der englischen Besiedlung, die ein Jahrhundert nach den spanischen und portugiesischen Besiedlungen erfolgte, zeigte sich die im Mutterland beginnende Veränderung der Eigentumsrechtsstruktur. Die Virginia Company und einige der anderen kolonialen Unternehmungen sahen zunächst Gemeineigentum an Grund und Boden vor, doch bewirkten dessen verheerende Folgen bald eine Änderung, und faktisch entstanden private Eigentumsrechte an Grund und Boden. Der Arbeitskräftemangel hatte in den einzelnen Kolonien unterschiedliche Folgen, je nach deren Rohstoffausstattung. Ein Kontraktsystem bot zunächst mittellosen Personen eine günstige Gelegenheit, ihre Überfahrt gegen die Verpflichtung zu einer Arbeit von festgesetzter Dauer bezahlt zu bekommen. Im Süden, wo relativ große

---

[2] Ein Überblick darüber findet sich bei WALTON (1971).

Tabak-, Reis- und Indigopflanzungen entstanden, wurden diese Kontrakt-
arbeiter von Sklaven abgelöst. Im Unterschied hierzu gab es in Neu-Eng-
land und den mittleren Kolonien Einzelbesitz an Grund und Boden, und es
entwickelte sich dort die Wirtschaft bald auf der Grundlage von Landwirtschaft, Fischfang und Schiffahrt.

   Die Entwicklung Amerikas ist Thema eines späteren Kapitels. Dieses Kapitel konzentriert sich auf die werdenden nationalen Volkswirtschaften
Westeuropas; die oben beschriebene Expansion wirkte sich auf jede von
ihnen aus. Für die Portugiesen und die Spanier bedeutete das zunächst
Reichtum und wirtschaftliche Entwicklungsmöglichkeiten, aber letztlich erwiesen sich ihre Gewinne als nur scheinbare, und Spanien verfiel der wirtschaftlichen Stagnation. Für die Holländer bedeutete es die Entwicklung
einer Wirtschaft, die auf ihrem komparativen Vorteil in Schiffahrt und
Handel gründete; für die Engländer wurden die Kolonien Teil eines Welt-
reichs. Wir müssen die Strukturkrise des siebzehnten Jahrhunderts untersuchen, um die unterschiedlichen Entwicklungsmuster innerhalb Europas zu
erkennen.

III

Man ist sich weitgehend darüber einig, daß im siebzehnten Jahrhundert eine
Krise stattfand; nicht einig ist man sich über deren Ursachen oder Wesen. Es
war ein Zeitalter verheerender Kriege (man denke an den Dreißigjährigen
Krieg in Deutschland), fallender Löhne, tiefgreifender sozialer Umbrüche
und nicht zuletzt der Religionskriege. Als es zu Ende war, hatte sich die
Struktur einiger der politisch-wirtschaftlichen Einheiten Europas von Grund
auf verändert. Für den Marxisten ist das siebzehnte Jahrhundert nur ein Teil
eines größeren Fragenkomplexes im dialektischen Entwicklungsprozeß: Der
Feudalismus scheint um 1500 sein Ende gefunden zu haben, der Kapitalismus
jedoch, den man üblicherweise mit der Industriellen Revolution verbindet,
entsteht erst knapp dreihundert Jahre später. Weil die exogene Variable im
Marxschen System der technische Wandel ist, der neue Klassen entstehen
läßt, stehen die Marxisten vor einer Lücke von drei Jahrhunderten. Diese erklären sie damit, daß die werdende Bourgeoisie fast dreihundert Jahre
brauchte, um an die politische Macht zu gelangen und die wesentlichen Eigentumsrechte zu schaffen, die zur Industriellen Revolution führten. Die
Englische und die Französische Revolution waren die kritischen Durchbrüche, die dem modernen Kapitalismus den Weg bereiteten.[3]

---

[3] Siehe HOBSBAWM, „The Crisis of the Seventeenth Century" in Aston, Hrsg. (1967).

Für Hugh Trevor-Roper handelt es sich um eine Krise einer überan-
spruchsvollen schmarotzenden Bürokratie und einer entsprechend hohen
Steuerlast, die übermäßige Belastungen, Vernichtung von Existenzen und
Bankrott bedeuten mußte, als Europa im siebzehnten Jahrhundert zu
wachsen aufhörte.[4] Zweifellos ereignete sich eine Finanzkrise, aber, wie
J. H. Elliot in seinen Bemerkungen zu Trevor-Roper betont, diese Krise
war eher durch Kriege ausgelöst als durch die Verschwendungssucht der
Renaissance.[5] Somit scheint das marxistische Argument den Tatsachen
besser gerecht zu werden, denn letztlich führte eine Strukturkrise über die
Frage der Vorherrschaft im Staate zur Entstehung eines Systems von Eigentumsrechten, die modernes Wirtschaftswachstum begünstigten. Die marxistische Betonung der Technologie ließ allerdings die Marxisten irregehen,
denn die Technologie der Industriellen Revolution folgte den Strukturveränderungen, sie ging ihnen nicht voraus. Freilich spielten das Schießpulver,
der Kompaß, Verbesserungen im Schiffsbau, der Buchdruck und das Papier
alle eine Rolle bei der Expansion Westeuropas, aber die Ergebnisse waren
doch höchst unterschiedlich. Der technische Wandel, den wir mit der Industriellen Revolution verbinden, erforderte die vorherige Entwicklung eines
Systems von Eigentumsrechten, die die private Ertragsrate von Erfindungen
und Innovationen erhöhten. Die im Folgenden gegebene Erklärung beginnt
mit dem Bevölkerungswandel und beruht auf dem Wechselspiel von sich
wandelnden wirtschaftlichen Möglichkeiten und Finanzbedarfen des
Staates.

IV

Die spätmittelalterliche Welt war von zyklischen Abläufen geprägt. Auf das
Bevölkerungswachstum der zwei vorausgegangenen Jahrhunderte folgten
zwischen 1300 oder 1350 und 1475 Hungersnöte, Pestilenz und wirtschaftlicher Rückgang; auf einen zweiten Expansionszyklus von 1475 bis 1600
folgte im siebzehnten Jahrhundert eine Kontraktion. Die Krise des siebzehnten Jahrhunderts breitete sich mit unterschiedlichen Ergebnissen über
ganz Europa aus. England und die Niederlande wurden, wenn überhaupt,
kaum davon betroffen, während Frankreich und insbesondere Spanien
schwer darunter litten. England und die Niederlande waren der malthusianischen Krise entkommen, weil ihre Produktion rascher wuchs als ihre Bevölkerung; Frankreich stagnierte zwar nicht gerade, fiel aber doch eindeutig

---

[4] „The General Crisis of the Seventeenth Century" in Aston, Hrsg. (1967).
[5] Vgl. die Bemerkungen von Elliot im Anhang zu Trevor-Ropers Aufsatz.

hinter England zurück; und Spanien, das vordem die mächtigste Nation Europas gewesen war, trat in eine Phase des absoluten Niedergangs ein.[6]

Der Grund für die unterschiedlich hohen Wachstumsraten der werdenden Nationalstaaten Europas im siebzehnten Jahrhundert ist im Wesen der Eigentumsrechte zu suchen, die sich in jedem von ihnen entwickelt hatten. Der jeweilige Typus von Eigentumsrechten war ein Ergebnis der je spezifischen Entwicklung jedes Nationalstaates. Das Wechselspiel zwischen Staat und Untertanen in der Frage der *Ausdehnung des Besteuerungsrechtes des Staates* war dabei besonders wichtig. Wir sahen, daß jeder werdende Nationalstaat verzweifelt nach Vermehrung seiner Einkünfte strebte. Wie er diese zuwege brachte, war eine entscheidende Frage für seine Wirtschaft, denn in jedem Falle ging es um eine Beschränkung von Eigentumsrechten.

Im Fall der zwei erfolgreichen Länder schufen die dort geltenden Eigentumsrechte einen Anreiz, die Produktionsfaktoren effizienter einzusetzen, und sorgten so dafür, daß Produktionsmittel einer erfinderischen, innovativen Tätigkeit zugeführt wurden. Im Falle der weniger erfolgreichen Länder schufen die absolute Höhe der Steuersätze und die besonderen Formen fiskalischer Einnahmenerzielung für den einzelnen genau gegenteilige Anreize. Der vorliegende Abschnitt zeigt kurz, wie es zu solch unterschiedlichen Entwicklungen kam.

Fangen wir mit Frankreich an. Die Entstehung eines Nationalstaates in Frankreich begann als Reaktion auf die Verheerungen des Hundertjährigen Krieges. Englische Armeen besetzten Teile von Frankreich, Soldaten ohne Löhnung rotteten sich zusammen und zogen als Marodeure und Räuber durch das Land; die großen adligen Familien lagen einander scheinbar endlos in den Haaren. Frankreich bestand nur mehr dem Namen nach, als Karl VII. 1422 den Thron bestieg. Er stand vor der ungeheuren Aufgabe, Recht und Ordnung wiederherzustellen und mehr als die Hälfte dessen, was er als sein Reich in Anspruch nahm, erst den Engländern und den Burgundern wieder abgewinnen zu müssen.

Solch eine Aufgabe erforderte große und immer noch größer werdende Einkünfte der Krone. Als repräsentative Körperschaft waren die Generalstände eingerichtet worden, um für den Notfall der Krone besondere Abgaben als Einkünfte zu bewilligen. In den ersten Jahren seiner Regierung hatte Karl VII. die Generalstände wiederholt um die Bewilligung weiterer Einkünfte zu ersuchen. Die Summen, die er erbitten bzw. erwarten konnte, waren durch die Steuerhöhe im konkurrierenden englisch besetzten Frankreich und im Burgund begrenzt.

---

[6] Dieser Abschnitt stützt sich auf NORTH und THOMAS (1973), Teil III. Eine ausführlichere Erörterung der Wirtschaften Westeuropas vgl. in DEVRIES (1976).

Karl VII. setzte diese Steuereinkünfte wirkungsvoll ein, indem er einen vorteilhaften Frieden mit den Burgundern schloß, die Engländer zurückdrängte und das freie Land von Gesetzesbrechern säuberte. Als Folge seiner vergrößerten Macht begann er, die regelmäßige Erhebung von Steuern, die zunächst als Sondersteuern von den Generalständen hatten bewilligt werden müssen, als seine Prärogative anzusehen. Der dringende Wunsch der Generalstände, dem Chaos in Frankreich ein Ende zu machen, ermöglichte es der Krone, das Recht der Besteuerung ohne Zustimmung der Betroffenen an sich zu bringen — ein Recht, das den Notfall, aus dem es entstanden war, überdauern sollte.

Ihre Fähigkeit zur wirksamen Durchsetzung von Eigentumsrechten, die Beseitigung oder Neutralisierung von lokalen Konkurrenten und die Erreichung der uneingeschränkten Steuerhoheit gaben der französischen Krone das ausschließliche Recht, Eigentumsrechte zu verleihen oder zu ändern. Die Rivalität zwischen den in Entstehung begriffenen Nationalstaaten schuf einen unaufhörlichen Bedarf an stets steigenden Steuereinkünften. Die Krone suchte sich Einkünfte, wo es nur ging. Der Eintausch von Eigentumsrechten gegen Steuereinkünfte war eine einträgliche kurzfristige Lösung, die langfristig verheerende Folgen hatte.

Das Königreich Frankreich, so wie es nach dem Hundertjährigen Krieg in Erscheinung trat, war keine National- oder Volkswirtschaft, auch wenn es dabei war, ein Nationalstaat zu werden. Seine Wirtschaft setzte sich aus vielen regionalen und lokalen Wirtschaften zusammen. Die Krone war gezwungen, jede Region für sich zu besteuern — eine Aufgabe, die eine große Beamtenschaft und dazu die Unterstützung durch bestehende freiwillige Organisationen erforderte. Mit dem Rückgang der wirtschaftlichen Tätigkeit im vierzehnten und im fünfzehnten Jahrhundert waren die Zünfte in den französischen Städten zunehmend mächtiger geworden. Sie versuchten, die schrumpfenden lokalen Märkte durch Anwendung von monopolistischen Beschränkungen vor einer Konkurrenz von außen zu schützen. Die Krone fand in diesen Zünften eine schon entwickelte Infrastruktur zur Erhebung von Steuern vor. Sie stärkte die Zünfte noch, indem sie ihnen gegen eine Abgabe jeweils ein lokales Monopol sicherte. Die Krone tauschte also praktisch auf lokaler Ebene Monopolrechte gegen eine ihr zugesicherte Einkommensquelle ein. Dieses Steuersystem wurde unter Colbert im siebzehnten Jahrhundert noch erweitert und verfeinert. Mögliche Konkurrenten innerhalb Frankreichs (Adel und Kirche) wurden dadurch neutralisiert, daß sie von der Besteuerung ausgenommen wurden. Zur Überwachung der Besteuerung wurde eine große Verwaltungsbürokratie geschaffen. Sobald solch eine Bürokratie einmal ihre Stellungen eingenommen hatte, war es relativ leicht, sie zur Lenkung der Wirtschaft einzusetzen, wie es das von Colbert verwirklichte System bestätigt.[7]

Logik und Auswirkungen dieses Steuersystems lassen sich ohne weiteres anhand des Begriffsapparates der vorliegenden Untersuchung erklären.

Als die Macht ihrer Rivalen im Innern wie im Ausland abnahm, sah die Krone sich nur um so besser in der Lage, sich von ihren Untertanen Einkommen zu beschaffen, war darin allerdings durch die Kosten der Erhebung von Vermögen und Einkommen beschränkt, die überwiegend aus lokalem und regionalem Handel und Gewerbe herrührten. Der systematische Eintausch von Eigentumsrechten gegen Einkünfte bot sich zwar als Lösung an, bedurfte aber einer komplizierten Kontrolle. Die Bürokratie, die in diesem Zusammenhang entstand, verschlang nicht nur einen Teil der so gesicherten Einkünfte, sondern etablierte sich als Machtfaktor in der politischen Struktur Frankreichs. Die Vergrößerung der Einkommen von Krone und Beamtenschaft bedeutete produktivitätsmäßig eine Behinderung des Wirtschaftswachstums. Die französische Wirtschaft blieb in ihrer Struktur weiterhin regional geprägt und verzichtete demgemäß auf die Gewinne, die ein größerer Markt bedeutet hätte. Die möglichen Vorteile eines Wettbewerbs blieben ungenutzt: Die zahlreichen lokalen Monopole nützten nicht nur ihre rechtliche Stellung aus, sondern hinderten auch Innovationen. Die Vorteile einer Verbesserung der Markteffizienz wurden in Frankreich dem Finanzbedarf des Staates geopfert. Infolgedessen entging Frankreich auch nicht der malthusianischen Krise des siebzehnten Jahrhunderts.

Spanien ebensowenig. In einer früheren Phase der spanischen Geschichte, als Boden noch reichlich verfügbar war, hatte sich die Wollindustrie entwickelt. Schafhirten hüteten ihre Herden während des Sommers im Hochland, während des Winters in der Ebene. 1273 wurden die lokalen Hirtengilden, die *mestas*, von Alfons X. zu einer einzigen Gilde zusammengefaßt, der ehrenwerten Versammlung der *mesta* der Schafhirten von Kastilien.

„Der Beweggrund hierfür war lediglich eine der Finanzverlegenheiten des Königs; er erkannte, daß es viel leichter wäre, Steuern auf Vieh zu erheben als auf Menschen, und bildete aus den mestas eine Organisation, die dem Königreich erhebliche Summen einbringen mußte. Als Gegenleistung für diese Steuern rangen die Hirten Alfons X. eine Reihe von Privilegien ab, deren wichtigstes die Ausdehnung der Hüteverpflichtung auf alle durchziehenden Herden einschließlich streunender Tiere im gesamten Königreich Kastilien war. Diese Hüterfunktion wurde mit der Zeit sogar auf ‚ansässige‘ Schafe, die in lokalen mestas geweidet wurden, und auf die ‚riberiegas‘, d. s. die Tiere, die innerhalb der Grenzen einer bestimmten Stadt entlang der Flußufer geweidet wurden, ausgedehnt." (Vives, 1969, S. 25).

---

[7] Dieses System wird in den klassischen Untersuchungen von HECKSCHER (1932) und NEF (1957) ebenso wie in NORTH und THOMAS (1973), Kapitel 10, diskutiert. Eine neuere Analyse findet sich bei EKLUND und TOLLISON (1980 a).

Als Gegenleistung dafür, daß sie sich als Haupteinkommensquelle der Krone zum Zwecke der Finanzierung des Krieges gegen die Mauren hergab, erhielt die *mesta* erweiterte Privilegien der Bewegung von Schafherden kreuz und quer durch Spanien; hierdurch wurde die Entwicklung effizienter Eigentumsrechte an Grund und Boden für Jahrhunderte unmöglich gemacht.

„Der Rat der mesta war im sechzehnten Jahrhundert bereits eine privilegierte Einrichtung. Er verfügte über geschützte Viehtriebsrouten im ganzen Königreich, hatte seine eigenen rechtskundigen Beamten und bewaffnete Wachen, die die Herden alljährlich begleiteten, war befugt, sich über widerstreitende Interessen Dritter hinwegzusetzen, konnte die Einhegung von Feldern an der Route verhindern, besaß die Vollmacht, mit den einflußreichsten Grundbesitzern Kollektivverhandlungen zu führen, war von der Zahlung der alcabala und lokaler Konsumsteuern ausgenommen. Er hatte Rechtsprechungsbefugnisse und ökonomische Vorrechte, so daß er von anderen Institutionen nicht belangt werden konnte." (Schwartzman, 1951, S. 237).

Unter Ferdinand und Isabella entstand ein Nationalstaat – nach Jahrhunderten kriegerischer Auseinandersetzungen mit den Mauren und fast pausenloser innerer Kriege zwischen den Feudalherren. Der chaotischen Zustände im Innern überdrüssig, überließ die repräsentative kastilische Cortes der Krone das gesamte Steuerwesen. Zwischen 1470 und 1540 wuchsen die Steuereinnahmen auf das Zweiundzwanzigfache, und ebenso wie in Frankreich wurde die Vergabe von Monopolrechten für den Staat eine wesentliche Einkommensquelle mit ähnlichen – freilich noch nachteiligeren – Folgen.

Mit der Thronbesteigung Karls V. begann 1516 das große Zeitalter der Vorherrschaft Spaniens in Europa. Zunächst war es eine Zeit reicher wirtschaftlicher Blüte mit enormen Steigerungen der Steuereinkünfte aus Aragon, Neapel und Mailand, aber insbesondere aus den wohlhabenden Niederlanden, die in manchen Jahren die Einkünfte aus allen anderen Quellen, einschließlich der Schätze aus Westindien, um mehr als das Zehnfache überstiegen. Freilich entsprachen den höheren Einkünften auch höhere Ausgaben, da Karl V. die größte (und bestausgebildete) Armee in Europa und überdies eine große Flotte unterhielt. Karl V. und sein Nachfolger Philipp II. mußten von Jahr zu Jahr mehr ausgeben, um dieses Reich erhalten zu können. Als die Einkünfte aus den Niederlanden mit deren Abfall von Spanien aufhörten und das Edelmetall aus der Neuen Welt spärlicher hereinfloß, war dieser Geldbedarf ganz besonders hoch. Den Zünften in den Städten wurden für die Zustimmung zu neuen Abgaben lokale Monopolrechte übertragen. Eigentum wurde beschlagnahmt, der Adelsrang, der Steuerfreiheit bedeutete, wurde käuflich. Selbst derlei Verzweiflungsmaßnahmen konnten die Krone nicht vor dem Bankrott bewahren. Solche Bankrotte gab es 1557, 1575, 1596, 1607, 1627 und 1647.

Infolge von Monopolen, hohen Steuersätzen und Beschlagnahmungen gingen Handel und Verkehr zurück. Die einzigen Bereiche, die vor einem Zugriff der Krone sicher waren, waren in der Kirche, im Beamtentum und im Adel zu finden. Die vielfach beschriebene Beobachtung, daß die *hidalgos* eine Abneigung gegen Handel und Gewerbe hatten und eine Laufbahn in der Kirche, der Armee oder im Staatsdienst vorzogen, läßt darauf schließen, daß sie vernünftige Leute waren. Die Ausgestaltung der Eigentumsrechte, zu der es in Reaktion auf die Fiskalpolitik des Staates kam, schreckte die Leute einfach von produktiver Tätigkeit weitgehend ab und begünstigte statt dessen gesellschaftlich weniger bedeutsame Tätigkeiten, die dem Zugriff des Staates entzogen waren.

Die Erfahrungen Frankreichs und Spaniens waren einander in vieler Hinsicht ähnlich. In beiden Fällen war der Wunsch des Volkes nach Schutz und Durchsetzung von grundlegenden Eigentumsrechten anfänglich so stark, daß der Staat dementsprechend die Steuerhoheit an sich bringen konnte. Der Bedarf an unablässig steigenden Steuereinnahmen ließ beide Staaten im wesentlichen Eigentumsrechte gegen Zusicherung von Abgaben eintauschen. Die Eigentumsrechte, die der Staat aus der Hand gab, waren der Effizienz nicht förderlich – ganz im Gegenteil, möchte man sagen. Unter den Folgen litt im siebzehnten Jahrhundert Spanien noch mehr als Frankreich.

Während Frankreich und Spanien das ganze siebzehnte Jahrhundert hindurch Rückschläge erlitten, erfuhren Bevölkerung und Pro-Kopf-Einkommen der Vereinigten Niederlande eine nachhaltige Steigerung. Infolgedessen erreichten die Holländer eine politische Bedeutung, die in keinem Verhältnis zu der geringen Größe ihres Landes stand. Ihr Erfolg ist um so bemerkenswerter, als es sich dabei um ein Land mit relativ wenigen Rohstoffen handelte. Die Holländer glichen diese mangelhafte Rohstoffausstattung durch die Entwicklung einer relativ zu ihren größeren Konkurrenten effizienteren Wirtschaftsordnung aus und dadurch, daß sie sich die Expansion des Welthandels im Zusammenhang mit den Entdeckungen und dem Handel mit Westindien und den beiden Amerika zunutze machten.

Die Vereinigten Niederlande waren Besitz des Herzogs von Burgund gewesen, bis sie im Wege der Erbfolge an den König von Spanien fielen. Ihre Herrscher, ob es nun Burgunder oder Habsburger waren, unterbanden aktiv die Entstehung von Monopolprivilegien in den traditionellen Tuchstädten wie Brügge und Gent. So hatten die Herrscher zwar diese Städte gegen sich, wurden aber von neuen Gewerbe- und Handelszentren unterstützt, die im Zuge der Wiederbelebung des internationalen Handels aufstrebten. Die Effizienz dieser neuen Orte bzw. Gebiete beruhte zum großen Teil auf dem Fehlen von Zünften und Handelsbeschränkungen. Infolgedessen stiegen die Niederlande im allgemeinen und Antwerpen im besonderen zu einzigartiger Bedeutung für Gewerbe und Handel auf.

Der Umstand, daß die Herrscher über dieses Gebiet Wettbewerbsbeschränkungen unterbanden und aktiv den Wettbewerb und das Wachstum
von Handel und Gewerbe förderten, mag im Lichte der genau entgegengesetzten Entwicklungen in Frankreich und Spanien merkwürdig anmuten.
Die Erklärung hierfür liegt im Wesen der hauptsächlichen Wirtschaftstätigkeit dieses Gebietes begründet. Die Niederlande waren der natürliche Mittelpunkt des europäischen Handels. Ihr anfänglicher komparativer Vorteil
bei der Erzeugung von Tuch hatte zur Entwicklung eines internationalen
Marktes geführt, auf dem eine reiche Vielfalt von Gütern gehandelt wurde.

1463 hatte Philipp der Gute eine repräsentative Körperschaft ins Leben ge-
rufen, die Generalstände, die Gesetze verabschiedeten und denen es oblag,
Steuern für den Herrscher zuzustimmen. Die Zusammensetzung dieser Körperschaft begünstigte eine Gesetzgebung, die das Wachstum von Handel und
Gewerbe sowie die Gewährung und den Schutz privater Eigentumsrechte,
die dieses Wachstum ermöglichten, unterstützte. Zudem waren die Holländer bereit, für solche Rechte mit einer Reihe von geringfügigen Steuern auf
den Handel im allgemeinen zu bezahlen. Der Steuersatz auf jedes einzelne
Gut war immer relativ niedrig. Die Habsburger waren der Versammlung
willfährig, solange diese ausreichend hohe Einkünfte bewilligte. Der Wohlstand der Niederlande machte das möglich. Sie wurden das Juwel des Habs-
burgerreiches und lieferten dem spanischen König den Großteil seiner Einkünfte. Schließlich jedoch lösten die immer unverschämteren Forderungen
Philipps II. den erfolgreichen Aufstand der sieben nördlichen Provinzen aus.
Während der Rebellion wurde Antwerpen von den Spaniern geplündert, und
die kommerzielle Führung ging auf Amsterdam über. Die Republik, die
daraus entstand, behielt das Rechtssystem im allgemeinen und das Eigen-
tumsrechtssystem im besonderen bei, die ursprünglich zu der Vorrangstellung der Holländer auf dem Gebiet des Handels geführt hatten.

Die Expansion von Handel und Gewerbe war die hauptsächliche Beweg-
kraft der holländischen Wirtschaft. Die Expansion des Handels bewirkte
Verbesserungen der Effizienz der holländischen Märkte. Märkte, die sich
zum Zweck der Senkung von Transaktionskosten entwickeln, unterliegen
Skalenerträgen. Mit zunehmendem Handelsvolumen fallen die Kosten des
einzelnen Handelsgeschäfts. Man ging dazu über, und zwar zuerst in Antwerpen, dann in Amsterdam, Handelsgeschäfte in auf Dauer eingerichteten
Auktionsmärkten abzuwickeln. Preislisten, in denen die laufenden Markttransaktionen verzeichnet waren, wurden als Lektüre für jedermann herum-
gegeben. Standardverträge und Gerichtshöfe, die sich ausschließlich mit
Angelegenheiten des Handels befaßten, wurden eingerichtet.

Hand in Hand mit Handel und Gewerbe entwickelte sich ein blühender Kapitalmarkt und brachte seine eigenen Neuerungen hervor. Allmählich wurde der eingeführte Schuldschein in einen Wechselbrief umgewan-

delt, der für die Kaufleute eine erweiterte Zahlungsmöglichkeit bedeutete.

Die Eigentumsrechte, welche das Wachstum des Handels begünstigten, dienten gleichermaßen der Erhöhung der Effizienz der Landwirtschaft. Die holländische Landwirtschaft wurde stark kapitalintensiv, bislang wüstes Land wurde trocken gelegt und gerodet, und Dünger kam ausgiebig in Gebrauch. Die Entstehung internationaler Märkte bewirkte eine regionale Spezialisierung innerhalb der Niederlande. Weingärten verschwanden, die Milchwirtschaft nahm zu. Neue Pflanzen zur Belieferung der städtischen Händler wurden angebaut.

Die Holländer übernahmen in der frühen Neuzeit auf wirtschaftlichem Gebiet in Europa die Führung. Die zentrale geographische Lage verband sich mit einem Staatswesen, das durch Gewährung und Schutz von privaten Eigentumsrechten und Verhinderung von wettbewerbsbeschränkenden Maßnahmen eine effiziente Wirtschaftsordnung begünstigte. Durch die Entwicklung des bedeutendsten europäischen Marktes in Antwerpen und später in Amsterdam wurde der Handel für den Staat der am leichtesten zu besteuernde Sektor. Die zahllosen Güter auf den dortigen Warenbörsen kamen aus allen Teilen Europas, und sie kamen in die Niederlande, weil die Märkte dort effiziente Wettbewerbsmärkte waren. Die Kaufleute der Niederlande bezahlten in Anerkennung dieses Umstandes auf dem Wege über die Generalstände ihre Herrscher für Begründung und Durchsetzung von Eigentumsrechten und Aufhebung wettbewerbsbeschränkender Maßnahmen. Auf diese Weise wurden die Niederlande das erste Land, das anhaltendes Wirtschaftswachstum erzielte. Außerdem gediehen die Vereinigten Niederlande weiterhin – auch noch, nachdem sich der Schwerpunkt des europäischen Wirtschaftslebens nach England verlagert hatte, als dieses größere Land, sei es absichtlich oder unabsichtlich, den Erfolg der Holländer nachahmte.

Daß es der englischen Wirtschaft gelang, der Krise des siebzehnten Jahrhunderts zu entrinnen, ist unmittelbar auf das System der Eigentumsrechte, das sich dort herausgebildet hatte, zurückzuführen. Der englische Staat hatte den gleichen Finanzbedarf wie die anderen werdenden Nationalstaaten Europas (wenn freilich hier die Invasionsgefahr weniger akut war). Frankreichs Größe, Spaniens finanzielle Ausstattung, die Effizienz der Wirtschaftsordnung der Niederlande ließen diese drei Länder zu europäischen Mächten werden. England war gezwungen, sich gegenüber diesen in Entstehung begriffenen Nationalstaaten zu behaupten. Es suchte einen Mittelweg, indem es sich in Mißachtung spanischer Ansprüche in der Neuen Welt ein Reich schuf und einerseits die Holländer aus dem Geschäft zu drängen versuchte, während es andererseits ähnliche Eigentumsrechte und Institutionen schuf, wie diese sie hatten. Im Jahre 1700 hatte England den Holländern den Rang als raschest wachsende Nation der Welt bereits abgelaufen.

Dabei hatte es zwei Jahrhunderte zuvor kaum so ausgesehen, als sollte England den Weg einschlagen, der zu wirtschaftlichem Wachstum führte. Ebenso wie in Frankreich war auch in England die Entstehung des Nationalstaates ein langwieriger, kostspieliger Vorgang. Während des vierzehnten und des fünfzehnten Jahrhunderts litt England unter dem Hundertjährigen Krieg und dem Rosenkrieg mit all den dazugehörigen Wirren, Aufständen und mangelhafter Justizverwaltung, ohne die der Kampf gegen die Macht der Barone nicht abgehen konnte.

In der Folgezeit führten die Tudors die englische Monarchie auf ihren Höhepunkt. Von Heinrich VII. erwartete man zwar noch, daß er seinen Unterhalt selbst bestreiten konnte, doch gelang es ihm, seine Einkünfte in der uns nun schon wohlbekannten Art und Weise zu vergrößern: durch Verkauf von Konzessionen und Privilegien. Sein Nachfolger, Heinrich VIII., tat dasselbe und zog darüberhinaus Klostergut ein. Die Vorgangsweise, in der die Macht des Königs gefestigt und gleichzeitig die Einkünfte der Krone erhöht wurden, machte die Tudors bei vielen, vielleicht sogar den meisten Angehörigen von Adel und Klerus entschieden unbeliebt. Die Tudors verließen sich auf die Unterstützung durch die aufsteigende Kaufmannsschicht und durch das Unterhaus, in dem diese Schicht gemeinsam mit der Grundbesitzerschicht angemessen vertreten war. In ihren Geschäften mit Eigentumsrechten waren die Tudors ebenso opportunistisch wie nur irgend ein König auf dem europäischen Festland. Sie suchten sich ihre Einkünfte, wo immer sie sie bekommen konnten, ohne Rücksicht auf wirtschaftliche Effizienz. Dem Parlament taten sie schön, statt es zu unterdrücken, weil dies zweckdienlich war.

Die Stuarts ernteten, was die Tudors gesät hatten. Sie erachteten die Staatsführung als ihre ausschließliche Prärogative, während das Parlament die Auffassung vertrat, auch die Krone sei dem Common Law unterworfen. In die immer kostspieliger werdenden Rivalitäten zwischen den Nationen hineingezogen, suchten die Stuarts nach neuen Einkommensquellen; das Parlament erwies sich als unnachgiebig, und damit waren die Voraussetzungen für einen Konflikt geschaffen, in dem die Krone unterliegen mußte.

Das Recht des Parlaments, Steuern zu bewilligen, war um diese Zeit bereits altverbrieft: Es war zu Ende des fünfzehnten Jahrhunderts aus dem Kampf um die Aufsicht über den Wollhandel hervorgegangen. Wolle, lange Zeit hindurch das Exportstapelgut des englischen Außenhandels, war eine naheliegende Einnahmequelle für die Krone. Ein dreiseitiger Kampf um die Höhe der Steuer entbrannte zwischen der Krone, den Kaufleuten, welche die Wolle ausführten, und dem Parlament, in dem die Wollerzeuger zahlreich vertreten waren. Das Ergebnis dieses Kampfes war ein Kompromiß, das allen etwas bot. Die Krone erhielt die Einkünfte aus der Steuer, doch erlangte das Parlament das Recht, deren Höhe festzusetzen, und die Kaufleute bekamen das Monopol des Wollhandels. Das Wollmonopol verschwand mit der Zeit; die Wollsteuer wurde für den Staat eine nebensächliche Einnahme; das Parlament aber behielt das ausschließliche Recht der Besteuerung.

In England bewahrte sich also die Vertretung der Untertanen ihre entscheidenden Besteuerungsbefugnisse, wenngleich die Frage erst 1689 endgültig entschieden wurde. Gegenüber der Herausforderung durch die Stuarts konnte das Parlament seine Autorität durchsetzen. Auf diese Weise ging die ursprünglich von der Krone ausgeübte Kontrolle über die Eigentumsrechte für zwei Jahrhunderte auf eine repräsentative Körperschaft über, die sich aus Kaufleuten und Grundbesitzern zusammensetzte – eine Gruppe, die daran interessiert war, wettbewerbsbeschränkende Maßnahmen zu unterbinden und private Eigentumsrechte und Wettbewerb durch Beschränkung der Machtbefugnisse des Königs zu sichern.

Betrachten wir einige der Gründe, weshalb eine repräsentative Körperschaft in England gedieh, während sie in Frankreich und Spanien verfiel und verschwand. Englands Insellage schützte das Land vor seinen Rivalen. Eine Invasion war dort nie eine so ernsthafte Gefahr wie auf dem Kontinent, und somit war den Engländern die zentrale Bereitstellung eines Schutzes nach außen nicht so wichtig wie den Franzosen. Im Innern gab es oft mehrere Thronanwärter, deren Vorhandensein die Machtbefugnisse des englischen Königs bzw. der Königin beschränkte. Die Wirtschaft war so geartet, daß sie von einem Ausfuhrstapelgut, nämlich der Wolle, abhing, die eine leicht zu messende Quelle mühelos einzuhebender Steuereinkünfte war. Die Einhebung dieser Steuer erforderte keine große Beamtenschaft, die von der Krone abhing, sondern konnte an eine freiwillige Vereinigung von Kaufleuten verpachtet werden. Kurz gesagt: Es gab wenig Anlaß, das Recht, über Eigentumsrechte und Besteuerung zu befinden, der Krone zu überlassen, und noch weniger Anlaß, eine große zentrale Staatsverwaltung zu schaffen.

Der Aufstieg des Parlaments war die Ursache dafür, daß sich die englischen Eigentumsrechte wesentlich von den auf dem Kontinent üblichen unterschieden. Die Macht, Eigentumsrechte zu verleihen, ging in zunehmendem Maße auf eine Gruppe über, deren eigenen Interessen am besten durch Privateigentum und Beseitigung von Monopolen der Krone gedient war. Hätte sich diese Verlagerung nicht ereignet, so sähe die englische Wirtschaftsgeschichte sehr anders aus. Wie erwähnt, war die Wirtschaftspolitik der Tudors dieselbe wie die der Könige auf dem Kontinent. Hätten sie sich gegen die Überlassung von Monopolen und anderen Privilegien ungehindert Einkünfte einhandeln können, so wäre das Ergebnis hinsichtlich der wirtschaftlichen Effizienz auch ähnlich gewesen. Aber in England stieß die Krone dabei auf wirksamen Widerstand. Die Vorschriften, welche die Tudors erließen, als sie versuchten, Handel und Gewerbe umfassend zu regeln, erwiesen sich als wirkungslos.[8] Diese Vorschriften, die denen, die in Frankreich mit Erfolg angewendet wurden, ähnelten, wurden in England einfach umgangen. Schließlich wurde die Prärogative der Krone zur Schaffung von Monopolen durch einen Akt des Parlaments aufgehoben.

Im Zusammenhang mit der Ausgestaltung eines effizienten Systems von Eigentumsrechten kam es im sechzehnten Jahrhundert zu Bevölkerungswachstum. In Frankreich und Spanien stand eine wachsende Bevölkerung einer restriktiven Konstellation von Eigentumsrechten gegenüber, die eine effiziente Anpassung an die Verschiebungen der Faktorrelationen unmöglich machten; in England und ebenso in den Niederlanden geschah das Umgekehrte. In England bedeutete eine wachsende Bevölkerung das Wiederaufleben von Handel und Gewerbe. Es entstanden Institutionen zur Vergrößerung der Gewinne aus dem Handel. Die Verminderung der Kosten für die Nutzung des Marktes zum Zwecke der Ordnung der Wirtschaftstätigkeit war in dieser Zeit die Hauptursache von Produktivitätsgewinnen. Mit der Vergrößerung des Marktes übernahmen die Engländer Neuerungen in Handel, Gewerbe und Landwirtschaft, mit denen die Holländer schon vertraut waren. Die Senkung der Transaktionskosten infolge der Begründung privater Eigentumsrechte und des freien Wettbewerbs in Handel und Gewerbe ermöglichte es England, der malthusianischen Krise zu entgehen, die sowohl Frankreich wie Spanien im siebzehnten Jahrhundert durchmachten.

---

[8] Ausführlicher hierzu siehe EKLUND und TOLLISON (1980 b).

Kapitel 12

Neue Überlegungen zur Industriellen Revolution

I

Die Industrielle Revolution sehen viele moderne Wirtschaftshistoriker als *die* Wende der menschlichen Geschichte an. Die Zeiten, die ihr vorausgingen, betrachtet man als Vorspiel zu dem rapiden gesellschaftlichen und wirtschaftlichen Wandel, der sich in Großbritannien in der zweiten Hälfte des achtzehnten Jahrhunderts Bahn brach. Diese Fixierung auf die Industrielle Revolution ist leicht zu verstehen. Der Vorgang anhaltenden wirtschaftlichen Wachstums, der nach Ansicht der Historiker zwischen 1750 und 1830 einsetzte, änderte Lebensweise und Lebenshaltungsniveau des abendländischen Menschen von Grund auf. Wäre ein alter Grieche auf wundersame Weise in das England von 1750 versetzt worden, so hätte er viel Vertrautes vorgefunden. Entstiege der Grieche zwei Jahrhunderte später seinem Zeitschiff, so würde er eine anscheinend „unwirkliche" Welt entdecken, in der er wenig wiedererkennen oder auch nur verstehen könnte – so sehr hatte sich der Zustand der Menschheit in dieser historisch relativ kurzen Zeitspanne verändert.

Was waren die Veränderungen? Sie lassen sich folgendermaßen zusammenfassen:

1. Die Bevölkerung wuchs mit beispielloser Geschwindigkeit. Demographen schätzen, daß die Weltbevölkerung 1750 rund 800 Millionen betrug. 1980 überschritt sie vier Milliarden (Coale, 1974, S. 43).

2. Die westliche Welt erreichte ein Lebenshaltungsniveau, das in der Vergangenheit kein Gegenstück hat. Der Durchschnittsbürger konnte über Luxusgüter verfügen, wie sie in früheren Gesellschaften nicht einmal der Reichste hatte haben können. Zudem erhöhte sich in den entwickelten Ländern die durchschnittliche Lebenserwartung fast auf das Doppelte.

3. In der westlichen Welt hörte die Landwirtschaft auf, die vorherrschende Wirtschaftstätigkeit zu sein; gewerbliche Produktion und Dienstleistungen traten an ihre Stelle. Diese Veränderung wurde durch den ungeheuren Anstieg der Produktivität in der Landwirtschaft ermöglicht. In den

USA könnten die fünf Prozent der Bevölkerung, die in der Landwirtschaft tätig sind, die restlichen 95 Prozent ernähren und immer noch genügend übrig haben, um die USA im Export von Agrarprodukten weltweit eine Führungsposition einnehmen zu lassen. In kolonialer Zeit waren diese Prozentsätze umgekehrt gewesen.

4. Infolgedessen verstädterte sich die westliche Welt — mit allen Begleiterscheinungen dieses Vorganges, wie zunehmender Spezialisierung, Arbeitsteilung, Interdependenz und unvermeidlichen externen Effekten.

5. Unablässiger technischer Wandel wurde die Norm. Neue Energiequellen wurden nutzbar gemacht, um menschliche Arbeitsleistung zu ersetzen; dauernd wurden neue Stoffe geschaffen, um menschlichen Bedürfnissen zu entsprechen.

Diese Entwicklungen stehen außer Frage. Wie sich diese Veränderungen ereigneten, wann sie begannen, und was wir unter Industrieller Revolution verstehen — derlei Fragen waren und sind Gegenstand gewichtiger Erörterungen. Dieses Kapitel stellt die Behauptung auf, daß die Industrielle Revolution in einer Beschleunigung der Innovationsrate bestand, deren Anfänge weit vor ihre traditionelle zeitliche Abgrenzung (1750 bis 1830) zurückreichen. Die genauer spezifizierten Eigentumsrechte (nicht zu verwechseln mit Laissez-faire) waren es, die die im letzten Kapitel beschriebenen Faktor- und Warenmärkte verbesserten. Die resultierende Vergrößerung der Märkte bewirkte größere Spezialisierung und Arbeitsteilung, was die Transaktionskosten erhöhte. Zur Verringerung dieser Transaktionskosten wurden organisatorische Veränderungen durchgeführt, mit der Folge einer radikalen Senkung der Innovationskosten bei gleichzeitiger Erhöhung der Ertragsrate von Innovationen infolge der Vergrößerung der Märkte und genauerer Spezifizierung von Eigentumsrechten an Erfindungen. Diese Verquickung von Neuerungen ebnete den Weg für die eigentliche technische Revolution — die Zweite Wirschaftliche Revolution —, nämlich die Verbindung von Naturwissenschaft und Technik. Diese zweitgenannte Entwicklung ließ in der zweiten Hälfte des neunzehnten Jahrhunderts das elastische Angebot an neuem Wissen und die eben genannten beispiellosen Neuerungen entstehen.

Um diese Abläufe im richtigen historischen Blickwinkel zu sehen, müssen wir uns zunächst die traditionelle Darstellung der Industriellen Revolution vor Augen halten und dem Wesen technischen Wandels nachgehen; dann werden wir in der Lage sein, die Wechselwirkungen zwischen organisatorischem Wandel und technischer Entwicklung zu untersuchen, welche die Industrielle Revolution ausmachten, wie sie in diesem Kapitel definiert ist.

II

Historiker sind sich darüber einig, daß diese organisatorischen und technischen Veränderungen in Großbritannien in den mittleren Jahrzehnten des achtzehnten Jahrhunderts einsetzten. Während der nächsten hundert Jahre verdreifachte sich die britische Bevölkerung; manche Städte wurden Großstädte; das Durchschnittseinkommen des Engländers stieg auf mehr als das Doppelte; der Anteil der Landwirtschaft am Sozialprodukt fiel von etwa der Hälfte auf weniger als ein Fünftel zurück; gewerbliche Produktion und Dienstleistungen erhöhten sich so, daß sie an die bisherige Stelle der Landwirtschaft traten. Dabei erfolgte die Erzeugung von Textilien und Eisen in mit Dampfkraft betriebenen Fabriken von deutlich erhöhter Effizienz.

Dieses Zusammentreffen von Ereignissen ist dem Historiker merkwürdiger erschienen als den Zeitgenossen. Adam Smith, der inmitten dieser Vorgänge das bedeutendste Buch der Nationalökonomie schrieb, erwähnt sie nicht nur nicht, sondern sagte zudem voraus, daß sein Volk von Händlern, Bauern und Handwerkern seinen Wohlstand auch in Zukunft durch weitere Spezialisierung und Handel mäßig steigern würde. Tatsächlich stieg das Volkseinkommen in den nächsten achtzig Jahren mit beispielloser Geschwindigkeit.

Smith befand sich in guter Gesellschaft. David Ricardo behauptete, daß steigende Renten jegliche Produktivitätssteigerung absorbieren würden. In den Jahrzehnten unmittelbar nach dem Erscheinen von Ricardos Buch fiel der Anteil der Renten am steigenden Volkseinkommen auf die Hälfte. Thomas Robert Malthus sagte voraus, daß der ungeheure Bevölkerungsanstieg die Löhne daran hindern würde, längerfristig über das Existenzminimum hinaus zu steigen; und Karl Marx, der zu Ende dieses Zeitalters schrieb, prophezeite, daß das Los des Arbeiters nicht verbessert werden würde. Statt dessen stieg der Anteil der Arbeitseinkommen deutlich, und die Reallöhne erhöhten sich geradezu drastisch. Die klassischen Ökonomen begriffen schlicht und einfach nicht, was sich rund um sie abspielte.

Es blieb keineswegs allen Zeitgenossen verborgen, daß ein Wandel vor sich ging. Manche bemerkten ihn durchaus, wie Friedrich Engels' *Lage der arbeitenden Klasse in England* zeigt, ein Buch, das 1844 veröffentlicht wurde. Aber allgemein gebräuchlich wurde der Ausdruck „Industrielle Revolution" erst, als ihn Arnold Toynbee in einer Vortragsreihe 1880/81 verwendete, also fünf Jahrzehnte nach dem Zeitpunkt, den man üblicherweise als den Endpunkt der Umgestaltung, auf die er sich bezieht, angibt.

Warum bemerkten die meisten klassischen Ökonomen die Industrielle Revolution nicht, obwohl sie sie durchlebten? Vielleicht deshalb, weil die Bedeutung dieses Jahrhunderts der Veränderungen mehr in den Untersuchungen der Historiker als im eigentlichen Geschehen liegt. Die Bevölke-

rung etwa nahm bereits vor dem Jahrhundert der Industriellen Revolution
zu; Großstädte gab es, bevor Industrieorte entstanden; und das Einkommen
der Engländer stieg vor Adam Smiths Geburt ebenso wie während dessen
und anderer klassischer Ökonomen Lebenszeit. In dieser Periode gab es insgesamt immer mehr landwirtschaftliche Arbeitskräfte; einem damaligen Be-
obachter wäre die Landwirtschaft nicht als schrumpfender Sektor erschienen. Auch große Fabriken hatte es vor der Industriellen Revolution gegeben, und Dampfmaschinen waren in Kohlebergwerken schon Jahrzehnte
vor James Watts Dampfmaschine in Verwendung gewesen. Die vielge-
rühmte Wattsche Maschine war einfach eine Verbesserung der bislang verwendeten Maschine von Newcomen. Es ist deshalb vielleicht nicht erstaunlich, daß die klassischen Ökonomen die Industrielle Revolution nicht bemerkten, denn das Neue an ihr war die Größenordnung der Veränderungen, nicht deren umwälzender Gehalt. Während der durchschnittliche
Brite die Wunder der Ausstellung im Kristallpalast 1851 bestaunte, hätte er
die Umgestaltung der darauf folgenden einhundertfünfundzwanzig Jahre
schlicht für unmöglich gehalten. Und obzwar das klassische Zeitalter der
Industriellen Revolution zweifellos eine Beschleunigung wirtschaftlichen
Wandels bedeutete, ereignete sich die revolutionäre Umgestaltung, die ich
zu Beginn dieses Kapitels beschrieb, doch überwiegend erst in den letzten
hundertfünfzig Jahren. Erst nach der Mitte des neunzehnten Jahrhunderts
wandelte sich das Alltagsleben derart, daß unserem obgenannten griechischen Zeitreisenden die Erde nicht mehr als bekannt erschienen wäre.

Das ungeheure Bevölkerungswachstum z. B., das vor der Industriellen
Revolution einsetzte, war um die Mitte des zwanzigsten Jahrhunderts zu
einer Explosion der Weltbevölkerung geworden. Die Ursache dieser gegenwärtigen Explosion ist der Rückgang der ansteckenden Krankheiten als To-
desursache, der seinerseits auf verbesserte Ernährungs- und Umweltbedingungen zurückzuführen ist. Ähnlich ist die verstädterte Welt heute Ergebnis
einer Entwicklung der letzten hundert Jahre; sie ist nicht so sehr mit der
Entstehung der Industriestädte verbunden als vielmehr mit einer drastischen
Senkung von Transportkosten, der Produktivitätssteigerung in der Landwirtschaft und den kumulativen Vorteilen zentraler Orte für eine wirtschaftliche Tätigkeit. Es ist ja auch nicht so, daß der industrielle Sektor die
Beschäftigung des Arbeitskräftepotentials einer entwickelten Volkswirtschaft dominiert; die überwiegende Mehrheit der Arbeitskräfte ist im
Dienstleistungssektor tätig, nicht in der gewerblichen Produktion. Außerdem war die Wachstumsrate während der Industriellen Revolution nicht
besonders eindrucksvoll, verglichen mit späteren Perioden, insbesondere
den Wachstumsraten, welche erst in der jüngsten Vergangenheit aufholende
Volksschichten erzielen konnten.

Kurz gesagt: Unsere zu schematische Sicht der letzten zwei Jahrhunderte ist neu zu überdenken. Die Zeit, die wir als Industrielle Revolution zu bezeichnen gewöhnt sind, war nicht der radikale Bruch mit der Vergangenheit, für den wir sie manchmal halten. Vielmehr war sie, wie ich im Folgenden zeigen werde, der Entwicklungshöhepunkt einer Reihe schon früher stattgehabter Geschehnisse. Die wirkliche Revolution ereignete sich viel später, nämlich in der zweiten Hälfte des neunzehnten Jahrhunderts. Die technischen Neuerungen der Zeit der Industriellen Revolution waren weitgehend unabhängig von Entwicklungen der theoretischen Naturwissenschaft.[1] Die technischen Neuerungen der jüngsten Vergangenheit hingegen setzten alle entscheidende Durchbrüche in der naturwissenschaftlichen Forschung voraus. „Lernen durch Tun" kann die Technologie der Industriellen Revolution erklären, aber nur wissenschaftliche Versuche haben die Entwicklung der Kernkraft oder der petrochemischen Industrie möglich gemacht. Die großen technologischen Fortschritte der letzten hundert Jahre sind an die naturwissenschaftliche Revolution gekoppelt; und aus der Verbindung von Naturwissenschaft und Technik ging die Zweite Wirtschaftliche Revolution hervor.

III

Um zu verstehen, was während der Industriellen Revolution vor sich ging, müssen wir den Vorgang technischen Wandels untersuchen. Der größte Teil der einschlägigen Literatur konzentriert sich auf die großen Erfindungen wie Watts Dampfmaschine, Arkwrights Spinnmaschine oder Cromptons Mule-Maschine und übersieht den von Tag zu Tag sich ereignenden technischen Fortschritt, der die anhaltende Produktivitätssteigerung der wirtschaftlichen Tätigkeit hervorbringt; zudem läßt sie den Transaktionskostenaspekt außer acht, von dem aus wir die komplexe Wechselbeziehung zwischen Wirtschaftsordnung und technischem Wandel erst verstehen könnten.

Vom ersten Einfall bis zur technischen Durchführbarkeit − d. h. von der Erfindung bis zur Marktreife, von der Innovation bis zur Diffusion − ist oft ein langer und mühsamer Weg zurückzulegen.[2] Denken wir etwa an die Entwicklung des Dampfschiffs. Watts Dampfmaschine war eine Erfindung des achtzehnten Jahrhunderts. Zu ihrem Einsatz im Verkehr zu Wasser kommt es zu Anfang des neunzehnten Jahrhunderts. Trotzdem können wir nicht feststellen, daß das Dampfschiff vor dem Ende des neunzehnten Jahrhunderts das Segelschiff ablöste. Noch 1880 wurde loses Fördergut weltweit

---

[1] Zur Rolle der Naturwissenschaft in der Industriellen Revolution vgl. MUSSON, Hrsg. (1972).

[2] Eine ausgezeichnete Darstellung des wesentlich schrittweisen Zustandekommens technischen Wandels siehe bei ROSENBERG (1972).

größtenteils auf Segelschiffen befördert. Eine der aufregendsten Erfindungen brauchte also fast hundert Jahre, um ihre Vorläufer abzulösen.

Die Umstellung ging deshalb langsam vor sich, weil nachfolgende Veränderungen und Verbesserungen der Kolbenmotoren nötig waren, um den Brennstoffverbrauch zu senken (und damit die Frachtkapazität zu erhöhen), und weil gleichzeitig fortgesetzte Verbesserungen des Segelschiffes, die dessen Geschwindigkeit erhöhten und die Besatzung verkleinerten, das Segelschiff mit dem Dampfschiff fast das ganze neunzehnte Jahrhundert hindurch Schritt halten ließen.

Der Vorgang der Verbesserung einer Technologie hängt nicht nur von den Tag für Tag erfolgenden Verbesserungen eines neuen technischen Verfahrens selbst ab, sondern auch von der Entwicklung der technischen Fertigkeiten der Menschen, die dieses Verfahren anwenden. Technischer Wandel muß von einem „Lernen durch Tun" begleitet sein. Außerdem eilen technische Veränderungen in einem bestimmten Gebiet vielleicht dem technischen Wissen in anderen Gebieten voraus. Bekanntlich konnte Watts Dampfmaschine nicht effizient hergestellt werden, bis Wilkinsons Bohrmaschine es Watt möglich machte, die Präzisionszylinder zu bohren. Noch bekannter ist das Schicksal der berühmten Notizbücher des Leonardo da Vinci: Eine Überfülle origineller Gedanken konnte mit den Techniken, die jener Zeit bekannt waren, nicht in die Wirklichkeit umgesetzt werden. Die Beziehung zwischen der Entwicklung neuer Techniken und der Entwicklung neuen Wissens ist tatsächlich eine Frage von größter Bedeutung.

Innovationen bedienen sich des gegebenen Bestandes an Grundlagenwissen der Menschen. Dieses Wissen verkörpern heute so formale wissenschaftliche Disziplinen wie die Physik, die Chemie, die Biologie. Diese Disziplinen sind relativ jung; sie beginnen mit der Spätrenaissance bzw. der frühen Neuzeit. Nicht, daß die grundlegenden Kenntnisse des Menschen von seiner Umwelt sich seit der Jungsteinzeit nicht vergrößert hätten: Ich habe eine Reihe der hierher zu zählenden Fortschritte in früheren Kapiteln behandelt. Aber diese Entwicklungen hingen nicht von streng aufgebauten Formalwissenschaften ab. Wir müssen diese Unterscheidung treffen, denn die Anreize zur Vergrößerung des theoretischen Wissens sind nicht notwendigerweise dieselben wie die Anreize zu praktischen Neuerungen.

Historisch klaffte immer eine Lücke zwischen dem Erkenntnisstand der reinen Wissenschaft und den Techniken, deren sich der Mensch bediente; ja, bis in die jüngste Vergangenheit war die systematische Entwicklung neuen Wissens keine notwendige Voraussetzung für die ungeheuren Fortschritte des Menschen. Erst in den letzten hundert Jahren sind Erweiterungen unseres Grundlagenwissens für die Fortsetzung des technischen Wandels notwendig.

Was bestimmt die Geschwindigkeit der Entwicklung einerseits einer

neuen Technologie, andererseits der theoretischen Erkenntnis in den Naturwissenschaften? Im Falle des technischen Wandels war die soziale Ertragsrate der Entwicklung neuer Techniken wahrscheinlich immer hoch gewesen; aber man würde erwarten, daß die Hervorbringung neuer Techniken
nur langsam vor sich geht, solange noch keine Möglichkeit gefunden ist, die
private Ertragsrate der Entwicklung neuer Techniken zu erhöhen. Und
eben das haben wir in den obenstehenden historischen Kapiteln dieses Buches auch festgestellt: Im Laufe seiner Geschichte hat der Mensch fortgesetzt neue Verfahren entwickelt, aber langsam und mit Zwischenpausen.
Der Hauptgrund hierfür war der, daß es nur gelegentlich Anreize zur Entwicklung neuer Verfahren gab. Typischerweise konnten Neuerungen kostenlos von Dritten kopiert werden, ohne daß dem Erfinder oder Neuerer
dies irgend abgegolten wurde. Der Umstand, daß bis in relativ moderne
Zeiten herauf die Entwicklung systematischer Eigentumsrechte an Innovationen unterblieb, ist eine der Hauptursachen der geringen Geschwindigkeit
technischen Wandels.

Erst mit dem Statut über Monopole aus dem Jahr 1624 entwickelte Großbritannien ein Patentrecht. Es ist richtig, daß davor manchmal Preise für die
Entwicklung neuer Techniken verliehen worden waren, und zuweilen
hatten Staaten Personen auf der Suche nach neuen Technologien subventio-
niert. Prinz Heinrich der Seefahrer etwa erteilte einer Gruppe von Mathe-
matikern den Auftrag, eine neue Methode der Bestimmung des Breiten-
grades zu finden. Auch subventionierten Staaten oft die Entwicklung der
Militärtechnik und stellten einen aufnahmefähigen Markt für neue Waffen
dar. Aber systematische Anreize zur Förderung technischen Wandels und
zur Annäherung der privaten Ertragsrate von Innovationen an deren gesellschaftliche Ertragsrate wurden erst mit dem Patentrecht geschaffen. Es wäre
natürlich irreführend, ein einziges Gesetz zu sehr hervorzuheben. Eli
Whitney brachte einen guten Teil seines Lebens mit dem Versuch hin, sein
Patent für die Baumwoll-Egreniermaschine zu schützen. Wichtiger als das
Patentgesetz an sich sind Gestaltung und Verwirklichung eines Systems allgemeiner Rechtssätze, die Verträge schützen und durchsetzen, in denen Eigentumsrechte spezifiziert sind.

Ich will meine These exakter formulieren. Regeln, die ein Verhalten im
Hinblick auf den wirtschaftlichen Ertrag einer Idee festlegen sollen, stoßen
auf die grundlegende Schwierigkeit der quantitativen Erfassung der Idee
selbst. Handelsmarke, Urheberrecht, Berufsgeheimnis und Patentgesetze
haben alle den Zweck, dem Erfinder oder Innovator ein gewisses Maß ausschließlicher Rechte zu sichern, und haben eine mehr als ein Jahrhundert
dauernde Kontroverse über den Wert von Patenten ausgelöst.[3] Ein guter

---

[3] Die Kontroverse ist bei MACHLUP (1958) dargestellt.

Teil dieser Kontroverse geht aber am Kern des Problems vorbei. Die Unmöglichkeit, eine Idee zu definieren und darzustellen, bedeutet ja gerade, daß man Ersatzregeln finden muß; und solche Regeln, die eine unvollkommene quantitative Erfassung und ein bestimmtes Maß von monopolistischer Beschränkung in sich schließen, werden einen Entgang an Realeinkommen bewirken. Aber im Vergleich mit einem Zustand, in dem es überhaupt keinen Schutz gibt, steht der Wert irgendwelcher Eigentumsrechte an Erfindungen außer Frage. Bloße Neugier oder „Lernen durch Tun" wird einen gewissen technischen Fortschritt von der Art, wie wir ihn die ganze menschliche Geschichte hindurch antreffen, hervorbringen. Aber anhaltende Bemühungen um eine Verbesserung der Technologie — so wie wir sie in der modernen Welt sehen — werden nur durch Erhöhung der privaten Ertragsrate bewirkt. In Ermangelung von Eigentumsrechten an Innovationen wurde die Geschwindigkeit technischen Wandels vor allem anderen durch die Größe der Märkte beeinflußt. Eine Beschleunigung des technischen Wandels in der Vergangenheit war eine Begleiterscheinung von Perioden wirtschaftlicher Expansion.

Fassen wir zusammen: Die Wirtschaftshistoriker der Industriellen Revolution konzentrierten sich auf den technischen Wandel als den entscheidenden dynamischen Faktor dieser Periode. Im allgemeinen unterließen sie es aber, die Frage zu stellen, was der Grund für die Beschleunigung des technischen Wandels in dieser Zeit war; aus ihrer Diskussion über die Ursachen des technischen Fortschritts gewinnt man oft den Eindruck, sie nähmen an, der technische Fortschritt sei kostenlos gewesen oder spontan zustandegekommen. Aber in summa resultiert eine Beschleunigung des technischen Fortschritts entweder aus einer Vergrößerung des Marktes oder aus dem Geschick des Erfinders, einen größeren Teil der Vorteile, die durch seine Erfindung geschaffen werden, sich anzueignen.

IV

Die überzeugendste Erklärung der Industriellen Revolution, nämlich als Erhöhung der Innovationsgeschwindigkeit, ist der unverfälschten neoklassischen Theorie entnommen: Ihr zufolge werden durch eine Kombination von genauer spezifizierten und durchsetzbaren Eigentumsrechten mit zunehmend effizienteren und expandierenden Märkten Produktionsmittel in neue Bahnen gelenkt. Demnach liegen die Anfänge der Industriellen Revolution viel weiter zurück, als die herkömmliche Chronologie uns glauben macht. Ziehen wir noch einmal das Beispiel über die Schiffahrt heran, das wir zu Beginn dieses Kapitels verwendeten. Mit der Konkurrenz zwischen Dampf- und Segelschiffen im neunzehnten Jahrhundert sind wir in Wirklichkeit schon in der Mitte der Geschichte. Produktivitätssteigerungen infolge rückläufiger Transaktionskosten hatte es spätestens seit 1600 gegeben, als die holländische Fleute (ein besonders gebautes Kauffahrerschiff) im Ostseehandel gebräuchlich wurde und in der Folge auch auf anderen Routen eingesetzt wurde. Die rückläufigen Transaktionskosten — Folge der seltener gewordenen Seeräuberei, der größeren Schiffe, des zunehmenden Handels und der verringerten Liegezeiten — bewirkten eine erhebliche Produktivitätssteigerung, die mindestens hundertfünfzig Jahre vor der Industriellen Revolution einsetzte; sie also waren mehr als jeder technische Fortschritt für den Produktivitätsanstieg verantwortlich.[4]

Diese Entwicklung in der Hochseeschiffahrt hatte ihre Parallelen in vergleichbaren Umgestaltungen auf anderen Produkt- und Faktormärkten. An diesem Argument ist wahrlich nichts Neues. Es stand im Mittelpunkt der berühmten Vorlesungen, die Toynbee 1884 publizierte. Er schrieb: „Das Wesen der Industriellen Revolution ist die Einführung des Wettbewerbs anstelle der mittelalterlichen Vorschriften, die bislang Erzeugung und Verteilung von Vermögen bestimmt hatten."[5] Dasselbe Thema greifen Phyllis Deane und R. M. Hartwell auf.[6] Nun wird zwar das Laissez-faire als Schlüssel zu der Entwicklung hingestellt; doch übersieht diese Argumentation, daß die Vorstellung des Laissez-faire nicht nur einen irreführenden ideologischen Beigeschmack hat, sondern wenigstens teilweise überhaupt am Wesentlichen vorbeigeht. Natürlich gehört der Rückgang der merkantilistischen Wettbewerbsbeschränkungen — einschließlich der Aufhebung bzw. der Reform des Handwerkerstatuts, der Armengesetze, Ansiedlungsbestimmungen, Wuchergesetze, Navigationsakte usw. — zu unserer Geschichte. Besonders bedeutsam für die Entwicklung effizienterer Märkte ist jedoch die genauere Spezifizierung und Durchsetzung von Eigentumsrechten an Gütern und Dienstleistungen; und in vielen Fällen ging es um weit mehr als die bloße Beseitigung von Beschränkungen der Freizügigkeit von Kapital und Arbeit, so wichtig diese Veränderungen auch waren. Private sowie vom Parlament beschlossene Einhegungen in der Landwirtschaft, das Monopolstatut, das ein Patentrecht schuf, die epochemachende Entwicklung eines Corpus von Common Law, das die Formulierung und Durchsetzbarkeit von Verträgen verbesserte, gehören ebenfalls hierher.[7] Laissez-faire bedeutet das Fehlen von Beschränkungen; effiziente Märkte bedeuten wohlspezifizierte und durchgesetzte Eigentumsrechte, und das heißt die Schaffung einer Reihe von Beschränkungen, die das Produktivi-

---

[4] Siehe NORTH (1968).
[5] Arnold Toynbee nach HARTWELL (1971, S. 249).
[6] Siehe DEANE (1965, S. 203) und HARTWELL (1971, Kapitel 11).
[7] Siehe HARTWELLS Erörterung (1971, Kapitel 11).

tätswachstum begünstigen. Die Aufhebung von Beschränkungen, welche
den Abstand zwischen privaten und gesellschaftlichen Erträgen erweiterten,
erforderte häufig ein Tätigwerden des Staates – eines Staates, der, wie wir
sahen, infolge der Englischen Revolution solchen Entwicklungen gegenüber
aufgeschlossen war. Ja, ein Teil dieses Vorgangs bestand regelrecht in der
völligen Umgehung von Beschränkungen, die wohl auf dem Papier bestanden, aber mangels Anwendung toter Buchstabe blieben; eine derartige
Entwicklung konnte nur mit stillschweigender Zustimmung des Parlaments
vor sich gehen.

V

Die Industrielle Revolution begann meines Erachtens mit der Vergrößerung
der Märkte, die gezielte Bestrebungen auslöste, die mittelalterlichen, von
der Krone erlassenen Beschränkungen unternehmerischen Verhaltens durch
ausformulierte Sätze des Common Law zu ersetzen (Kapitel 11). Die zunehmende Größe der Märkte bewirkte auch organisatorische Veränderungen, weg von der vertikalen Verflechtung, wie sie Heimarbeit und handwerkliche Erzeugung vorstellen, zur Spezialisierung. Mit der Spezialisierung kamen die steigenden Transaktionskosten der quantitativen Erfassung
der Einsätze und Ausstöße, wie in Kapitel 4 beschrieben. Die daraus resultierende vermehrte Aufsicht und zentrale Kontrolle von Einsätzen zur Verbesserung der Qualität bedeutete eine drastische Senkung der Kosten der
Entwicklung neuer Techniken.

In der Herausbildung der wirtschaftlichen Organisation der gewerblichen
Produktion können wir das für die Industrielle Revolution charakteristische
Wechselspiel zwischen Transaktionskosten und technischem Wandel am
besten beobachten. Vom Handwerk über das Verlagssystem bis zum Fabriksystem nahm die Entwicklung mehr als drei Jahrhunderte in Anspruch;
der Schlüssel zur Erklärung der Umgestaltung sind die Vergrößerung der
Märkte und Probleme der Qualitätskontrolle (d. h. der Messung der Eigenschaften eines Gutes). Im Zuge der Umgestaltung der gewerblichen Produktion entwickelte sich die Lohnarbeit, die quantitative Erfassung von
Einsätzen und Ausstößen änderte sich von Grund auf, und die Anreize für
technischen Wandel wurden größer.

Das Verlagssystem, das sich in England zur Zeit der Tudors und der Stuarts ausbildete, war eine Reaktion auf die expandierende Marktnachfrage
jener Zeit.[8] Die Merkmale dieses Systems waren: die Ausgabe (der Verlag)

---

[8] Dieses System findet sich auch in so weit auseinanderliegenden Zeiten und Gebieten
wie Flandern im dreizehnten Jahrhundert und China, Asien und Afrika im zwanzigsten
Jahrhundert.

von Rohmaterial an räumlich auseinanderliegende Örtlichkeiten und Zahlung von Löhnen (überwiegend Stücklöhnen) für jeden Schritt des Produktionsvorgangs vom Rohmaterial zur fertigen Ware. Im Unterschied zur handwerklichen Erzeugung war das Verlagswesen durch zunehmende Unterteilung der Produktionsschritte gekennzeichnet — ein klassisches Beispiel der Smithschen Vergrößerung von Märkten als Ursache von Spezialisierung. Ursprünglich kam dieses System vor allem in der herkömmlichen Textilienerzeugung in Gebrauch, gelangte allmählich aber auch in neuen Zweigen der Textil-, Lederwaren- und Metallkleinwarenproduktion zur Anwendung. Clapham behauptete, daß dieses System noch in den zwanziger Jahren des neunzehnten Jahrhunderts in der gewerblichen Produktion Großbritanniens vorgeherrscht hätte. Die Umgehung der städtischen Zünfte und ein billiges Arbeitsangebot als Nebenprodukt einer Teilzeitbeschäftigung in der Landwirtschaft erklären zwar die Streuung der gewerblichen Produktion, nicht aber die spezifische Produktionsform. Warum nicht einfach eine Reihe von Markttransaktionen statt eines zentralen Manufaktur- und Handelsherrn, der Lohnarbeiter beschäftigte? Die überzeugendste Antwort ist die, daß die Kosten der Qualitätskontrolle für den Händler in der zweitgenannten Organisationsform geringer waren als in der ersten. Eine Hauptthese von Kapitel 4 ist die Behauptung, daß dort, wo eine Qualitätsfeststellung teuer war, in der Regel eine hierarchische Ordnung Markttransaktionen ersetzte; das Verlagssystem war faktisch ein „primitives Unternehmen", in dem der Manufaktur- und Handelsherr versuchte, auf jeder Stufe des Erzeugungsvorganges ein gleichbleibendes Qualitätsniveau zu sichern.[9] Dadurch, daß er für die Dauer des Erzeugungsvorgangs Eigentümer der verarbeiteten Materialien blieb, konnte der Erzeuger-Händler diese Qualitätskontrolle zu geringeren Kosten durchführen als den Kosten des einfachen Verkaufes und Kaufes in jeder Phase des Produktionsprozesses. Der allmähliche Übergang zu zentralen Werkstätten war ein weiterer Schritt in Richtung besserer Qualitätskontrolle und kündigte bereits die Entwicklung des Fabriksystems an, das nichts anderes als die unmittelbare Überprüfbarkeit der Qualität während des gesamten Produktionsvorgangs bedeutet.

Dieser allmähliche Übergang zu zentralen Werkstätten läßt sich nicht mit einer zentralen Energiequelle erklären. Raum in Fabriken konnte ebensogut vor wie nach der Herausbildung zentraler Energiequellen an einzelne Unternehmer vermietet werden (und wurde auch vermietet). Der Drang zum Fabriksystem entstand vielmehr aufgrund der Möglichkeit der Überprüfung des Produktionsvorgangs durch einen Unternehmer. Mit der Entwicklung unmittelbarer Aufsicht und Kontrolle sinken die Kosten der Erfindung

---

[9] Ausführlicher hierzu siehe MILLWARD (1981).

technischer Verbesserungen, weil die Rolle des Kontrolleurs darin besteht, jeden Produktionsschritt zu „rationalisieren", und dieser Vorgang besteht in der Erfindung von Methoden zur Messung des Ausstoßes jeder Ersatzeinheit und in der Schaffung produktiverer Kombinationen. Produktion in Arbeitsgruppen spielte im Verlagssystem keine nennenswerte Rolle; aber sobald die Arbeiter an einer zentralen Arbeitsstätte zusammengefaßt worden waren, zeigten sich die Produktivitätsgewinne der Gruppenarbeit ganz deutlich. Mit der genaueren Erfassung der individuellen Leistungen gingen Verbilligungen in der Konstruktion von Maschinen zum Ersatz der Handarbeit einher.

Die Industrielle Revolution ergab sich aus organisatorischen Veränderungen zur Verbesserung der Kontrolle der Arbeiter. Diese Fabrikdisziplin war selbst schon ein Schritt zu verbesserter Qualitätskontrolle, hatte aber überdies die Folge, den Unternehmern neue produktive Kombinationen nahezulegen, insbesondere Maschinen zum Ersatz von Handarbeit im Produktionsprozeß.

In einem guten Teil der Literatur zur Industriellen Revolution wird die Entwicklungsrichtung falsch gesehen — nämlich vom technischen Wandel zum Fabriksystem statt von der zentralen Arbeitsstätte über Kontrolle, größere Spezialisierung, genauere Messung der Einsatzleistungen zum technischen Wandel. Transaktionskosten und Technologie sind natürlich untrennbar miteinander verbunden: Die größere Spezialisierung bewirkte organisatorische Neuerungen, die den technischen Wandel nach sich zogen, der seinerseits weitere organisatorische Neuerungen erforderlich machte, um das Potential der neuen Technologie nutzen zu können.

Im Rahmen des Begriffsapparats der vorliegenden Untersuchung ist ein weiterer Punkt zu betonen. In Kapitel 4 versuchte ich zu beweisen, daß die Messungskosten einer Verhaltensbeschränkung in Ermangelung ideologischer Beschränkungen so hoch sein würden, daß sich die neuen Ordnungsformen nicht durchsetzen können würden. Sowohl die politischen wie die wirtschaftlichen Veränderungen, die oben beschrieben wurden, wirkten auf die Entstehung unpersönlicher Faktor- und Produktmärkte hin und ließen alte ideologische Bindungen zunichte werden. Die Fabrikdisziplin (d. h. Regeln und Sanktionen zur Durchsetzung von Verhalten) mußte ergänzt werden durch Aufwendungen für die Legitimierung der neuen Ordnungsformen. Die Industrielle Revolution war gekennzeichnet durch anhaltende Bemühungen um die Entwicklung neuer sozialer und ethischer Normen. Peter Mathias beschrieb diese Bemühungen folgendermaßen: „In Reaktion auf diese neuen Erfordernisse, egal wie unvollkommen sie auch ausgedrückt wurden, entstand ein System sozialer Normen, die in entsprechenden sozialen Institutionen ihren Ausdruck fanden. Die Tugenden der harten Arbeit — das Evangelium der Arbeit, wie es Samuel Smiles predigte —, des

Sparens, der Wirtschaftlichkeit, der Mäßigkeit wurden die neuen sozialen Imperative, welche die arbeitenden Klassen von den höheren Schichten mit allen erdenklichen Mitteln eingehämmert bekamen. Sie wurden in den Lehren der nonkonformistischen und evangelischen Glaubensgemeinschaften niedergelegt. In den Sonntagsschulen, von den Kanzeln, nach 1824 auch in den Arbeiterfortbildungsinstituten und in jeder Art von Literatur, die aus den Federn von Publizisten der Mittelschicht floß, wurden die goldenen Regeln gepredigt, im Versuch, die bürgerlichen Tugenden die soziale Stufenleiter hinunter zu verbreiten." (1969, S. 208). Ich werde in meinen Ausführungen über die Bedeutung der Zweiten Wirtschaftlichen Revolution noch darauf zurückkommen.

Kapitel 13

Die Zweite Wirtschaftliche Revolution und ihre Folgen

I

Der Ausdruck „wirtschaftliche Revolution" soll für zwei ganz verschiedene Veränderungen in einem Wirtschaftssystem stehen: eine grundsätzliche Veränderung im Produktionspotential der Gesellschaft als Folge einer wesentlichen Veränderung von deren Wissensstand und eine dementsprechende, ebenso wesentliche Veränderung der Organisation zur Realisierung dieses Produktionspotentials. Beide wirtschaftlichen Revolutionen verdienen diese Bezeichnung, denn sie veränderten die Steigung der langfristigen Angebotskurve der Produktion derart, daß sie ein fortgesetztes Bevölkerungswachstum ohne die negativen Folgen des klassischen ökonomischen Modells erlaubten. Die Erste Wirtschaftliche Revolution schuf die Landwirtschaft und die „Zivilisation"; die Zweite Wirtschaftliche Revolution schuf eine elastische Angebotskurve für neues Wissen, wodurch das Wirtschaftswachstum in das System eingebaut wurde. Beide hatten erhebliche institutionelle Umgestaltungen zur Folge. Die Ordnungskrise der modernen Welt läßt sich nur als Teil der Zweiten Wirtschaftlichen Revolution verstehen.

Die Zweite Wirtschaftliche Revolution ermöglichte es, eine stillschweigende Annahme der neoklassischen Nationalökonomie in die Wirklichkeit umzusetzen. Diese nahm optimistisch an, daß neues Wissen zu konstanten Kosten erzeugbar sei und daß Substitution in allen Bereichen ein fortgesetztes und anhaltendes Wachstum möglich macht. Dies war nur durch die gleichsam eheliche Verbindung von Naturwissenschaft und Technik zu verwirklichen. Die Industrielle Revolution war ein Teil des Entwicklungsprozesses, der zu dieser Verbindung führte, und wir verlieren uns vielleicht in semantisch-technischen Nebensächlichkeiten, wenn wir den genauen Zeitpunkt des Austausches der Ehegelübde ermitteln wollen. Entscheidend ist, daß die Zweite – genauso wie die Erste – Wirtschaftliche Revolution mit der Neigungsänderung der Angebotskurve neuen Wissens gleichzusetzen ist, nicht mit der Häufung einer Anzahl von Innovationen oder irgendwelcher anderer Merkmale, die man zur Beschreibung der Industriellen Revo-

lution gebraucht. Auch hat die Fähigkeit einer Gesellschaft, dieses Produkt-
potential zu realisieren, nichts Automatisches an sich, denn diese Realisierung setzt eine gründliche Umgestaltung der Eigentumsrechtsstruktur
voraus. Die innerstaatlichen und internationalen Wirren der letzten hundert
Jahre beweisen mehr als deutlich, welches Chaos aus der Spannung zwischen der Technologie der Zweiten Wirtschaftlichen Revolution und der
politischen bzw. wirtschaftlichen Ordnung entstand.

In diesem Kapitel will ich untersuchen, wie die Zweite Wirtschaftliche
Revolution entstand und welche Folgen sie für die Wirtschaftsordnung
hatte, und dann auf die sozialen, politischen und ideologischen Reaktionen
eingehen, die unsere moderne Welt kennzeichnen.

II

Der erste Schritt in der Entstehung der Zweiten Wirtschaftlichen Revolution war die Entwicklung der Naturwissenschaften. Wir haben derzeit keine
überzeugende Erklärung der anfänglichen Entwicklung naturwissenschaftli-
cher Kenntnisse anzubieten. Sicherlich hatte sie etwas mit der Abschwä-
chung der Alleinherrschaft der Kirche auf dem Felde der Ideen über die Beziehung des Menschen zu seiner Umwelt zu tun. Die Reformation war ein
Symptom einer solchen Veränderung der Blickrichtung. Galileo, Koper-
nikus, Kepler und besonders Newton leiteten die Umwälzung in der Auffassung des Menschen von seiner Umwelt ein. Wer bezahlte solche Leute?
Welche Arten von Anreizen zur Entwicklung neuen Wissens gab es? Während der Renaissance gehörte es zum guten Ton, Naturwissenschaftler zu
fördern; aber die systematische Nachfrage nach wissenschaftlicher Erkenntnis ist eine Erscheinung der Moderne und hat zweifellos mit einer zunehmenden Wahrnehmung ihrer Nützlichkeit für die Lösung praktischer
Probleme zu tun. Ein Kennzeichen ihrer Institutionalisierung in Universitäten und anderen Forschungsstätten ist die Berücksichtigung des breiten
Spektrums sozialer Bedarfe. Fortschritte der wissenschaftlichen Erkenntnis
müssen vielfältig und in den verschiedensten Richtungen erfolgen, damit
unsere Fähigkeit, uns die Fortschritte in einem Bereich nutzbar zu machen,
nicht durch Engpässe in einem anderen eingeschränkt wird.

Ein zweiter Schritt, den A. E. Musson, E. Robinson und andere hervor-
hoben, betrifft den geistigen Austausch zwischen Naturwissenschaftlern
und Erfindern während der Industriellen Revolution.[1] Dieser Austausch
trug dazu bei, daß man sich der hohen gesellschaftlichen (und der möglichen
privaten) Ertragsrate einer Vermehrung des Grundlagenwissens stärker be-

---

[1] Siehe Musson, Hrsg. (1972).

wußt wurde; eine Folge hiervon war die Erhöhung öffentlicher und privater Ausgaben für Grundlagenforschung. Die Erkenntnis der zunehmenden Bedeutung der Naturwissenschaften für Erfindungen bewirkte einen Anstieg der Humankapitalinvestitionen. Deutschlands überragende Bedeutung in der chemischen Industrie im späten neunzehnten Jahrhundert rührte zu einem guten Teil von der frühen Ausbildung großer Zahlen von Chemikern her. Schmoockler (1957) zeigt, daß sich das Verhältnis der Zahl der Patentanmeldungen der Einwohner eines Staates und der Zahl der Naturwissenschaftler und Techniker in diesem von 1900 bis 1960 drastisch erhöhte. Am wichtigsten an dieser Entwicklung war der Umstand, daß öffentliche und private Organisationen zu begreifen begannen, daß der Schlüssel zum Erfolg in der Grundlagen- und der angewandten Forschung liegt. Das Ergebnis dieses Erkenntnisvorgangs ist das, was man heute die Erfindungsindustrie nennt.[2]

Ein dritter wichtiger Schritt ist immer noch die Herausbildung von Eigentumsrechten, welche die private Ertragsrate der gesellschaftlichen Ertragsrate annäherten. In früheren Kapiteln habe ich die Bedeutung nicht nur der Patentgesetzgebung, sondern auch der Zunahme ergänzender Gesetze (z. B. Vorschriften über das Berufsgeheimnis), die der Anhebung der privaten Ertragsrate dienten, betont. Die Schaffung von Rechten an geistigem Eigentum warf vielschichtige Fragen der Messung der Dimensionen von Ideen auf ebenso wie komplexe Probleme des Abtausches zwischen einer Erhöhung der privaten Ertragsrate auf Innovationen einerseits und den monopolistischen Handelsbeschränkungen, die infolge der Gewährung ausschließlicher Rechte mit der Zeit entstehen, andererseits. Während die private Ertragsrate infolge besser spezifizierter Eigentumsrechte an Erfindungen und Neuerungen angestiegen ist, wird ein guter Teil der Grundlagenforschung vom Staat finanziert und findet in Universitäten statt – worin sich zeigt, daß die Öffentlichkeit sich der hohen sozialen Ertragsrate wissenschaftlichen Fortschritts zunehmend bewußt ist.

III

Die technischen Durchbrüche, die wesentlich zur Zweiten Wirtschaftlichen Revolution gehören, sind die Entwicklung automatisierter Maschinen, die den Einsatz körperlicher und geistiger Kräfte des Menschen im Produktionsprozeß ablösen, die Erschließung neuer Energiequellen und die fundamentale Umwandlung von Materie.

---

[2] Siehe NELSON, PECK und KOLACHEK (1967), Kapitel 3.

Die erste dieser Entwicklungen ist eine Fortsetzung der Industriellen Revolution und ist zum Teil schlicht das Ergebnis zunehmender Spezialisierung und Arbeitsteilung, die dem Erfinder seine Aufgabe erleichtern, weil er nun eine Maschine erfinden muß, die eine einfache Tätigkeit durchzuführen hat. Eli Whitneys berühmte Vorführung austauschbarer Teile in der Herstellung von Musketen und Henry Fords ebenso berühmtes Förderband zur Erzeugung seines „Model T" sind klassische Beispiele hierfür. Unter den modernen Beispielen bedeutet der Hochgeschwindigkeitsrechner die größte Umwälzung. Seine auffälligste Eigenschaft ist der kontinuierliche Hochgeschwindigkeitsdurchsatz, um Alfred Chandlers (1977) üblichen Ausdruck zu gebrauchen. Er ist eine Reaktion auf Märkte großen Maßstabs, die Ausstöße großer Mengen bewirken.

Die zweite Entwicklung nahm ihren Anfang ebenfalls in der Industriellen Revolution, nämlich mit Watts verbesserter Dampfmaschine; aber in den folgenden zwei Jahrhunderten wurde diese Verbesserung von der Entwicklung des Verbrennungsmotors, der Entdeckung der Elektrizität und der Kernkraft in den Schatten gestellt. Das Ergebnis ist ein Pro-Kopf-Verbrauch von Energie, der weit höher liegt als in der Vergangenheit, als tierische und menschliche Arbeitskraft die Hauptenergiequellen waren.

Die dritte, die Umwandlung von Materie, ist ebenfalls nicht neu. Die Bronzezeit und die Eisenzeit waren Zeitalter, die von Historikern und Anthropologen nach den technischen Durchbrüchen bezeichnet wurden, welche Kupfer, Zinn und Eisen in brauchbare Werkstoffe verwandelten. Die Entwicklung der Bleiche war ein wichtiger chemischer Durchbruch der Industriellen Revolution. Aber die modernen Entwicklungen in den Disziplinen der Chemie, Physik und Mathematik sind ein Quantensprung in der Fähigkeit des Menschen, Materie in brauchbare Werkstoffe und Energie zu verwandeln. Z. B. werden Kohle und Erdöl in Tausende von Gütern verwandelt, die in Aussehen und Beschaffenheit von ihrem Ausgangsmaterial weit entfernt sind. Wesentliche Voraussetzung ist die Verbesserung der wissenschaftlichen Kenntnis der Ursprünge der Materie, die ihre Umgestaltung in andere Stoffe, in Energie und neue genetische Kombinationen erlaubt. Pasteur, Einstein, von Neumann, Crick und Watson sind inzwischen vertraute Namen aus der außerordentlichen wissenschaftlichen Revolution des letzten Jahrhunderts. Eben diese Entwicklung hat den Verlauf der Kurve für das Angebot an Grundlagenwissen verändert und trotz der nie dagewesenen Bevölkerungsexplosion im letzten Jahrhundert anhaltendes Wirtschaftswachstum möglich gemacht.

IV

Die Technologie der Zweiten Wirtschaftlichen Revolution war durch bedeutsame Unteilbarkeiten im Produktionsprozeß mit großen Fixkapitalinvestitionen gekennzeichnet. Die Verwirklichung der möglichen Skalenerträge erforderte kontinuierliche Massenproduktion und -verteilung. Seit J.
M. Clarks *The Economics of Overhead Costs* (1923) und Allyn Youngs klas-
sischem Artikel „Increasing Returns and Economic Progress" (1928) haben
Ökonomen immer wieder die wirtschaftlichen Auswirkungen von Skalenerträgen erörtert.[3] Wirtschaftshistoriker gaben detaillierte Schilderungen der
Mechanisierung in einzelnen Industriezweigen, und vor einigen Jahren
schrieb Chandler folgende Zusammenfassung:

„Die Entstehung der modernen Massenproduktion erforderte grundlegende Veränderungen der Technologie und Organisation von Produktionsprozessen. Die
grundlegenden organisatorischen Neuerungen entsprachen der Notwendigkeit,
den umfangreichen Durchsatz zu koordinieren und zu kontrollieren. Produktivitätssteigerungen und Stückkostensenkungen (oft mit Skalenerträgen gleichgesetzt)
ergaben sich weit mehr aus der Vergrößerung von Umfang und Geschwindigkeit
des Durchsatzes als aus einer Vergrößerung der Fabrik oder des Betriebes. Solche
Einsparungen folgten also eher aus der Fähigkeit, die Bewegung der Materialien
durch den Betrieb zu integrieren und zu koordinieren, als aus größerer Spezialisierung und Arbeitszerlegung innerhalb des Betriebes." (1977, S. 281).

Chandler äußert sich des weiteren folgendermaßen über die Verflechtung
von Massenproduktion und Massendistribution:

„Als die neuen Massenproduktionsindustrien kapitalintensiv und management-
intensiv wurden, erhöhten die daraus resultierende Fixkostensteigerung und der
Wunsch, Maschinen, Arbeiter und Verwaltungsstab weiterhin voll zu beschäf-
tigen, den Druck auf Eigentümer und Manager, ihre Bestände an Rohstoffen und
Halbfertigwaren zu kontrollieren und die Vermarktung und Distribution ihrer
Produkte selbst zu übernehmen. Die Veränderung des Einsatzverhältnisses von
Kapital und Arbeit bzw. von Managern zu Arbeit trug also dazu bei, Bestre-
bungen entstehen zu lassen, innerhalb eines einzigen Industrieunternehmens den
Vorgang der Massendistribution mit dem der Massenproduktion zu verflechten.
Im Jahre 1900 waren bereits in vielen Industriezweigen mit Massenproduktion die
Fabrik, die Anlage bzw. der Betrieb Teil eines viel ausgedehnteren Unterneh-
mens. In arbeitsintensiven, wenig technisierten Industriezweigen hatten die mei-
sten Unternehmen weiterhin nicht mehr als eine oder zwei Fabriken. Aber in den
Industriezweigen, die komplexere, umfangreichere und kapitalintensive Techno-
logien einsetzten, vereinigten die Unternehmen inzwischen in sich nicht nur viele
Betriebseinheiten, sondern auch viele Funktionen. Sie hatten die Vermarktung

---

[3] Eine ausgewogene Erörterung des Themas in wirtschaftshistorischer Sicht bietet
DAVID (1975) in seiner Einführung.

ihrer eigenen Produkte übernommen, ebenso den Verkauf und oft auch die Produktion von Rohstoffen und Halbfertigwaren. Diese Unternehmen taten mehr, als die Bewegung der Güter durch die Produktionsvorgänge zu koordinieren. Sie besorgten die Bewegung von den Rohstofflieferanten durch alle Produktions- und Distributionsprozesse bis zum Einzelhändler oder Letztverbraucher." (1977, S. 282 f.).

Die „Managementrevolution in der amerikanischen Wirtschaft", um den Untertitel von Chandlers Buch zu zitieren, war der Versuch, das Produktionspotential der neuen Technologie zu verwirklichen. Chandler hat überzeugend einen Teil dieses Versuches beschrieben, aber ein anderer Teil der Geschichte fehlt noch; ein wesentlicher Teil der Managementrevolution bestand in dem Bemühen, ein System von Regeln und Sanktionen zur Senkung der Transaktionskosten im Gefolge der neuen Technologie aufzustellen.

Dieses Potential erforderte sowohl berufliche wie räumliche Spezialisierung und Arbeitsteilung in beispiellosem Ausmaß. Je größer Spezialisierung und Arbeitsteilung, umso größer die Zahl der Tauschakte im Produktionsprozeß. Individuelle häusliche Erzeugung bedeutet vollständige vertikale Integration, und bei dieser entfallen, wie in Kapitel 4 erwähnt, jegliche Messungs- oder Kontrollkosten; aber der Preis hierfür ist der entgangene Produktivitätsgewinn aus einer (nicht vorgenommenen) Spezialisierung. Die Zweite Wirtschaftliche Revolution bewirkte genau das Gegenteil. Spezialisierung und Arbeitsteilung ergaben eine exponentielle Vervielfachung der Tauschakte, mit ungeheuren Produktivitätsgewinnen; allerdings ist der Preis hierfür, nämlich die Transaktionskosten dieser Tauschakte, ebenfalls hoch. Offensichtlich übertrafen die Produktivitätsgewinne aus der Spezialisierung die steigenden Transaktionskosten des Prozesses; daher der Quantensprung im Lebenshaltungsniveau, der die moderne westliche Welt in der Geschichte so einzigartig dastehen läßt. Aber die Transaktionskosten, die mit dieser Entwicklung verbunden sind, verschlingen ungeheure Mengen wirtschaftlicher Mittel.

Die historische Statistik ist nicht so aufgebaut, daß sie Spezialisierung und Arbeitsteilung im einzelnen wiedergibt, aber die Verschiebung im Verhältnis von Arbeitern und Angestellten läßt gewisse Schlüsse zu. Zwischen 1900 und 1970 stieg das Arbeitskräftepotential der USA von 29 auf 80 Millionen Menschen. Die Zahl der Handarbeiter stieg von 10 auf 29 Millionen, die der Angestellten von 5 auf 38 Millionen (Historical Statistics Series D 182, 183, 189). Aber das ist noch nicht alles. Wenn Koordination und Integration des Produktionsprozesses inzwischen einen stetig wachsenden Teil der Arbeitskräfte in gewerblichen Unternehmen in Anspruch nahmen, so begünstigte die Zweite Wirtschaftliche Revolution ebenso die Spezialisierung einer steigenden Anzahl von Unternehmen auf Transaktionen zwischen Erzeugern und Verbrauchern. Von 1860 bis 1960 stieg die Beschäftigung im Handel doppelt so rasch wie die Zahl der Arbeitskräfte insgesamt. Eine auf Kontrollaufgaben, nämlich Buchhaltung und Buchprüfung, spezialisierte Berufsgruppe wuchs von 2300 Mitgliedern im Jahre 1900 auf 712.000 im Jahre 1970 an (Historical Statistics Series D 235). Im selben Zeitraum stieg die Zahl der öffentlichen Angestellten von einer Million auf 12,5 Millionen (Historical Statistics Series D 131).

Chandler kommentiert die Transaktionskostenprobleme im Zusammenhang mit der neuen Technologie. Wie kann man Tauschbeziehungen als „Hochgeschwindigkeitsdurchsatz" ausdrücken und messen? Während Chandler zu verstehen gibt, daß vertikale Verflechtung die Antwort wäre, sollte doch einerseits klar sein, daß auch dann noch auf jeder Stufe des Produktionsprozesses eine Messung notwendig ist, wie auch, daß man vor der zusätzlichen Schwierigkeit der Überprüfung der Einsätze steht. Die Probleme der Qualitätskontrolle auf jeder Stufe des länger werdenden Produktionsvorgangs und die zunehmenden Probleme der Arbeitsdisziplin und der Bürokratie waren die Begleiterscheinungen dieser radikalen Veränderung der Produktion. Ein guter Teil der Technologie war zu dem Zweck entwickelt, die dazugehörigen Transaktionskosten zu senken: durch Substitution der Arbeit durch Kapital, durch Verminderung der Freiheitsgrade des Arbeiters im Produktionsvorgang oder durch automatische Messung der Qualität der Zwischenprodukte.[4]

Die eigentlichen Probleme waren erstens das Problem der Messung von Einsätzen und Ausstößen derart, daß man den Beitrag einzelner Faktoren und den Ausstoß sowohl in den einzelnen Produktionsphasen wie auch nach Abschluß des Prozesses messen konnte. Auf der Einsatzseite gab es kein allgemein anerkanntes Maß des Beitrags eines individuellen Einsatzes; dementsprechend konnte man sich über die daraus folgende Bezahlung von Faktoren streiten. Auf der Ausstoßseite fielen nicht nur Nebenprodukte, die keinen Preis hatten, an (wie Abfälle, Schadstoffe), sondern auch die schwierig zu ermittelnden Kosten der Spezifikation der gewünschten Eigenschaften der Güter oder Dienstleistungen, die in jeder einzelnen Phase des Produktionsvorgangs erzeugt wurden.

Das zweite Problem bestand darin, daß die großen Fixkapitalinvestitionen, die langlebig waren und einen geringen Alternativverwendungswert (Verschrottungswert) hatten, Tauschbeziehungen und vertragliche Übereinkünfte erforderten, die sich über große Zeiträume erstreckten. Während dieser Zeiten bestand Unsicherheit über die Preise und Kosten, und es boten

---

[4] Chandler erörtert die Ausbreitung der wissenschaftlichen Unternehmensführung, S. 272–281. Der Hochgeschwindigkeitsrechner ist die bemerkenswerteste technische Veränderung, welche die Transaktionskosten senkte.

sich reichlich Gelegenheiten zu opportunistischem Verhalten auf Seiten des einen oder des anderen Tauschpartners.

Infolgedessen kam es zunächst zu einer Kostensteigerung bei der Qualitätsmessung des Ausstoßes. Die Ausweitung des Produktionspotentials löste einerseits einen Quantensprung im Pro-Kopf-Verbrauch von Gütern und Dienstleistungen aus, andererseits erzeugte sie eine vergleichbare Steigerung der Messungen der Qualität der erzeugten Güter und Dienstleistungen. Sortierung, Klassifizierung, Kennzeichnung, Warenzeichen, Garantien und Lizenzen sind alles kostspielige Verfahren zur Messung der Eigenschaften von Gütern und Leistungen.[5] Und doch zeigt sich, wo immer man hinschaut, trotz der Aufwendungen für die Messung der „Qualität" von Gütern und Leistungen die Fehlverwendung von Einkommen nur allzu deutlich: in den Schwierigkeiten, Automobilreparaturen zu messen, in der Beurteilung der Gebrauchssicherheit von Produkten oder der Qualität medizinischer Dienstleistungen, in der Messung der Ausstöße unseres Bildungswesens. Wir haben Konsumentenberatungseinrichtungen wie amtliche oder halbamtliche Testzeitschriften und Handelskammern und andere Berufsvereinigungen zur Kontrolle der Qualität. Eine wichtige politische Folge hiervon ist die Nachfrage nach staatlicher Intervention zur Festlegung von Qualitätsstandards.

Zweitens erlaubte die Produktion in Arbeitsgruppen auch Skalenerträge, doch nur um den Preis vermehrter Drückebergerei. Die „Disziplin" des Fabriksystems ist nichts weiter als der Versuch, das Problem der Kontrolle der Drückebergerei in einer Gruppenproduktion zu bewältigen. Vom Standpunkt des Arbeitgebers aus bestand die Disziplin in Regeln, Vorschriften, Anreizen und Strafen. Neuerungen wie der Taylorismus waren Verfahren der industriellen Leistungsmessung. Vom Standpunkt des Arbeitnehmers aus waren sie unmenschliche Methoden zur Arbeitsbeschleunigung und Ausbeutung. Da man sich auf kein Maß des Ausstoßes einigte, das dann die vertragsgemäße Leistung bestimmt hätte, hatten beide Seiten recht.

Überdies erhöhten sich gleichermaßen auch die potentiellen Gewinne aus opportunistischem Verhalten, was sogenanntes strategisches Verhalten sowohl innerhalb des Unternehmens (z. B. in den Beziehungen zwischen Arbeitgeber und Arbeitnehmer) wie auch im Vertragsverhalten zwischen Unternehmen zur Folge hatte. Überall, auf Produkt- wie auf Faktormärkten, eröffnete eine Nichterbringung von Leistungen oder eine Änderung von Vertragsbedingungen an strategischen Punkten erhebliche Gewinnmöglichkeiten. Vertikale Verflechtung, horizontale Verflechtung, Garantieverpflichtungen der Teilnehmer und dergleichen sollten derlei Machenschaften unter-

---

[5] Siehe BARZEL (1982) und McMANUS (1975) für weitere Ausführungen über die Kosten der Qualitätsmessung von Ausstößen.

binden; und die häufiger werdenden Ersuchen an den Staat, als dritter Partner von Verträgen zu fungieren, trugen nicht unerheblich zur Ausweitung der staatlichen Interventionen (bzw. der Regulierung) bei.[6]

Außerdem ließ die Entwicklung der Großorganisation die bekannten Bürokratieprobleme entstehen. Wenn die Vervielfachung von Regeln und Vorschriften innerhalb großer Organisationen ein Verfahren zur Verminderung von Drückebergerei und Opportunismus ist, so sind die Verluste, die durch den Leerlauf der Bürokratie entstehen, nur allzu bekannt; wir brauchen darauf hier nicht näher einzugehen.

Schließlich gab es die externen Effekte: Die nicht in Geld ausgedrückten Nutzen und Kosten, die eine Folge der Anwendung dieser neuen Technologie waren, sind uns ebenso vertraut. Die Vergrößerung des Unternehmens war eine Methode, die in Geld veranschlagten Nutzen zu internalisieren (Davis und North, 1971). Die nicht in Geld veranschlagten Kosten zeigen sich in der gegenwärtigen Umweltkrise, in der die Probleme ihrer Messung und Verminderung sowohl die freiwillige Ordnung verändert als auch eine weitere Zunahme der Staatsintervention im zwanzigsten Jahrhundert bewirkt haben. William Baumols *Welfare Economics and a Theory of the State* (1952) war ein früher Versuch, die zunehmende Staatsintervention mit externen Kosten in Verbindung zu bringen.

Die anschwellende moderne Literatur zur Industrieorganisation bietet uns zahlreiche Belege für organisatorische Neuerungen mit dem Zweck einer Transaktionskostensenkung. Aber die Zunahme von Spezialisierung und Arbeitsteilung erfolgte sowohl nach Berufen wie auch nach räumlichen Kriterien. In gleichem Maße, wie die neue Technologie Transport- und Informationskosten senkte, bewirkte sie eine regionale, nationale und internationale Spezialisierung, die Märkte entstehen ließ, welche weltweit auf Angebots- und Nachfrageveränderungen reagieren, pflanzte sie Veränderungen der wirtschaftlichen Bedingungen weltweit fort und begünstigte sie einen Opportunismus internationalen Ausmaßes. Infolgedessen wurde es einträglicher, zum Schutz von Gruppen vor Marktinstabilitäten und internationalem Opportunismus sich des Staates zu bedienen. Politische Instabilität und wirtschaftliche Abhängigkeit waren der Preis der Spezialisierung.

V

Die Zweite Wirtschaftliche Revolution leitete eine Zeit einzigartigen Wohlstandes in der westlichen Welt ein. Sie erzeugte aber auch eine massive Re-

---

[6] Genauer zu dieser Behauptung siehe GOLDBERG (1976).

aktion gegen Marktwirtschaften und gegen die Verwendungsbestimmung von Produktionsmitteln durch den Markt. Die Arbeiterbewegungen, die ins Leben traten, waren in England und Kontinentaleuropa überwiegend sozialistisch und kommunistisch und spielten eine bedeutende Rolle bei der Entstehung sozialistischer und kommunistischer Staatswesen und politischer Parteien in diesen; Bauern- bzw. Agrarvereinigungen haben, soweit sie die Marktwirtschaft nicht überhaupt ablehnen, zumindestens erfolgreiche Bewegungen angeführt, um sich vor Wettbewerb zu schützen; Länder der Dritten Welt haben wenig Begeisterung für die Allokation von Produktionsmitteln durch den Markt gezeigt; und selbst in Ländern, die weitgehend Marktwirtschaften blieben, bringt die Zunahme von Staatstätigkeit eine gründliche Veränderung im Kontrollmechanismus ihrer politischen Systeme und dementsprechende Veränderungen in der Struktur ihrer Wirtschaftsordnungen zum Ausdruck. Was sind die Gründe für diese Selbstzerstörungstendenz des marktwirtschaftlichen Systems?

Es ist klar, daß der Staat für kurze Zeit in den Händen von Gruppen war, deren Eigeninteresse die Ausweitung der über den Markt erfolgenden Allokation von Produktionsmitteln begünstigte. Dies war Gegenstand der letzten zwei Kapitel. Ebenso klar ist, daß sich dann Gruppen des Staates bemächtigten, die eine Beseitigung oder zumindestens Verminderung der Allokation über den Markt befürworteten. Im Folgenden führe ich zwei Hypothesen zur Erklärung dieses Wandels an; beide haben ihren Ursprung in der Spezialisierung bzw. Arbeitsteilung, die, wie wir sahen, die unumgängliche Folge der Zweiten Wirtschaftlichen Revolution war. Die eine Hypothese ist die, daß der Marktwettbewerb weitgehende Entfremdung bewirkte, weil die spezifischen Merkmale der Tauschbeziehungen einzelnen Gruppen genügend Energie verliehen, um das Schwarzfahrerproblem zu meistern und sich des Staates (zumindestens teilweise) zu bemächtigen; die andere ist die, daß der Marktwettbewerb die Interessengruppen bewog, sich vor seinen Folgen dadurch zu schützen, daß sie den Staat zur Veränderung von Eigentumsrechten und dadurch zur Verminderung des Wettbewerbsdrucks einsetzten. Die erste Hypothese ist vor allem aus der beruflichen, die zweite aus der geographischen Arbeitsteilung abgeleitet, die ja beide zur Zweiten Wirtschaftlichen Revolution gehören. Betrachten wir sie nacheinander.

Der erste, der überzeugend argumentierte, daß eine marktwirtschaftlich geordnete Gesellschaft dazu neige, sich selbst zu zerstören, war Karl Polanyi in *The Great Transformation* (1957). Er behauptete, daß die marktwirtschaftliche Gesellschaft, welche in der westlichen Welt im neunzehnten Jahrhundert vorherrschte, von vornherein instabil war, weil die Verwandlung von Boden, Arbeit und Geld (über den internationalen Goldstandard) in Waren das soziale Gefüge zerstörte. Es ist der Mühe wert, ihn in seiner anschaulichen Sprache zu zitieren, um seine Kritik der Marktwirtschaft besser würdigen zu können.

„Wollte man allein den Marktmechanismus die Schicksale der Menschen und ihrer natürlichen Umgebung bestimmen lassen, ja auch nur die Höhe und Verwendung ihrer Kaufkraft, so würde das zur Zerstörung der Gesellschaft führen. Denn die angebliche Ware ‚Arbeitskraft' kann nicht herumgeschoben oder unüberlegt eingesetzt werden oder auch nur ungenutzt bleiben, ohne daß auch das menschliche Wesen, das zufällig diese besondere Ware verkörpert, betroffen wird. Mit der Verfügung über die Arbeitskraft eines Menschen würde das System ja wohl oder übel auch über das physische, psychische und moralische Wesen ‚Mensch', das zu dieser Bezeichnung gehört, verfügen. Des Schutzkleides zivilisatorischer Institutionen beraubt, würden Menschen an den Auswirkungen ihres gesellschaftlichen Ausgesetztseins zugrundegehen; sie würden als die Opfer akuter sozialer Störungen an Lastern, Perversionen oder Verbrechen zugrundegehen oder Hungers sterben. Die Natur würde wieder in ihren Urzustand zurücksinken, menschliche Gemeinschaften und Landschaften würden besudelt, Flüsse verschmutzt, die militärische Sicherheit gefährdet, die Fähigkeit, Nahrungsmittel und Rohstoffe zu erzeugen, vernichtet. Schließlich würde die Manipulation der Kaufkraft über den Markt periodisch Unternehmen zugrundegehen lassen, denn Knappheiten ebenso wie Überangebote von Geld würden sich auf das Wirtschaftsleben ebenso verheerend auswirken wie Überschwemmungen und Dürre in primitiven Gesellschaften. Zweifellos *sind* Märkte für Arbeit, Boden und Geld für eine Marktwirtschaft unentbehrlich. Aber keine Gesellschaft könnte die Auswirkungen eines solchen Systems plumper Fiktionen auch nur kürzeste Zeit hindurch aushalten, wenn nicht ihre menschliche und natürliche Substanz wie auch ihr Wirtschaftsleben vor den Verheerungen dieses satanischen Systems geschützt wird." (1957, S. 73).

Polanyis Kritik liegt auf der Linie von Durkheim und Weber; allerdings war Polanyi derjenige, der die Zerstörungswirkungen des „nicht-regulierten Marktes" in Hinsicht auf die dadurch bewirkte Instabilität am eindringlichsten beschrieb. Im Gegensatz zu seiner griffigen Sprache ist seine Analyse jedoch vage, ungenau und zuweilen einfach nicht vorhanden. Er betont, daß es der Staat war, der den unpersönlichen Markt schuf; aber an keiner Stelle bietet er eine Theorie des Staates, die entweder dessen Einrichtung von Eigentumsrechten oder die Art und Weise der Einflußnahme von Gruppen auf den Staat zum Zweck der Beseitigung des „sich selbst regulierenden Marktes" erklärt; er beschreibt anschaulich die Zerstörung des sozialen Gefüges, ohne eine Theorie der Ideologie anzubieten; und er identifiziert die nicht über den Markt erfolgende Allokation von Produktionsmitteln mit sozialen, also nicht-ökonomischen Zielen, während sie in Wirklichkeit häufig aus Bemühungen um eine Senkung von Transaktionskosten entstand, wie das im letzten Abschnitt dieses Kapitels beschrieben wurde. Aber im Grunde trügt Polanyi sein Gefühl nicht, und er liefert die Schlüsselvorstellungen, anhand derer eine theoretische Rekonstruktion möglich ist.

Wir können Polanyi zunächst einmal darin zustimmen, daß eine Veränderung der staatstragenden Gruppe das Ende der (im letzten Kapitel beschriebenen) Beschränkungen auf Faktor- und Produktmärkten herbeiführte. Die Schaffung unpersönlicher Faktor- und Produktmärkte großen Zuschnitts war wesentliche Voraussetzung für die Verwirklichung des Produktionspotentials der Zweiten Wirtschaftlichen Revolution. Aber der Preis, der hierfür bezahlt wurde, war massive ideologische Entfremdung. Wir müssen nur zu dem Dilemma zurückgehen, das sich zu Beginn von Kapitel 5 (über Ideologie) stellte, um an den Kern dieser Frage zu rühren. Die Stabilität jeder Gesellschaft setzt einen ideologischen Überbau voraus, der die Spielregeln legitimiert.

Der personenbezogene Tauschverkehr, den Kapitel 4 im Zusammenhang mit Transaktionskosten beschrieb, minimierte die Gewinne aus Drückebergerei und Opportunismus sowohl durch die Wiederholung der Tauschakte wie durch den persönlichen Kontakt. Außerdem hatte dieser Tauschvorgang auch eine sozialethische Komponente der Billigkeit der Regeln und Eigentumsrechte. Die Wechselseitigkeit verfestigte diese Verhaltensnormen noch, aber es wäre falsch, die „Konsens"-Ideologie, die den persönlichen Tauschverkehr überlagerte, als bloße Wechselseitigkeit abzutun. Es ging hier vielmehr um eine Lebensweise, und unter deren Bedingungen gab es nur ein Minimum an formalen Regeln für den Tauschverkehr und dessen Kontrolle.

Im Unterschied hierzu begünstigte der Tauschprozeß des unpersönlichen Marktes zuallererst unterschiedliche Wahrnehmungen der Wirklichkeit, die ihrerseits verschiedene, einander widersprechende Ideologien entstehen ließen. Die Erfahrungen des Arbeiters waren die, daß er und seine Kollegen zunehmend der persönlichen Bindungen untereinander verlustig gingen, die eine gemeinsame Wertbasis geschaffen hatten. Formlose Abmachungen mußten durch formale Verträge ersetzt werden; die Struktur, die der unpersönliche Markt dadurch erhielt, begünstigte genau jene Verhaltenseigenheit, die sich Hobbes als Dilemma stellte. Das heißt, es wurde ein System von Vorschriften zur Regelung des Verhaltens im Markttausch geschaffen; gleichzeitig aber ließ der Markt Bedingungen entstehen, unter denen die Mißachtung dieser Vorschriften sehr gewinnbringend war. Diejenigen, deren Verhalten durch die Konsens-Ideologie des persönlichen Tausches beschränkt wurde, erkannten bald, daß sie in dieser neuen Umgebung, in der ein Maximierungsverhalten der Tauschpartner sehr gewinnbringend war, übervorteilt wurden. Der unpersönliche Marktwettbewerb trug einen Zug grundsätzlicher Gegnerschaft in den Tauschvorgang herein. Traditionelle Statusbeziehungen, ein „gerechter Ertrag", Ehrlichkeit und Anstand wurden von grundsätzlichem Konflikt über die Austauschbedingungen abgelöst. Insbesondere löste die Unmöglichkeit, die individuelle Arbeitsleistung in einer Gruppenproduktion zu messen, einen Konflikt darüber aus, was eigentlich Drückebergerei sei, wenn man übermäßig zur Arbeit angetrieben wurde.

Es ist nicht weiter erstaunlich, daß in einer solchen Umgebung Marx eine Theorie der Geschichte auf der Vorstellung des Klassenkampfes aufbauen konnte, mit der Technologie als exogener Variable; oder daß J. A. Schumpeter behaupten konnte, daß gerade der Erfolg des Kapitalismus eine ideologische Entfremdung zur Folge hätte, die seinen eigenen Untergang herbeiführen würde. Aber was in Schumpeters und Polanyis Analysen fehlt und von Marx und seinen Anhängern nur unvollständig und unzulänglich behandelt wird, ist eine theoretische Lösung des Schwarzfahrerproblems derart, daß Gruppen, die den politischen Prozeß zur Sicherung ihrer eigenen Austauschbedingungen einzusetzen trachten, sich des Staates (zumindest teilweise) bemächtigen.

Die Ausbildung des Klassenbewußtseins in Großbritannien bzw. in ganz Europa im neunzehnten Jahrhundert war ein Lieblingsthema der Sozialhistoriker, und die ideologischen Standpunkte vieler Marxisten unter ihnen ermöglichten echte Erkenntnisse über den Vorgang der Entfremdung der Arbeiter. Die von Marx so sehr betonte Feststellung, das Bewußtsein des einzelnen werde wesentlich durch seine Beziehung zur Produktionsweise geprägt, bleibt ein wichtiger Beitrag. Die Entstehung eines unpersönlichen Arbeitsmarktes zerriß die traditionellen ideologischen Bindungen des Arbeiters, bewog ihn dazu, seine Interessen mit denen der anderen Arbeiter zu identifizieren und gemeinsam Front gegen die Arbeitgeber zu machen. Um Charles Tilly zu zitieren: Marxens Bericht über die „Klassenkämpfe in Frankreich hat sich über all die Zeit recht gut gehalten" (1969, S. 13). Die Abfolge der Bewegungen vom Luddismus über die Chartisten bis zur Labour Party bringt den Wandel der ideologischen Position der englischen Arbeiterklasse zum Ausdruck. Auf dem Kontinent entsprach die später einsetzende Entwicklung eines Klassenbewußtseins der Verzögerung der Ausbreitung von unpersönlichen Arbeitsmärkten; aber trotz ihrer verschiedenen Ursprünge bilden sich ähnliche Protestmuster heraus.[7] Allerdings nahm Marx auf dem Kontinent weit größeren Einfluß auf die ideologische Ausrichtung des Arbeiters als in England.

Die Folgen beruflicher Spezialisierung und Arbeitsteilung waren der Abbruch zwischenmenschlicher Beziehungen und persönlicher Bindungen, auf denen die Konsens-Ideologie aufgebaut war, und die Entstehung mehrerer Ideologien, die von den neuen, einander widersprechenden Wahrnehmungen der Wirklichkeit ausgingen, welche im Umfeld beruflicher Spezialisierung möglich geworden waren. Die Entfremdung bewog Gruppen, sich

---

[7] Siehe RIMLINGER (1960). Des weiteren siehe TILLY (1975).

um die Teilhabe an der Staatsmacht zu bemühen, um so ihre Austauschbedingungen verändern zu können.

Im Gegensatz hierzu besagt die zweite Hypothese, daß die Selbstzerstörungstendenz des Marktsystems aus der vorgegebenen Instabilität des Wettbewerbs herrühre, die aus der Senkung der Transaktionskosten folgte, welche ihrerseits zur regionalen, nationalen und internationalen Spezialisierung und Arbeitsteilung geführt hatte. Dieser Wettbewerb löste seinerseits heftige Schwankungen in den Austauschbedingungen (und auf den Arbeitsmärkten Arbeitslosigkeit) aus und bewog Interessengruppen, Mittel darauf zu verwenden, die Politik des Staates im Sinne einer Verminderung des Wettbewerbsdrucks beeinflussen oder überhaupt bestimmen zu können. Was die Agrarinteressen angeht, so kam die Aktion großer Gruppen durch die tiefe Überzeugung zustande, daß der Bauer ein Opfer der ungünstigen Austauschbedingungen eines Industriesystems sei. In der gewerblichen Produktion beseitigte der neue Wettbewerb bestehende lokale Monopole und bewirkte den Versuch einer Einflußnahme auf den Staat. In der marxistischen Literatur wird dies häufig als der Klassenkampf einer aufstrebenden Bourgeoisie um die Beseitigung der politischen Vorherrschaft der Grundbesitzerklasse — wie in dem Kampf um die Aufhebung der englischen Corn Laws — gesehen; diese Akzentuierung lenkt jedoch von der Tatsache des überall und immer tobenden Kampfes grundbesitzender Schichten um die Einschränkung des Wettbewerbs ab. Zwar eroberte der Freihandel ganz Europa, doch nur für kurze Zeit. Er wurde rasch von anderem abgelöst — nicht nur durch Wiedererrichtung von Handelsschranken gegen Wettbewerb von außen, sondern ebensosehr durch Bemühungen, den Marktwettbewerb im Innern einzuschränken.

VI

Der Strukturwandel in den westlichen Volkswirtschaften im letzten Jahrhundert als Folge der Zweiten Wirtschaftlichen Revolution ist Gegenstand einer Überfülle sozialwissenschaftlicher Untersuchungen. Manche davon haben ganz erheblich zum Verständnis des Problems beigetragen, aber keine Darstellung war vollständig; und wegen ideologischer Differenzen und der Abschottung akademischer Disziplinen voneinander fehlt ein umfassender Überblick über diesen Strukturwandel bis heute.

Die neoklassische Theorie hat die Produktivitätswirkungen dieser Revolution in einem Modell mit Transaktionskosten von null erfaßt und genauer ausgeführt, in den letzten Jahren auch die Bedeutung positiver Transaktionskosten für Fragen der Wirtschaftsordnung untersucht. Es gelang ihr aber nicht, sich mit den ideologischen Konsequenzen auseinanderzusetzen, und deshalb konnte sie auch nicht mehr als eine oberflächliche Theorie des politischen Prozesses bieten. Die neuen Wirtschaftshistoriker, deren Untersuchungen auf neoklassischer Theorie aufbauen, haben über den Strukturwandel in der Geschichte wenig zu sagen; selbst die Literatur über positive Transaktionskosten findet erst jetzt in die wirtschaftshistorische Forschung Eingang.

Die Stärke der Marxschen Analyse bestand darin, daß sie den Strukturwandel und die Spannung zwischen dem Produktionspotential einer Gesellschaft und der Struktur ihrer Eigentumsrechte in den Mittelpunkt stellte; aber die Betonung der Klassenunterschiede hat vom Konflikt innerhalb einer Klasse, wie er durch eine Wirtschaftsordnung vorgegeben ist, abgelenkt. Der gravierendste Mangel der Marxschen Analyse bestand jedoch darin, daß sie die Probleme der Entfremdung als Folgen des Kapitalismus ansah statt zu erkennen, daß diese Probleme vorgegebene organisatorische Auswirkungen der Zweiten Wirtschaftlichen Revolution sind. Drückebergerei, Opportunismus und externe Effekte nehmen in der Sowjetunion und anderen sozialistischen Ländern genauso überhand wie in kapitalistischen Wirtschaften. Die weit verbreitete Auffassung westlicher Marxisten, daß die Sowjetunion kein sozialistisches Land sei, ist im Grunde eine Verkennung des Wesens der modernen Ordnungskrise.

Die Soziologie in der Tradition von Durkheim bis Talcott Parsons erkannte die zerstörenden Wirkungen der modernen Sozialordnungen. Parsons' *The Structure of Social Action* (1937) war ein bahnbrechender Versuch, sich mit vielen der hier angeschnittenen Fragen auseinanderzusetzen, aber Parsons gelang es nicht, das Schwarzfahrerproblem zu lösen und ein in sich geschlossenes Theoriegebäude zu errichten. Ebensowenig entwickelte die Politikwissenschaft eine Staatstheorie, obwohl sie das Vordringen des Pluralismus, also die Beherrschung des politischen Prozesses durch vielfältige Interessengruppen, untersuchte.

Und schließlich kommen wir zu Karl Polanyi zurück. Der sich selbst regulierende Markt, von dem seiner Meinung nach alles moderne Übel seinen Ausgang nahm, leitete sich aus dem unpersönlichen Arbeitsmarkt, dem unpersönlichen Grundstücksmarkt und dem Goldstandard her. Alle drei sind entweder verschwunden oder haben ihre Struktur so verändert, daß sie keine Ähnlichkeit mit der Beschreibung haben, die Polanyi von ihnen für das neunzehnte Jahrhundert gibt. Aber die Folgen haben wenig Ähnlichkeit mit Polanyis vorsichtig optimistischer Deutung solchen Wandels. Die pluralistische Verankerung von Staatsmacht, die aus dem Kampf von Arbeitern, Bauern und Unternehmergruppen hervorging, bewirkte die Zerstörung der früheren Struktur von Eigentumsrechten und ersetzte sie durch einen politisch geführten Kampf um die Umverteilung von Einkommen und Vermögen, der auf Kosten des Effizienzpotentials der Zweiten Wirtschaftlichen Revolution ging. Dieser Kampf ließ aber keineswegs ein neues ideologisches Gefüge der Gesellschaft entstehen, in dem die organisatorischen Spannungen nunmehr aufgehoben wären.

Die Erosion des Goldstandards seit 1914 und insbesondere seit den dreißiger Jahren unseres Jahrhunderts bedeutete den Verlust der nominellen Verankerung der Geldmenge und damit auch der Kräfte, welche Veränderungen im Preisniveau hintanhielten. Infolgedessen ist die Manipulation der Geldmenge durch konkurrierende Interessengruppen ein gewichtiger Destabilisierungsfaktor in der modernen Welt geworden.[8]

Polanyi schließt: „Sozialismus ist im wesentlichen die einer Industriegesellschaft innewohnende Tendenz, den sich selbst regulierenden Markt dadurch zu überwinden, daß er bewußt einer demokratischen Gesellschaft untergeordnet wird" (1957, S. 324). Trotz seiner scharfsichtigen Untersuchung der Fragen verkannte auch Polanyi die Zweite Wirtschaftliche Revolution.

---

[8] Siehe BARRO (1979).

Kapitel 14

Struktur und Wandel in der amerikanischen Wirtschaft 1789–1914

I

Alle Wirtschaften der westlichen Welt erfuhren als Folge der Zweiten Wirtschaftlichen Revolution einen grundlegenden Strukturwandel. Während die politisch-wirtschaftlichen Ausgangsstrukturen ganz verschieden waren, wirkten die nachfolgenden Veränderungen alle in Richtung einer Erhöhung des Staatseinflusses. Der Fall der USA ist nur in seinen Ursprüngen einzigartig.

Das Wachstum des Staatseinflusses bestand nicht nur in einer Steigerung des Staatseinkommens als Bruchteil des Bruttosozialprodukts; es ging dabei zugleich um eine Erweiterung der Gruppen, die am Prozeß der staatlichen Willensbildung mitwirkten (Pluralismus), eine Veränderung in der Menge der Beschränkungen, welche die Wirtschaftsstruktur spezifizierten, und eine Veränderung im Ansatzpunkt dieser Beschränkungen.

Unter den Annahmen des in Teil I dargestellten und in den historischen Kapiteln des Teiles II dieses Buches bislang ausgeführten analytischen Gerüsts kann es kaum überraschen, daß der Staatssektor wuchs; es ist viel erstaunlicher, daß es eine kurze Zeitspanne gab, in der die Rolle des Staates relativ so stark eingeschränkt war. Die amerikanischen Kolonien waren in der außergewöhnlichen Lage, von England nicht nur das System von Eigentumsrechten (und des Common Law), das dort entstanden war, zu übernehmen, sondern auch das tiefliegende Mißtrauen gegenüber einem starken Staat, das auf die Englische Revolution zurückgeht; die Amerikanische Revolution und das Verhalten der Einzelstaaten selbst während der Zeit der Konföderation schürten dieses Mißtrauen noch. Das vorliegende Kapitel berichtet, wie die Väter der amerikanischen Verfassung versuchten, den Staat unter Kontrolle zu halten, und wie diese Kontrolle schließlich versagte. Man könnte versucht sein, diese Geschichte bis zum Ende der Großen Depression zu verfolgen, denn gerade dieses Ereignis assoziiert man typischerweise mit dieser Strukturänderung; aber eine solche Auffassung ist schlichtweg unrichtig. Die Vorarbeiten für die Veränderung waren sowohl in den USA wie auch in anderen Teilen der westlichen Welt schon vor dem Ersten Weltkrieg geleistet; die Große Depression war eine bloße Episode, die freilich unmittelbarer Anlaß für die Beschleunigung dieser Umgestaltung wurde. Das Versagen der Ökonomen und Wirtschaftshistoriker bei der Analyse des Strukturwandels ließ sie die Wirtschaftsgeschichte des zwanzigsten Jahrhunderts fehldeuten.[1]

II*

Ich untersuche zunächst die Verfassungsstruktur, die den Vätern der amerikanischen Verfassung vorschwebte. James Madison behauptete, daß es immer zahlreiche, einander widerstreitende Eigentümerinteressen gebe und daß die mörderischen Kämpfe zwischen diesen – wenn sie nicht unter Kontrolle gehalten würden – das politisch-wirtschaftliche System zerstören könnten. Gruppen (Besitzender oder Besitzloser) mit unterschiedlichen Interessen, die die Möglichkeit einer politischen Umstrukturierung von Eigentumsrechten hätten, würden sich dieser Möglichkeit bedienen, um Vermögen und Einkommen auf Kosten anderer und auch auf Kosten der Lebensfähigkeit des Systems umzuverteilen.

Madisons *Federalist Paper No. 10* behandelte ausführlich das grundlegende Dilemma aller politischen Systeme. Es lohnt, dies wieder zu lesen:

„Die üblichste und dauerhafteste Ursache von Parteiungen ist die unterschiedliche und ungleiche Verteilung von Eigentum. Die Besitzenden und die Nichtbesitzenden haben immer verschiedenen gesellschaftlichen Interessengruppen angehört. Für Gläubiger und Schuldner gilt eine ähnliche Unterscheidung. Interessengruppen der Grundbesitzer, der Gewerbetreibenden, der Händler, der Rentiers, und dazu viele weniger bedeutende Interessengruppen entstehen in zivilisierten Staaten mit Notwendigkeit und unterteilen diese in verschiedene Klassen, die von unterschiedlichen Empfindungen und Ansichten beherrscht werden. Die Beherrschung dieser vielfältigen und einander widerstreitenden Interessen bildet die Hauptaufgabe der modernen Gesetzgebung und trägt den Geist der Parteiung und Interessengruppierung in die notwendigen und gewöhnlichen Staatsgeschäfte herein. ...

Der Schluß, zu dem wir kommen, ist der, daß die Ursachen der Parteiung nicht beseitigt werden können und daß der Versuch, dagegen Abhilfe zu schaffen, bei der Kontrolle ihrer Auswirkungen ansetzen muß.

---

[1] Hughes (1977) und Anderson und Hill (1980) sind von diesem allgemeinen Vorwurf ausgenommen.

* Dieser Abschnitt stützt sich auf North (1978).

Wenn eine Partei weniger als die Mehrheit umfaßt, dann kann das republikanische Prinzip Abhilfe schaffen, das es der Mehrheit ermöglicht, die verderblichen
Meinungen durch Abstimmung unschädlich zu machen. Sie mag die Verwaltung
aufhalten, sie mag die Gesellschaft erschüttern; aber sie wird nicht imstande sein,
zur Gewalt zu greifen, schon gar nicht im Kleide der Verfassungsmäßigkeit. Wenn
andererseits eine Partei die Mehrheit in sich vereinigt, so ermöglicht ihr die Staatsform der Volksherrschaft, ihrer beherrschenden Leidenschaft bzw. ihrem eigenen
Interesse das öffentliche Wohl und die Interessen anderer Bürger aufzuopfern.
Das öffentliche Wohl und private Rechte vor der Gefahr einer solchen Partei zu
schützen und zugleich Geist und Form der Volksherrschaft zu bewahren, ist also
das große Ziel, auf das unsere Untersuchungen ausgerichtet sind." (1937, S. 87 f.).

Das politische Gebilde, das Madison bei der Verfassungskonvention errichten half, war ausdrücklich auf die Verhinderung einer Parteienherrschaft
ausgerichtet. Er wollte es für Gruppen der Gesellschaft unprofitabel machen, sich um eine Umverteilung von Vermögen und Einkommen im Wege
des politischen Prozesses zu bemühen. Es wurde ein Kontroll- und Ausgleichssystem entworfen, um für jede Partei, egal ob Mehrheit oder Minderheit, eine Verwendung des politischen Systems in diesem Sinne äußerst
kostspielig werden zu lassen. Die Dreiteilung der Staatsorgane − in Exekutive, Legislative und Justiz −, die weitere Trennung zwischen den zwei
Häusern der gesetzgebenden Körperschaft und die Verteilung der Regierungsgeschäfte auf die drei Ebenen des Bundesstaates, der Einzelstaaten und
der Gemeinden hatten alle den Zweck, die Umgestaltung von Eigentumsrechten in Hinblick auf eine Umverteilung von Vermögen und Einkommen
sehr zu erschweren.[2]

John Marshall, den Obersten Richter des Obersten Gerichtshofs der USA
von 1801 bis 1835, beschäftigte das Problem der Unsicherheit, der die
Privateigentumsrechte vor der Unterzeichnung der Verfassung ausgesetzt
gewesen waren, als „in vielen, wenn nicht allen Staaten ein Gesetzgebungsverfahren angewendet wurde, welches das Vertrauen der Menschen in einander schwächte und alle Geschäfte zwischen Einzelpersonen erschwerte,
weil es auf die getreuliche Erfüllung von Verpflichtungen verzichtete".[3] Die
Stärkung der Institutionen des Privateigentums bestand weitgehend in der
gesetzlichen Beschränkung der Macht des Staates. Es ging darum, eine
Reihe erschöpfender Regeln in eine unpersönliche Rechtsstruktur einzubauen − Regeln, die politischen Launen oder Veränderungen durch gesetzgebende Körperschaften nicht ausgesetzt sein würden. Somit wurde die

---

[2] Tatsächlich bedurfte es zur Abschaffung der Sklaverei, der einzigen wesentlichen Veränderung von Eigentumsrechten im neunzehnten Jahrhundert, und der entsprechenden
Umverteilung von Vermögen eines Bürgerkrieges.
[3] *Trustees of Dartmouth College vs. Woodward* (1819), abgedruckt in Commager
(1948, S. 220−223).

Vertragsklausel der Verfassung in ihrer Auslegung durch den Obersten Gerichtshof unter Marshall dazu bestimmt, die Unsicherheiten des Privateigentums, die insbesondere durch das Verhalten der Einzelstaaten der Konföderation gegeben waren, zu beheben.

Man sollte vielleicht betonen, daß die Verfassung im allgemeinen die Interessen ihrer Väter widerspiegelte. Wohl waren deren Interessen verschiedenartig und wurden erst durch viele Kompromisse auf einen Nenner gebracht, doch stimmte die Grundstruktur der Verfassung mit der in Kapitel 3 vorgetragenen Behauptung überein. Es gilt heute als schick, schlecht von Charles Beards *An Economic Interpretation of the Constitution* (1913) zu sprechen; es wäre aber genauso töricht, zu der naiven Auffassung zurückzukehren, daß die Verfassung objektive Weisheit wiedergibt. Die ideologische Bandbreite, die sie hat, ist weiter als jedes besondere Gruppeninteresse, stimmte aber in der Sicht der Verfasser im allgemeinen mit deren Interessen überein. Das Ziel der Verfasser war es zwar, alle Parteiungen zu verhindern, dennoch waren die Kosten der Nutzung des Staates für einige Parteien niedriger als für andere, wie die Zollgesetzgebung in der ersten Hälfte des neunzehnten Jahrhunderts zeigt.

Wenn Willard Hurst in seinem Buch *Law and the Conditions of Freedom in the Nineteenth Century* (1956) von einer „Freisetzung von Energie" spricht, so sieht er als Energiequelle die Entfaltung des Privatrechts, das in den ersten sechzig Jahren des neunzehnten Jahrhunderts die Auslegung der Eigentumsrechte völlig umkehrte – und zwar vom ausdrücklichen Vorurteil gegen jede Entwicklung zu einer Auslegung, wonach „die relativen Effizienzen einander ausschließender Verwendungen des Eigentums das entscheidende Kriterium für einen gesetzlich zu rechtfertigenden Übergriff sein (sollten)" (Horwitz, 1977, S. 38). Kurz gesagt: Die Rechtsstruktur der amerikanischen Gesellschaft, so wie sie um die Mitte des neunzehnten Jahrhunderts beschaffen war, nahm ausdrücklich auf dieselben Effizienzkriterien Bezug wie die neoklassische Theorie.

Man darf freilich Folgendes nicht übersehen: Ebenso wie die Volkseinkommensrechnung eine beschränkte und kurzsichtige Messung sozialer Kosten und Nutzen vornimmt, tun dies auch die Effizienzkriterien in der Rechts- wie in der Wirtschaftslehre des neunzehnten Jahrhunderts. Wie das Zitat aus Horwitz zeigt, entstanden Kosten als Folge einer derartigen Beurteilung einer Rechtsverletzung; diese wurden einfach nicht in Rechnung gestellt. Es wäre richtiger zu sagen, daß die Nutzen, die internalisiert, und die Kosten, die externalisiert wurden, mit einer hohen Wachstumsrate im Sinne der Volkseinkommensrechnung vereinbar waren.

Es ist nicht verwunderlich, daß die neoklassische Wirtschaftstheorie in dieser Zeit entstand. In einem historischen Zusammenhang wachsender, ungeregelter Märkte machten die neoklassischen Ökonomen den Tausch in-

nerhalb eines Systems von Privateigentumsrechten zum Eckstein ihrer
Theorie. Ihnen ging es vor allem anderen um die wirtschaftliche Effizienz,
wie sie an bestimmten Merkmalen, welche die Wohlfahrtstheorie mit Gleichgewichtspreis und -menge auf dem Markt verbindet, zu erkennen ist.

Welche Folgen hatte diese politisch-rechtliche Struktur für die Leistungen
der amerikanischen Wirtschaft? Wirtschaftshistoriker haben diese ausführlich untersucht; ich will hier nur zwei Einzelheiten betreffend die Leistung,
wie sie die Volkseinkommensrechnungen messen, erwähnen. (1) Unseren
ungenauen Statistiken zufolge stieg das Realeinkommen pro Kopf in der ersten Hälfte des neunzehnten Jahrhunderts um 1,3 Prozent jährlich, in der
zweiten um 1,6 Prozent. Diese zweite Ziffer bedeutet, daß sich das reale
Pro-Kopf-Einkommen alle dreiundvierzig Jahre verdoppelte. (2) Die Un-
gleichmäßigkeit der Verteilung von Vermögen und Einkommen scheint im
Verlaufe des Jahrhunderts nicht größer geworden zu sein.[4]

Der Wandel in Richtung vermehrter Staatsintervention setzte im letzten
Viertel des neunzehnten Jahrhunderts ein, aber es ist wichtig, sich seiner
langen Vorgeschichte bewußt zu werden. Eingriffe in das Wirtschaftsleben
hatte es auf staatlicher wie auf lokaler Ebene schon in der Kolonialzeit gegeben (und davor natürlich, soweit die Wirtschaftsgeschichte Großbritanniens zurückreicht). Das Bemerkenswerte im letzten Viertel des neunzehnten Jahrhunderts war deren Verlagerung von einzelstaatlicher zu bundesstaatlicher Regulierung und von Förderung und Unterstützung zur Kontrolle.

Die Markierungen auf dem Wege dieser Umgestaltung sind uns vertraut.
Da gab es den Fall *Munn vs. Illinois* im Jahre 1877, in dem bestätigt wurde,
daß Privatunternehmen, die „das öffentliche Interesse berührten", der Regulierung und Kontrolle durch den Staat Illinois unterlägen. Ein Jahrzehnt
später wurde entschieden, daß die Handelsklausel der Bundesverfassung
staatliche Regelungen verhindern könnte, die den zwischenstaatlichen
Handel erschwerten, und es wurde die bundesstaatliche Kommission für
den zwischenstaatlichen Handel (Federal Interstate Commerce Commission) zur Kontrolle der Eisenbahnen eingerichtet. Die Sherman Antitrust
Act trat drei Jahre danach in Kraft, die Pure Food and Drug Act 1906, die
bundesstaatliche Handelskommission (Federal Trade Commission) 1914.

Aufeinanderfolgende Protestbewegungen der Landwirte (Greenbacks,
Grangers, Populisten) hatten einzelstaatliche Regulierung zur Folge, die
zum Vorboten der Regulierung auf bundesstaatlicher Ebene wurde, und sie

---

[4] Allerdings steht die letztgenannte Vermutung statistisch auf schwachen Füßen; und die
einzige große Strukturveränderung in der amerikanischen Wirtschaft des neunzehnten
Jahrhunderts − nämlich die Sklavenbefreiung − wirkte sich im entgegengesetzten Sinne
aus.

ließen den Wunsch nach einer radikalen Umgestaltung der Struktur der Landwirtschaft laut werden. Wenn die Bauern auch kurzfristig von ihren Zielen nicht viele erreichten, so leiteten sie doch den entscheidenden Bruch mit der Tradition Madisons ein. Sie leugneten die Verteilungsgerechtigkeit eines ungeregelten Marktes und forderten grundlegende politische und wirtschaftliche Strukturveränderungen zum Zwecke der Umverteilung der Einkommen.

Als 1890 das letzte Grenzland in Besitz genommen war, wurde man sich – obwohl damit natürlich nicht auch die Verfügbarkeit von Grund und Boden aufgrund verschiedener Bodengesetze ein Ende hatte – zunehmend bewußt, daß die Vorräte an Grund und Boden und an Rohstoffen nicht länger unbegrenzt waren, und man stellte prinzipiell die Frage, wieweit ein unbeschränkter Verkauf dieses Bodens von der öffentlichen Hand an Privatpersonen mit der Wohlfahrt der Gesellschaft vereinbar sei.

Der Wandel von einer Agrargesellschaft zur führenden Industrienation der Welt zeigte sich in dem Übergang von einer ländlichen in eine städtische Gesellschaft, in der Zunahme großer Wirtschaftseinheiten und dem Zustrom von Einwanderern, die das Arbeitskräftepotential vergrößerten. Die negativen Begleiterscheinungen dieses Wandels sind wohlbekannt. Die „Ritter der Arbeit", der Haymarket-Aufruhr, der Pullman-Streik und der hohe Stimmenanteil für den Sozialisten Eugene V. Debs in der Präsidentenwahl von 1912 – sie alle waren Anzeichen dieses Wandels.

Weniger ins Auge fallend, aber ebenso bedeutsam waren die Bemühungen der werdenden städtischen Gesellschaft, mit zunehmenden „öffentlichen Ungütern" fertig zu werden. 1890 hatten 26 Prozent der Städte mit mehr als 10.000 Einwohnern kein Abwasserkanalnetz, und in den Städten, die eines hatten, waren nur 45 Prozent der Wohnhäuser an dieses angeschlossen. 1907 waren fast alle Städte kanalisiert. 1900 wurden weniger als drei Prozent der Städte mit gereinigtem Frischwasser versorgt; 1920 waren es fast 37 Prozent.

Es ist deshalb wichtig, auf diese Vorankündigungen im neunzehnten und im frühen zwanzigsten Jahrhundert hinzuweisen, weil wir uns nur zu sehr daran gewöhnt haben, diese Umgestaltung als Erscheinung des späten zwanzigsten Jahrhunderts anzusehen. Aber, wie Hughes in seinem Buch *The Governmental Habit* betont: „Unter dem Vorsitz von Munn sprach sich der Oberste Gerichtshof dafür aus, daß im amerikanischen Kapitalismus das Privateigentum staatlicher Regulierung unterworfen sei, selbst wenn dieses Eigentum nicht durch eine besondere Lizenz oder Konzession begünstigt gewesen war und auch nicht von Rechts wegen enteignet werden konnte" (1977, S. 112). Ähnlich fand das Aktionsprogramm der Bauernbewegungen schließlich in die Programme der Großparteien Eingang und wurde von diesen Punkt für Punkt übernommen; und die Bodenschutzgesetzgebung erreichte es, daß große Teile der noch im öffentlichen Eigentum verbliebenen Bodenflächen vom Verkauf an Private zurückgehalten wurden. Daneben zeigten sich die Anfänge einer Arbeiterschutzgesetzgebung, welche die Vertragsfreiheit von Arbeitgebern und Arbeitnehmern einschränkte, am deutlichsten in bezug auf Frauen und Kinder.

Bis zum Jahr 1914 war der Staatsanteil, ausgedrückt als Bruchteil des Bruttosozialprodukts, noch nicht nennenswert größer geworden, aber die Voraussetzungen für einen grundlegenden Strukturwandel, der zur Auflösung von Madisons System führen mußte, waren geschaffen. Ich will im nächsten Abschnitt kurz auf die schrittweise erfolgenden Veränderungen eingehen, welche das Verhältnis zwischen dem Preis einer Nutzung des Marktsystems und dem Preis der Nutzung des politischen Prozesses verschob, und dann untersuchen, wie der organisatorische Druck der Zweiten Wirtschaftlichen Revolution Gruppen zu einer Beschränkung des Marktsystems bewog.

III

Es waren ebensosehr Veränderungen in der politischen Struktur wie in der Haltung der Justiz, welche die Kosten-Nutzen-Struktur des Entscheidungsprozesses umgestalteten. Es handelte sich dabei insbesondere um Veränderungen der Kosten der Steigerung der bundesstaatlichen Einkünfte; Verschiebungen der Rechtsetzungsbefugnis – von der Legislative zu Organen der Exekutive oder von der Legislative zu unabhängigen Kommissionen, welche die Exekutive einsetzte; Veränderungen der Kontrolle des Geldangebots, die sich auf die Exekutive verlagerten. Betrachten wir diese der Reihe nach.

Die Verfassungsänderung, welche 1913 die Einkommensteuer „legalisierte", war der erste Keil, der in Richtung einer Vergrößerung der Staatseinkünfte vorgetrieben wurde; sie war zugleich die Rechtsgrundlage für Transferzahlungen. Sobald diese Änderung durchgesetzt war, bedurften die weiteren Kosten der Veränderung des Steuersatzes nur der Zustimmung des Kongresses.

Im Bereich der staatlichen Verwaltung wurden Ministerien (Departments) geschaffen, die Lobbies für besondere Interessengruppen wurden und zunehmend Entscheidungs- bzw. Rechtsetzungsbefugnisse erhielten, als der Kongreß der Exekutive Rechtsetzungsbefugnisse übertrug. An der Entwicklung der Rechtsetzungsbefugnisse des Landwirtschaftsministeriums (dessen höchster Vertreter 1889 Kabinettsrang erhielt), läßt sich diese Tendenz gut ablesen. Für die Fleischkonservenindustrie war der Exportmarkt eine Haupteinnahmequelle; nach 1879 aber schränkte ein europäisches Land nach dem anderen seine Einfuhr aus Amerika ein, und zwar wegen der dort auftretenden Tierkrankheiten. Diese Einschränkungen bekamen die Bauern ebenso wie die Fleischkonservenhersteller zu spüren, und sowohl Vertreter der Bauern wie der Konservenindustrie setzten sich in einer Lobby für eine bundesstaatlich geregelte Fleischbeschau ein. 1884 richtete der Kongreß im Rahmen des Landwirtschaftsministeriums eine Viehzuchtbehörde ein; 1891 verabschiedete er das erste Fleischbeschaugesetz; alles für den Export bestimmte Fleisch mußte von einem Inspektor des Landwirtschaftsministeriums beschaut werden; Zuwiderhandeln konnte mit Geld- und Gefängnisstrafen geahndet werden. Ein Ergebnis hiervon war die Einführung und Durchsetzung einheitlicher Kriterien der Güterqualität; ja, am selben Tag des Jahres 1906, als Theodore Roosevelt das Fleischbeschaugesetz unterzeichnete, setzte er seine Unterschrift auch unter das Gesetz für unverfälschte Nahrungs- und Arzneimittel, das ähnliche Ziele der Sicherung höherer Qualitätsstandards bei anderen Nahrungsmitteln und Medikamenten verfolgte.

Die Sicherung von Qualitätsstandards war der vorgebliche Grund für die Übertragung von Rechtsetzungsbefugnissen auf das Landwirtschaftsministerium; und die Kosten der Verabschiedung des Gesetzes aus dem Jahre 1906 wurden durch die öffentliche Empörung im Gefolge der Publikation von Upton Sinclairs Roman *Der Sumpf* sehr verringert. Aber wäre es hier nur um Qualitätsstandards gegangen, so hätten diese zweifellos durch freiwillige Gemeinschaftsaktionen der großen Fleischkonservenhersteller zustandekommen können. Die energische Befürwortung staatlicher Regulierung durch diese Unternehmen läßt auf zwei andere Zielvorstellungen schließen: Sie wollten sich selbst die Kosten der Qualitätskontrolle ersparen und gleichzeitig die Konkurrenz durch die zahlreichen kleinen Konservenerzeuger einschränken.[5] Als Grund wurden die Qualitätsstandards vorgeschützt, aber von Anfang an war die Wettbewerbsbeschränkung ein Motiv für die Verlagerung von Rechtsetzungsbefugnissen vom Kongreß auf das Landwirtschaftsministerium. Der politische Anhang des Landwirtschaftsministeriums setzte seine Bemühungen um weitere Verlagerungen der Rechtsetzungsgewalt vom Kongreß auf das Ministerium unter den verschiedensten Vorwänden fort, aber sein Hauptziel blieb die Beschränkung bzw. Beseitigung des Wettbewerbsdrucks auf dem Markt und die Steigerung der Nachfrage. Preisstützungen, Schulspeisungen, das internationale Hilfsprogramm *Food for Peace* und Milchvermarktungsgesetze sollten nicht mehr lange auf sich warten lassen.

Das Ministerium für Handel und Arbeit wurde 1903 eingerichtet und ein

---

[5] Vgl. KOLKO (1963, S. 98–108).

Jahrzehnt später in zwei Ministerien, für Handel und für Arbeit, unterteilt. Deren Geschichte im Hinblick auf die Entwicklung der Befugnisse zur Veränderung von Eigentumsrechten liest sich ähnlich wie die des Landwirtschaftsministeriums.

Die Verlagerung von Gesetzgebungsbefugnissen von Organen der Legislative auf die der Exekutive wurde zwischen 1892 und 1911 durch eine Reihe von gerichtlichen Entscheidungen herbeigeführt, welche der Legislative die Macht bestätigten, der Exekutive unumschränkte Vollmacht zu erteilen. Diese Entscheidungen erkannten die Befugnis von Verwaltungsbehörden zur Rechtsetzung im Rahmen der weiten politischen Zielsetzungen des Kongresses an. Im Falle *United States vs. Grimaud* (1911) erkannte das Gericht, daß verwaltungsbehördlichen Vorschriften Gesetzeskraft zukäme.[6]

Die Tatsache der „Regierung durch Kommissionen" macht man in den letzten Jahren zu einem guten Teil für den Strukturwandel der amerikanischen Wirtschaft verantwortlich. Die Ablösung der schwerfälligen Regierungsmaschinerie Madisons durch eine kleine Anzahl von Kommissionen hat die Kosten der Nutzung des politischen Prozesses zum Zwecke der Veränderung von Eigentumsrechten unerhört gesenkt. Der bundesstaatlichen Kommission für den zwischenstaatlichen Handel (Interstate Commerce Commission), die 1887 geschaffen wurde, wird zu Recht eine bedeutende Rolle in der amerikanischen Geschichte zugeschrieben, und die Geschichte der Entwicklung und Ausweitung ihrer Rechtsetzungsbefugnisse ist in neuen Untersuchungen ausführlich dokumentiert.[7]

Die Verlagerung der Rechtsetzungsbefugnis vom Gesetzgeber auf einzelne Kommissionen hat ihre Parallele in der Übertragung der Rechtsetzungsbefugnis von der Legislative auf Organe der Exekutive. 1906 verlieh die Hepburn Act der Interstate Commerce Commission die Befugnis zur Festsetzung von Höchsttarifen. 1910 dehnte die Mann-Elkins Act die Kontrollbefugnisse der Kommission auf Telephon-, Telegraphen- und Kabeldienste aus. Sie spielte nicht nur eine wichtige Rolle für den Rückgang des Wettbewerbs im Transportgewerbe, sondern diente zugleich als Modell für die Schaffung weiterer Kommissionen. Die bundesstaatliche Handelskommission (Federal Trade Commission), die 1914 eingerichtet wurde, war eine logische Erweiterung der Regierung durch Kommissionen; sie sollte sich in größerem Umfang mit unfairem Wettbewerb und Preisdiskriminierung befassen. Bis zur „Abkürzungskrankheit" des New Deal sollten nur mehr zwei Jahrzehnte vergehen.

---

[6] Siehe in ANDERSON und HILL (1980), Kapitel 6, eine ausführlichere Erörterung dieser Verlagerung und ihrer Bedeutung sowohl für Verwaltungsorgane wie Gesetzgebungsorgane.
[7] McAVOY (1965) und HUGHES (1977, S. 115–120).

Die Schaffung des Federal Reserve System 1914 wird in Standardwerken zur Wirtschaftsgeschichte als Ergebnis der Untersuchungen der Nationalen Währungskommission hingestellt, als Reaktion auf die Unelastizität des Geldangebots, die sich in der Panik von 1907 zeigte, und als Kompromiß in Hinsicht auf die Vorstellung einer übermächtigen einzigen Zentralbank. Aber ein bedeutsamerer Aspekt ihrer Einrichtung war eine Strukturveränderung, welche die Geldpolitik eng an das politische System band. Diese Veränderung bewirkte auf kurze Frist ein Übergewicht von Benjamin Strong und der Federal Reserve Bank von New York und schließlich die Entstehung eines starken Gouverneursrates und die politische Kontrolle der Geldmenge. Wenngleich den größten Teil der Verantwortung für diese Strukturveränderung Interessengruppen, die sich des politischen Prozesses bedienten, tragen, so spielte doch auch die Justiz eine bedeutende Rolle dabei. Für den Fall *Munn* gab es eine lange Reihe von Präzedenzfällen in einzelstaatlichen Gerichten, wie Harry Scheiber (1972) gezeigt hat. Nach der Entscheidung dieses Falles schien der Gerichtshof keine eindeutige Linie zu verfolgen: In manchen Fällen entschied er, daß einzelstaatliche Rechtsetzung vor bundesstaatlicher ging, in anderen nicht. Zuweilen schien der Gerichtshof die Munn-Doktrin beinahe zu verwerfen. Doch an einer Tatsache ist nicht zu rütteln: Im Jahre 1914 war bereits ein guter Teil der Strukturveränderungen erfolgt, und ohne die Mithilfe, zumindestens die stillschweigende Einwilligung des Obersten Gerichtshofes, wäre das nicht möglich gewesen.[8]

IV

Es ist leicht zu erkennen, daß der Druck von Interessengruppen in der strukturellen Umgestaltung mitspielte; aber die Geschichte wäre unvollständig, wenn wir nicht außerdem zweierlei betrachteten: die Kräfte der Zweiten Wirtschaftlichen Revolution, die diese Interessengruppen in Bewegung setzten, und die Bedeutung des Ideologiewandels, der die Entscheidungsmöglichkeiten, die den Mitwirkenden offenstanden, veränderte.

Die Bauernbewegung war eine Reaktion auf den zunehmend weltweiten Wettbewerb zwischen Agrarproduzenten, der die Bauern heftigen Preisschwankungen aussetzte; sie war zugleich eine Reaktion auf wirksame Preisdiskriminierung der Eisenbahnen, Getreidesilos und -weiterverarbeiter. Die Bewegung der „Grangers" konzentrierte sich auf lokale und einzelstaatliche politische Intervention mit dem Zweck, die Austauschbedin-

---

[8] Zur Haltung der Gerichtshöfe siehe HUGHES (1977, Kapitel 4) und KELLER (1977, Kapitel 9, 10, 11).

gungen mit Eisenbahnen und Getreidesilos zu beeinflussen; aber das Be-
streben, den Wettbewerb zu beschränken und die Austauschbedingungen
zwischen landwirtschaftlichen und nicht-landwirtschaftlichen Produzenten
(sowie die richterliche Auslegung der Grenzen der Staatsintervention) zu
ändern, verlagerte den Angriffspunkt der Bauern auf die nationale Ebene.

Die Geschichte der Privatunternehmen in dieser Zeit hat man einerseits als
einen Raubritterroman, andererseits als die Entwicklung der „sichtbaren
Hand" hingestellt. Beide Deutungen haben es mit Elementen der organisatorischen Folgen der Zweiten Wirtschaftlichen Revolution zu tun. Im letzten
Kapitel beschrieb ich kurz die Managementrevolution, die Chandler so anschaulich wie eingehend behandelt hat. Aber es gehören zu unserer Geschichte genauso die Ereignisse, über die sich die sozialkritische Literatur
verbreitet: die Geschäfte, die Drew, Fisk, Gould und andere mit der Eisen-
bahnfinanzierung machten; die Herrschaft der Lebensversicherungen über
die Legislative des Staates New York; Rockefellers Rabattabkommen mit der
Pennsylvania Railroad; Morgans allerorten betriebene Versuche der Konsolidierung von Industrien; und tausende andere Begebenheiten aus dieser Zeit
großer Geschäfte. Sie alle zeigen, welch ungeheure Gewinne zur Zeit der
Zweiten Wirtschaftlichen Revolution aus Opportunismus und Wettbewerbsbeschränkung geschlagen werden konnten. Sie bringen auch die Instabilität freiwillig vereinbarter Lösungen zum Ausdruck, denn die Gewinne
aus dem Verstoß gegen „gentlemen's agreements" waren einfach zu verlok-
kend, als daß es hier zu dauernder Stabilität hätte kommen können. Zwischen
1874 und 1898 erfuhren die Haupteisenbahnlinien, die den agrarischen Westen mit der Ostküste verbanden, vier große und zahlreiche kleinere Neuord-
nungen, weil die Tarifabkommen fortgesetzt zusammenbrachen.[9] Nur der
Trust war eine wirksame Antwort auf den Opportunismus, und die Sherman
Antitrust Act aus 1890 hatte zumindest teilweise den Zweck, auch diesen
Weg zu versperren. Der Einsatz des Staatsapparates war ein natürlicher
Schritt. Lebensversicherungsgesellschaften hatten sich des Staatsapparats bedient, um den Wettbewerb zu beschränken und unzufriedene Policeninhaber
daran zu hindern, eine Erklärung für die geringe Dividendenausschüttung
großer Gesellschaften zu verlangen (North 1953); andere Interessengruppen
der Wirtschaft und des Finanzwesens fanden heraus, daß sie den Wettbewerb
durch Verwaltungsbehörden und Kommissionen auf bundesstaatlicher
Ebene besser beschränken konnten.[10]

---

[9] KELLER (1977, S. 424). ULEN (1980) betont, daß freiwillige Kollusion in Wachstums-
phasen gut funktionierte, in Kontraktionsphasen hingegen eher zusammenbrach. Er äußert
auch Zweifel daran, daß vor 1920 irgend eine spezifische Interessengruppe eine Vormacht-
stellung in der Interstate Commerce Commission gehabt hätte.

[10] Siehe KOLKO (1963).

In Europa beteiligte sich die Arbeiterbewegung schon früh am politischen Prozeß; im Strukturwandel der amerikanischen Wirtschaft spielte sie keine bedeutende Rolle. Samuel Gompers' American Federation of Labor wurde von Berufsgewerkschaften beherrscht, die erhebliche strategische Möglichkeiten der Zutrittsbeschränkung hatten und jede Gelegenheit wahrnahmen, ihre Austauschbedingungen zu verbessern. Der große Einwandereranteil und die entsprechende Völker- und Sprachenvielfalt des Arbeitskräftepotentials der Zweiten Wirtschaftlichen Revolution wurden von den Arbeitgebern strategisch im Sinne einer Erhöhung der Organisationskosten eingesetzt. Desgleichen erhöhte diese Vielfalt die Kosten jeder in irgend größerem Umfang konzipierten gemeinsamen politischen Tätigkeit der Arbeiter. Ein guter Teil der Sozialgesetzgebung, die damals vorgeschlagen (und von den Gerichten häufig als verfassungswidrig befunden) oder verabschiedet wurde, läßt sich nicht auf die American Federation of Labor zurückführen. Im Gegenteil: Bis zum Sozialversicherungsgesetz aus dem Jahre 1935 stand diese Vereinigung derartigen Bemühungen ablehnend gegenüber. Wie müssen auf ideologische Überlegungen zurückgehen, wenn wir die frühe Entwicklung der Sozialgesetzgebung, die weitgehend von reformbegeisterten Angehörigen der Mittelschicht betrieben wurde, erklären wollen.

Mir ist kein Belegmaterial bekannt, das man heranziehen könnte, um endgültig die Frage der relativen Bedeutung ideologischer Überzeugungen und des Druckes von Interessengruppen im Gesetzgebungsprozeß jener Zeit zu beantworten. Die Verfassungsänderung, welche die Einkommensteuer einführte, gehörte zum populistischen Programm und läßt sich, wie die gesamte Bauernbewegung, nicht ohne Rückgriff auf ideologische Überlegungen erklären, da sie Aktionen großer Gruppen umfaßte, denen es gelang, des Schwarzfahrerproblems Herr zu werden. Gabriel Kolko weist in seinem Buch *The Triumph of Conservatism* (1963) überzeugend nach, daß die Bewegung der Progressiven von Interessengruppen für deren eigene Ziele eingesetzt wurde. Wie schon erwähnt, war Upton Sinclairs *Sumpf* wichtig für die Verabschiedung des Fleischbeschaugesetzes von 1906. Miller (1971) zeigt, daß die wichtigste Triebkraft hinter den Granger-Gesetzen die Interessen von Händlern in Orten, die unter der Konkurrenz der Eisenbahnen litten, waren.

Klar ist, daß die ideologischen Überzeugungen der Bauern und der Progressiven zu Aktionen führten, die von Interessengruppen zur Änderung des Systems eingesetzt wurden. Am deutlichsten zeigt sich dieser Ideologiewandel in der Haltung der Justiz. Der allmähliche Gesinnungswandel des Obersten Gerichtshofs war ein langwieriger Vorgang: von der Stellungnahme des Oberstrichters Waite im Fall *Munn* über den Konflikt zwischen Richter Field und Richter Holmes bis zum Fall *Nebbia vs. New York*

(1934), in dem der Gerichtshof erklärte: „Ein Fall oder sonstiger Geschäftsakt, der das öffentliche Interesse berührt, ist nie geschlossen. ..."[11]
Der Gesinnungswandel war 1914 noch im Gange, endgültig vollzogen war er dann in den dreißiger Jahren.

---

[11] Zitiert von HUGHES (1977, S. 213). HUGHES und ANDERSON und HILL (1980), Kapitel 7, enthalten eine Beschreibung des Gesinnungswandels.

Teil III

Theorie und Geschichte

Kapitel 15

Eine Theorie des Institutionenwandels und die Wirtschaftsgeschichte der westlichen Welt

I

Institutionen geben den äußeren Rahmen ab, in dem Menschen tätig werden und aufeinander einwirken. Sie legen die Beziehungen einerseits der Zusammenarbeit, andererseits des Wettbewerbs fest, die eine Gesellschaft und insbesondere eine Wirtschaftsordnung ausmachen. Wenn Ökonomen von ihrer Disziplin als einer Theorie der Wahlhandlungen sprechen und davon, daß die Wahlhandlungen durch Wahlmöglichkeiten und durch Präferenzen bestimmt werden, dann haben sie einfach unerwähnt gelassen, daß eben der institutionelle Rahmen die Wahlmöglichkeiten des einzelnen beschränkt. Institutionen sind faktisch der Filter zwischen dem einzelnen und dem Kapitalbestand (wie in Kapitel 1 definiert) und zwischen dem Kapitalbestand und dem Ausstoß an Gütern und Dienstleistungen und der Einkommensverteilung.

Das Wort „Struktur", so wie ich es hier verwende, meint diesen institutionellen Rahmen. Das Wort „Wandel" bezieht sich auf die Art und Weise, wie Institutionen über die Zeit geschaffen, verändert oder zerstört werden. In diesem Kapitel versuche ich, die in Teil I entwickelte Theorie des Institutionenwandels, die ich in Teil II zum Zweck der Erforschung der Wirtschaftsgeschichte heranzog, so vollständig wie möglich zusammenzufassen.

II

Institutionen sind ein System von Regeln, Zustimmungsverfahren und moralischen bzw. ethischen Verhaltensnormen mit dem Zweck, das Verhalten von einzelnen im Interesse der Maximierung des Vermögens bzw. des Nutzens von Prinzipalen zu beschränken. Im Falle politischer oder wirtschaftlicher Institutionen wird Vermögen oder Nutzen maximiert durch Aneignung der Handelsgewinne, die ein Ergebnis der Spezialisierung (einschließlich der Spezialisierung auf Gewaltanwendung) sind. Eine wesentliche Unterscheidung in diesem Modell ist die zwischen Agenten und Prinzipalen. Einfach ausgedrückt: Agenten arbeiten für Prinzipale, oder − in der stärker formalen Terminologie von Meckling und Jensen − Prinzipale „engagieren eine andere Person (den Agenten) zur Erbringung einer Leistung in ihrem Namen, wobei dem Agenten ein gewisses Ausmaß an Entscheidungsbefugnis übertragen wird" (1976, S. 308). Die Beziehung, die Meckling und Jensen beschäftigt, ist eine freiwillige; man beachte, daß sie im Zusammenhang meiner Arbeit freiwillig oder unfreiwillig (z. B. Sklaverei) sein kann. Und es ist wichtig, festzuhalten, daß sogar in unfreiwilligen Beziehungen die Entscheidungsbefugnis des Agenten mit gewissen Toleranzgrenzen ausgestattet ist, weil der Prinzipal nicht in der Lage ist, das Verhalten des Agenten vollkommen zu regeln. Die meisten Menschen sind Agenten in ihrer Rolle als Arbeitnehmer und Prinzipale in einer anderen Rolle, etwa als Konsumenten. Während Sozialwissenschaftler aus anderen Disziplinen Konsumenten üblicherweise vielleicht nicht als Prinzipale im Sinne der obenstehenden Definition ansehen, ist diese Darstellung mit dem Kerngedanken der neoklassischen Wirtschaftstheorie − der Konsumentensouveränität − vereinbar. Die Definition besagt zudem nicht, daß alle Prinzipale gleich mächtig oder einflußreich sind oder alle Agenten gleich „machtlos". Worauf sich die Definition konzentriert, ist die Vertragsbeziehung zwischen Parteien.[1] Sie unterstellt z. B. nicht, daß Grundherren und Leibeigene gleich waren; sie unterstellt aber, daß die Spezifizierung der Tauschbeziehungen zwischen ihnen eine vertragliche war, auch wenn die Austauschbedingungen für den Herrn wesentlich günstiger waren. Die interessante Frage ist, wodurch die Grenzen der günstigen Bedingungen des Herrn bestimmt waren und wie sich diese Bedingungen im Laufe der Zeit verschoben.

Ich werde im Folgenden die Bestimmungsgründe der Austauschbedingungen untersuchen; zunächst aber ist es nötig, die individuellen Verhaltensmerkmale zu spezifizieren, die zu den Beschränkungen führen, aus denen Institutionen bestehen. Wir ziehen zu diesem Zweck das individualistische Maximierungspostulat der Wirtschaftstheorie heran. Dieses Postulat besagt, daß in Ermangelung irgendwelcher Beschränkungen Wirtschaftssubjekte unter allen Umständen maximieren; es sind also die Beschränkungen, die eine zwischenmenschliche Ordnung ermöglichen, indem

---

[1] Ein zusätzlicher wichtiger Vorteil dieser Vertragsbetrachtung einer Theorie der Institutionen ist der, daß Verträge typischerweise schriftlich niedergelegt sind, so daß sie die Möglichkeit zu einer Reihe von Beobachtungen bieten, aus denen sich überprüfbare Hypothesen, wie sie für sinnvolles Theoretisieren unerläßlich sind, ableiten lassen. Die Einschränkung ist die, daß Verhaltensnormen typischerweise nicht Teil schriftlicher Verträge sind.

sie bestimmte Arten von Verhalten ausschließen.[2] Fehlen solche Beschränkungen, so leben wir in einem Hobbesschen Urwald, und Zivilisation ist undenkbar.

Die Verhaltensbeschränkungen reichen von Tabus über Regeln bis zu Aufforderungen. Während einige Beschränkungen allen Gesellschaften gemeinsam sind (ein gewisses Mindestmaß von Verhaltensmustern ist für jede kooperative Tätigkeit Voraussetzung), beziehen sich andere nur auf die Interessen von Prinzipalen in verschiedenen Situationen. Unter Situation verstehe ich nicht nur den Kapitalbestand, wie in Kapitel 1 beschrieben, sondern auch den Bestand an Beschränkungen, wie er in vorhandenen Institutionen zum Ausdruck kommt (ein Thema, auf das ich weiter unten bei der Untersuchung des Institutionenwandels noch eingehen werde). Es ist zwar nützlich, Verfassungsregeln, Ablaufsregeln und Verhaltensvorschriften zu unterscheiden, doch überschneiden diese sich häufig.

Verfassungsregeln sind die grundlegenden Regeln, deren Zweck die Festlegung der Grundstruktur der Eigentumsrechte und der Herrschaft über den Staat ist. Ihre Veränderung soll kostspieliger sein als die der Ablaufsregeln, die entweder als geschriebenes Recht, als Common Law oder als freiwillige Verträge im Rahmen der Verfassungsregeln Austauschbedingungen festlegen. Verhaltensvorschriften sind normative Verhaltensangaben, die auf die Legitimierung der Verfassungs- und der Ablaufsregeln abzielen. So stellten die Gepflogenheiten der Grundherrschaft in der feudalen Gesellschaft eine Gesamtheit von Verfassungsregeln vor, sie enthielten aber auch einige Ablaufsregeln und Verhaltensvorschriften.

Die Regeln werden im Hinblick auf die erwarteten Kosten ihrer Einhaltung aufgestellt. Daher werden die jeweils bekannte Meßtechnik, die Kosten der Durchsetzung und moralische bzw. ethische Verhaltensnormen alle im Kalkül der Regelerstellung berücksichtigt.

Die in Entstehung begriffene Transaktionskostenliteratur hat eine ganze Reihe von Bezeichnungen geschaffen, welche die Kosten, die mit zwischenmenschlicher Tätigkeit verbunden sind, beleuchten sollen. Informationskosten, Geschäftsführungskosten, die Kosten von Drückebergerei und Opportunismus drängen sich auf. Ein anderer Zweig der Literatur betont die

---

[2] Meine Argumentation weicht hier von einem Teil der Literatur zur Industrieorganisation und zur öffentlichen Entscheidung ab, die *einige* Wirtschaftssubjekte in opportunistischem Verhalten „mit List maximieren" oder *einige* Wirtschaftssubjekte „Renten suchen" läßt. In meinem Modell sind solche Wirtschaftssubjekte nur in anderer Weise beschränkt als andere. Die Unterscheidung ist wichtig, weil jene Auffassung unterstellt, daß manche maximieren, manche nicht, aber sie bietet keine schlüssige logische Erklärung für unterschiedliche Verhalten. Was die beiden Auffassungen voneinander trennt, ist der Umstand, daß ich Ideologie als eine Verhaltensbeschränkung berücksichtige.

Kosten infolge von Unsicherheit, die Verminderung von Risiken durch Versicherung und die Probleme der negativen Auslese und der mangelnden Sorgfalt. Die Erfüllungskosten sind die Kosten der Aufdeckung von Vertragsverletzungen und die Kosten von deren Bestrafung. Die Kosten der Aufdeckung von Vertragsverletzungen sind die der Messung, und im Austausch zwischen Prinzipalen sind sowohl die Messung der Eigenschaften der ausgetauschten Güter oder Leistungen als auch die Feststellung der externen Effekte unvollkommener Messung teuer. In Beziehungen zwischen Prinzipal und Agent ergeben sich Kosten, weil die Leistung der Agenten gemessen werden muß, und Ineffizienzen, die sich aus unvollkommener Messung ergeben. Die Kosten des Vollzugs angemessener Strafen schließen die Kosten der Ermittlung von Schäden ein.

Diejenigen, die über die Einhaltung von Verträgen wachen und die Strafen vollziehen, sind Agenten von Prinzipalen; und weil das Handeln der Agenten durch die Prinzipale nicht vollkommen geregelt werden kann, sind die Überwachungs- bzw. Vollzugskosten auch von der politisch-rechtlichen Struktur und der wahrgenommenen Rechtmäßigkeit der Regeln abhängig. Unsicherheit ergibt sich aus langfristigen Verträgen, die viele Unbekannte hinsichtlich zukünftiger relativer Preise oder der Vertragsbedingungen enthalten; Investitionen, die zu einem spezifischen vertraglichen Tun gehören, lassen sich oft nur unvollkommen durchführen und sind durch opportunistisches Verhalten gefährdet.

Opportunismus bedeutet eine klare Verletzung eines Vertrages; Kosten entstehen hier also aus unvollkommener Erfüllung des Vertrages. Die Kosten der Drückebergerei andererseits entstehen aus den Schwierigkeiten, sich in dem Vertrag auf ein Maß des Arbeitsausstoßes zu einigen. Die Kosten der Messung der Menge und Beschaffenheit des Arbeitsausstoßes sind der Kern des Geschäftsführungsproblems. Dieses ist der eigentliche Grund, warum Stücklohnsätze nicht weiter verbreitet sind; es ist ein Kernstück des konstitutionellen Konflikts zwischen Arbeitgeber und Arbeitnehmer; und es steht gleichermaßen im Mittelpunkt des Bürokratieproblems. Es gibt kein Leistungsmaß, auf das sich beide Parteien einigen können und an das sie sich dann halten werden bzw. dessen Einhaltung sie kostenlos durchsetzen können.

Der persönliche Tausch — d. s. wiederholte Tauschakte und persönliche Kontakte — minimiert den Bedarf an formalen Regeln und Sanktionen, da die Wechselseitigkeit und eine Konsens-Ideologie (siehe unten) das Verhalten regeln. Wo unpersönlicher Tausch auftritt, spielt der Wettbewerb die Hauptrolle in der Beschränkung des Verhaltens der Tauschpartner. Je stärker der Wettbewerb in hierarchischen Organisationen verwässert ist, umso notwendiger sind formale Regeln und ausgefeilte Kontrollmaßnahmen zur Leistungsmessung.

Moralische bzw. ethische Verhaltensnormen sind ein wesentlicher Bestandteil der Beschränkungen, aus denen Institutionen bestehen. Sie sind von den Auslegungen der Wirklichkeit (Ideologien) abgeleitet, die Menschen vornehmen, um sich ihrer Umwelt gegenüber zu behaupten. Ideologie ist nicht dasselbe wie Moral, denn Ideologie schließt eine umfassende Weltsicht ein, wirkt gleichzeitig aber auch in Richtung möglichster Einsparung von Informationskosten; nichtsdestoweniger enthält Ideologie ein Urteil über die Gerechtigkeit oder Billigkeit von Institutionen, insbesondere von Tauschbeziehungen. Konsens-Ideologien entstehen, wenn die Individuen, die eine Welt bevölkern, ähnliche Erfahrungen haben; divergierende Ideologien rühren aus voneinander abweichenden und einander widersprechenden Wirklichkeitswahrnehmungen her. Konsens-Ideologien sind daher ein Ersatz für formale Regeln und Sanktionen. Wenn sich divergierende Ideologien entwickeln, liegt es im Interesse der Herrscher, Mittel aufzuwenden, um andere Prinzipale und deren Agenten davon zu überzeugen, daß die Institutionen gerecht oder rechtmäßig sind, und auf diese Weise die Befolgungskosten zu senken. Außerdem sind Institutionen, die im Rahmen einer Konsens-Ideologie lebensfähig sind, nicht mehr lebensfähig, wenn divergierende Ideologien entstehen, denn dann müssen im Hinblick auf die Kosten der Aufdeckung und Bestrafung von Verstößen gegen sie Regeln formuliert und Sanktionen erdacht werden.

Die Verbindung von Verfassungsregeln mit den dazugehörigen moralischen bzw. ethischen Verhaltensnormen ist die Grundlage der Stabilität von Institutionen und sorgt dafür, daß diese sich nur langsam ändern. Die Kombination läßt ausgeprägte Verhaltensmuster entstehen, die, wie der Kapitalbestand, sich eher nur schrittweise verändern lassen.

III

Ein politisch-ökonomisches System besteht aus einem Komplex von Institutionen, die zueinander in ganz bestimmten Beziehungen stehen. Die Verfassungsregeln sind die wichtigsten Ordnungsbeschränkungen solch eines Systems. Ihr Zweck ist die Maximierung des Nutzens der Herrscher durch Festlegung der Struktur der Eigentumsrechte und der Kontrolle der Zwangsgewalt. Sie werden in der Absicht entwickelt, (1) ein Schema der Vermögens- und Einkommensverteilung zu erstellen, (2) ein System des Schutzes nach außen in einer Welt konkurrierender Staaten festzulegen, (3) die Voraussetzungen für ein System von Ablaufregeln zur Senkung der Transaktionskosten wirtschaftlicher Tätigkeit zu schaffen.

Stand und Beschaffenheit der gegebenen Militärtechnik sind wichtige Vorbedingungen für die zwei ersten Ziele, denn sie bestimmen die Vertei-

lung des Gewaltpotentials innerhalb von und zwischen Staaten. Innerhalb
des Staates bestimmen Stand und Beschaffenheit der Militärtechnik im
Verein mit den Sanktionskosten (d. h. die Technik, die zur Leistungsfest-
stellung verfügbar ist, und die Kosten der Legitimierung der Regeln) die zugrundeliegenden Austauschbedingungen zwischen Herrschern und Staatsangehörigen (also die Eigentumsrechtsstruktur). Zwischen Staaten bestimmt die Militärtechnik im Verein mit Geschäftsführungskosten die
Obergrenze der Staatengröße. Hier ist allerdings auch die Ideologie wichtig,
sowohl bei der Ergänzung des Gewaltpotentials durch eine gegebene Militärtechnik als auch zur Senkung der Kosten einer Geschäftsführung.

Die Bruttoaustauschbedingungen zwischen Herrschern und Staatsangehörigen werden durch die Opportunitätskosten der betroffenen Prinzipale
bestimmt; die Nettoaustauschbedingungen für die Herrscher sind die
Bruttobedingungen abzüglich der Geschäftsführungskosten der Bürokratie.

Während die Verfassungsregeln die Grundzüge der Eigentumsrechte enthalten, stellt der Staat den Apparat für Rechtsprechung und Durchsetzung
von Regeln zur Verfügung und verkündet Verhaltensvorschriften, welche
die Sanktionskosten für das Gemeinwesen und die Transaktionskosten für
dessen Wirtschaft senken sollen.

Die Formen der vertraglichen Beziehungen, welche die Wirtschaftsordnung ausmachen, sind im Grund durch den Staat festgelegt, (1) hinsichtlich
der verschiedenen Opportunitätskosten einzelner Staatsangehöriger (die zu
Eigentumsrechten führen werden, welche die politische Macht von
Gruppen von Angehörigen zum Ausdruck bringen) und (2) hinsichtlich der
Kosten der Überwachung der wirtschaftlichen Leistung durch den Herrscher. Mit diesen Einschränkungen wird der Staat dann die Infrastruktur öffentlicher Güter zur Verfügung stellen, um die Wirtschaftstätigkeit zu fördern. Die Formen freiwilliger Organisation, die sich unter diesen Umständen herausbilden, werden von den relativen Preisen, dem Stand des
technischen Wissens und den alternativen Kosten der Durchsetzung verschiedener Ordnungsformen abhängen. Die beiden ersten Bedingungen machen die traditionelle Produktionstheorie der neoklassischen Wirtschaftstheorie, wie in Kapitel 1 beschrieben, aus und bedürfen hier keiner Erörterung, mit Ausnahme des Hinweises auf die Spannung zwischen dem Stand
des technischen Wissens, das (über die Skalenerträge) die Gewinne aus der
Spezialisierung bestimmt, und den Kosten alternativer Ordnungsformen. Je
größer die Gewinne aus der Spezialisierung, umso mehr Schritte hat der
Produktionsprozeß, und umso höher sind die Transaktionskosten. Wie
weit diese verschiedenen Schritte als Markttransaktionen und wie weit sie
hierarchisch angelegt werden, hängt von den alternativen Kosten der Messung und Durchsetzung ab. Da die vertikale Verflechtung in eine hierarchische Ordnung die Substitution von Faktormärkten für Produktmärkte be-

deutet (das ist nämlich die wesentliche Wirkung der Ersetzung von Markttransaktionen durch ein Unternehmen), werden eine entscheidende Rolle
die Kosten der Organisation von Faktormärkten, insbesondere von Arbeitsmärkten, spielen. Die Schaffung unpersönlicher Faktormärkte ist ein wesentlicher Schritt zur Verwirklichung der Gewinne aus Spezialisierung. Das
Ausmaß, in dem der Staat die Entwicklung von Grundstücks- und Arbeitsmärkten betreibt, wird von den zwei oben genannten Beschränkungen abhängen. Solch eine Entwicklung konnte z. B. potentielle Zwistigkeiten vergrößern, wie im Falle der Einhegungen in England unter den Tudors, und
dadurch die Sicherheit eines Herrschers gefährden.

IV

Im letzten Abschnitt untersuchte ich einen Querschnitt durch Institutionen,
die zu einem bestimmten Zeitpunkt ein politisch-wirtschaftliches System
ausmachen. Nunmehr mache ich einen Längsschnitt und betrachte Veränderungen des Systems über die Zeit.

Zu Beginn dieses Kapitels betonte ich, daß Institutionen der Filter nicht
nur zwischen den Wirtschaftssubjekten und dem Kapitalbestand, sondern
auch zwischen dem Kapitalbestand und der Leistung der Wirtschaft sind.
Sie bestimmen den Ausstoß des Systems ebenso wie die Einkommensverteilung. Als Filter sind sie grundsätzlich konservativ, da sie für die Stabilität
der Gesellschaft und somit für die Einkommenssicherheit der Prinzipale
sorgen. Die Einführung der Zeit bedeutet einen destabilisierenden Einfluß
auf Institutionen, denn die Prinzipale sind sterblich, und der Kapitalbestand
verändert sich.

Auf die Prinzipale kommt es nicht nur deshalb an, weil berufliche und
unternehmerische Fähigkeiten individuell verschieden sind, sondern auch
deshalb, weil die Legitimität einer Institution zumindestens teilweise auch
auf den Prinzipal übergeht. Gleichgültig wie genau auch die Nachfolgere-
geln spezifiziert sind, der nachfolgende Prinzipal hat gegenüber anderen
Prinzipalen und Agenten eine andere Verhandlungsposition als sein Vor-
gänger.

Der Kapitalbestand verändert sich zum einen infolge von Bevölkerungsveränderungen. Wir können zwar in einzelnen Zeiträumen eine homöostatische Bevölkerung feststellen, aber insgesamt waren Bevölkerungsveränderungen die üblichsten Ursachen für Veränderungen des Kapitalbestands. Säkular verzeichnen wir eine Aufwärtsentwicklung; es hat aber über längere
Zeitspannen auch Bevölkerungsabnahme gegeben.

Zum andern verändert sich der Kapitalbestand, weil sich der Wissensstand verändert. Die Menschen haben ihren Bestand sowohl an theoreti-

schem Wissen wie an praktischen Kenntnissen zur Entwicklung der Technologie und der Fertigkeiten von Arbeitskräften eingesetzt. Die Vermehrung von Wissen ändert nicht nur die relativen Preise, sondern sorgt dadurch, daß sie im Verlauf der Geschichte weitgehend irreversibel war, auch dafür, daß die Preisveränderungen nicht rein zyklisch sind (ich werde darauf noch zurückkommen).

Die Veränderungen im Kapitalbestand bewirken Änderungen von Institutionen in verschiedener Hinsicht. Relative Preisverschiebungen wirken sich auf die Verhandlungspositionen von Prinzipalen untereinander und von Prinzipalen gegenüber Agenten aus. Veränderungen der Militärtechnik (in Wirklichkeit eine Änderung von relativen Preisen) wirken sich auf die Größe des Staates und auf die Verhandlungspositionen der Herrscher gegenüber Staatsangehörigen und anderen Herrschern aus. Außerdem verändert sich die Ideologie, wenn die einzelnen die Gerechtigkeit oder Ungerechtigkeit von Tauschbeziehungen anders als bisher beurteilen; dadurch ändern sich auch die Kosten der Regeldurchsetzung.

Dieser sehr allgemein gehaltenen Erörterung der Ursachen eines Institutionenwandels läßt sich entnehmen, daß ein bestehendes System von Institutionen umso weniger stabil ist, je rascher sich der Kapitalbestand verändert. So besehen, erhöht sich die Wahrscheinlichkeit einer Revolution durch rasche Veränderungen des Kapitalbestandes, die die Wohlfahrt der Staatsangehörigen verbessern und damit die Stellung des Herrschers gegenüber den Staatsangehörigen entscheidend schwächen.

Die Anhäufung von Wissen hat dem säkularen Wandel von politischen und wirtschaftlichen Institutionen ein evolutionäres Gepräge verliehen, und dies war das Thema der historischen Kapitel dieses Buches. Die zwei großen wirtschaftlichen Revolutionen in der Geschichte setzten radikale Änderungen der institutionellen Ordnung in Gang. Die erste nahm etwa zehn Jahrtausende in Anspruch. Wir befinden uns mitten in der zweiten.

Die Erste Wirtschaftliche Revolution schuf den Staat und die für die Begründung einer Wirtschaftsordnung notwendigen politischen Beschränkungen und bewirkte die Ausdehnung von Spezialisierung und Arbeitsteilung über die primitiven Erfordernisse jagender und sammelnder Stammeseinheiten hinaus. Die berufliche Spezialisierung wurde erheblich vorangetrieben, blieb jedoch weiterhin vom direkten Tausch beherrscht und fand ihre Grenze durch die Grenzen der verfügbaren Technologie vorgezeichnet. Entscheidende Fortschritte der Militärtechnik bewirkten eine Zunahme der Größe von Staaten (und dementsprechend die Zunahme der räumlichen Spezialisierung und somit des Tauschverkehrs). Die Anforderungen der Militärtechnik führten zu Machtverschiebungen innerhalb von Staaten, denn der einzelne Herrscher war gezwungen, Eigentumsrechte zu vergeben und politische Zugeständnisse zu machen, um sich angesichts der allgegenwärtigen Konkurrenz zwischen den Staaten ein funktionstüchtiges Militärwesen zu schaffen. Mit der Vergrößerung von Staaten stiegen die Geschäftsführungskosten und die Kosten institutioneller Neuerungen, die man für die Erstellung von Regeln und entsprechenden Sanktionen einführte, um das Einkommen einer größeren politisch-wirtschaftlichen Einheit erzielen zu können.

Ideologische Unterschiede ergaben sich vor allem aus den unterschiedlichen räumlichen Erfahrungen von Gruppen in ihrer Auseinandersetzung mit der jeweiligen Umwelt; sie entwickelten sich zu verschiedenen Sprachen, Religionen, Gebräuchen und Überlieferungen; diese boten ihrerseits neuen Konfliktstoff – neben der fortdauernden Spannung wegen der Verteilung von Vermögen und Einkommen innerhalb von und zwischen Staaten.

Die Vergrößerung unseres Wissens ermöglichte die Zweite Wirtschaftliche Revolution. Dieser Vergrößerung waren Veränderungen in der Militärtechnologie vorausgegangen, die sich auf die Größe auswirkten, die Staaten haben mußten, um überleben zu können, und die Kämpfe um die Staatsmacht zur Folge hatten und schließlich in Nordwesteuropa eine politische Struktur schufen, in der sich Eigentumsrechte ausbildeten, die eine wirtschaftliche Expansion nach sich zogen.

Die Gewinne aus der Spezialisierung, die im Zuge der Zweiten Wirtschaftlichen Revolution erreicht wurde, ermöglichten das beispiellos hohe Lebenshaltungsniveau der westlichen Welt des zwanzigsten Jahrhunderts. Durch radikale Veränderungen der Größe und Kontrollstruktur freiwilliger Organisationen sollten die Gewinne aus der Spezialisierung ohne gleichzeitige Erhöhung der dabei entstehenden Transaktionskosten realisiert werden. Die destabilisierenden Folgen innerhalb von und zwischen Staaten ergaben sich aus der Veränderung der Opportunitätskosten verschiedener Gruppen in dieser neuen Umgebung beruflicher und räumlicher Spezialisierung. Die unterschiedlichen Ideologien, die sich aufgrund ethnischer (geographischer) Verschiedenheiten etablierten, wurden in ihrer Verschiedenartigkeit durch ideologische Verschiedenheiten, die sich aus der beruflichen Spezialisierung entwickelten, noch verstärkt.

Die anhaltende Spannung zwischen den Gewinnen aus der Spezialisierung und den Folgekosten der Spezialisierung ist nicht nur die Hauptursache der Herausbildung bestimmter Strukturen und deren Wandel in der Wirtschaftsgeschichte, sondern ist zugleich der Kern der modernen Probleme politischer und wirtschaftlicher Leistung. Dieses Buch ist ein Versuch, den historischen Bogen von jenen zu diesen Problemen zu schlagen. Wenn seine Gedankenführung richtig ist, so bietet es zugleich Kriterien für eine Überprüfung der Theorien über die Leistung heutiger Volkswirtschaften. Die Wirtschaftsgeschichte, verstanden als eine Theorie der Entwicklung von Beschränkungen, sollte nicht nur die wirtschaftliche Leistung der Vergangenheit erklären, sondern dem modernen Sozialwissenschaftler zugleich das analytische Rüstzeug an die Hand geben, um die gegenwärtige Leistung politisch-wirtschaftlicher Systeme erklären zu können. Diese Arbeit muß erst erbracht werden.

Literaturverzeichnis

ALCHIAN, A. 1950, „Uncertainty, Evolution and Economic Theory", *Journal of Political Economy.*

ALCHIAN, A. und DEMSETZ, H. 1972, „Production, Information Costs and Economic Organization", *American Economic Review.*

ANDERSON, PERRY 1974, *Passages from Antiquity to Feudalism,* London.

ANDERSON, TERRY und HILL, PETER J. 1980, *The Birth of a Transfer Society,* Stanford, Cal.

BADIAN, E. 1972, *Publicans and Sinners,* Ithaca, N.Y.

BARRO, ROBERT 1979, „Money and the Price Level Under the Gold Standard", *The Economic Journal.*

BARZEL, YORAM 1974, „A Theory of Rationing by Waiting", *Journal of Law and Economics.*

BARZEL, YORAM 1982, „Measurement Cost and the Organization of Markets", *Journal of Law and Economics.*

BAUMOL, WILLIAM 1952, *Welfare Economics and a Theory of the State,* Cambridge, Mass.

BEAN, RICHARD 1973, „War and the Birth of the Nation State", *Journal of Economic History.*

BEARD, CHARLES 1913, *An Economic Interpretation of the Constitution,* New York.

BECKER, GARY S. 1982, *Der ökonomische Ansatz zur Erklärung menschlichen Verhaltens,* Tübingen.

BECKER, GARY und STIGLER, GEORGE 1977, „De Gustibus Non Est Disputandum", *American Economic Review.*

BERGER, PETER L. und LUCKMAN, THOMAS 1966, *The Social Construction of Reality,* Garden City, N.J.

BERNARDI, AURELIO 1970, „The Economic Problems of the Roman Empire at the Time of its Decline" in C. CIPOLLA, Hrsg., *The Economic Decline of Empires,* London.

BINFORD, LEWIS R. 1968, „Post-Pleistocene Adaptations" in SALLY R. und LEWIS R. BINFORD, Hrsg., *New Perspectives in Archaeology,* Chicago.

BLOCH, MARC 1947, „Comment et Pourquoi Finit L'Esclavage Antique?" *Annales* ESC 2.

BOSERUP, ESTER 1965, *The Condition of Agricultural Growth: The Economics of Agrarian Change Under Population Pressure,* Chicago.

BOSERUP, ESTER 1982, *Population and Technological Change: A Study of Long Term Trends,* Chicago.

BRAIDWOOD, ROBERT J. 1960, „The Agricultural Revolution", *Scientific American.*

BRAIDWOOD, ROBERT J. 1963, *Prehistoric Man,* Chicago.

BRETON, ALBERT 1974, *The Economic Theory of Representative Government,* Chicago.

BRUNT, P. A. 1966, „The Roman Mob", *Past and Present.*

BUCHANAN, ALLEN 1979, „Revolutionary Motivation and Rationality", *Philosophy and Public Affairs.*

BUCHANAN, JAMES und TULLOCK, GORDON 1962, *The Calculus of Consent*, Ann Arbor, Mich.

BUCHANAN, JAMES 1975, „Comment on the Independent Judiciary in an Interest Group Perspective", *Journal of Law and Economics.*

Cambridge Ancient History, 1923–1939, 1970–1977, Bände II, IV, V, VIII, IX und X, Cambridge.

Cambridge Medieval History 1969, Band VIII, Cambridge.

CARNIERO, ROBERT 1970, „A Theory of the Origin of the State", *Science.*

CAVALLI-SFORZA, L. L. 1974, „The Genetics of Human Population", *Scientific American.*

CHANDLER, ALFRED 1977, *The Visible Hand*, Cambridge, Mass.

CHEUNG, STEVEN N. S. 1970, „The Structure of a Contract and Theory of a Non-Exclusive Resource", *Journal of Law and Economics.*

CHEUNG, S. N. S. 1974, „A Theory of Price Control", *Journal of Law and Economics.*

CHILDE, V. GORDON 1951, *Man Makes Himself.* London.

CIPOLLA, CARLO 1962, *The Economic History of World Population.* Harmondsworth.

CIPOLLA, CARLO 1966, *Guns, Sails and Empires*, New York.

CIPOLLA, CARLO, Hrsg. 1970, *The Economic Decline of Empires*, London.

CLARK, J. M. 1923, *The Economics of Overhead Costs,*, Chicago.

COALE, ANSLEY 1974, „The Human Population", *Scientific American.*

COASE, RONALD 1937, „The Nature of the Firm", *Economica.*

COMMAGER, HENRY STEELE, Hrsg. 1948, *Documents of American History*, 4. Aufl., New York.

DAHLMAN, CARL 1980, *The Open Field System and Beyond: A Property Rights Study of an Economic Institution*, Cambridge.

DAVID, PAUL 1975, *Technical Choice, Innovation and Economic Growth*, Cambridge.

DAVIS, KINGSLEY 1974, „The Migration of Human Population", *Scientific American.*

DAVIS, LANCE E. und NORTH, DOUGLASS C. 1971, *Institutional Change and American Economic Growth*, New York.

DEAN, PHYLLIS 1965, *The First Industrial Revolution*, Cambridge.

DEMSETZ, HAROLD 1967, „Toward a Theory of Property Rights", *American Economic Review.*

DEMSETZ, HAROLD 1968, „Why Regulate Utilities", *Journal of Law and Economics.*

DE VRIES, JAN 1976, *The Economy of Europe in an Age of Crisis: 1600–1750*, Cambridge.

DICKINSON, G. LOWES 1958, *The Greek View of Life*, Ann Arbor, Mich.

DOWNS, ANTHONY 1968, *Ökonomische Theorie der Demokratie*, Tübingen.

DUBY, GEORGES 1974, *The Early Growth of the European Economy*, Ithaca, N.Y.

DUMOND, DON E. 1975, „The Limitation of Human Population: A Natural History", *Science.*

EHRENBERG, V. 1969, *The Greek State*, London.

EKLUND, ROBERT und TOLLISON, ROBERT 1980 a, „A Rent Seeking Theory of French Mercantilism", unveröffentl. Manuskript.

EKLUND, ROBERT und TOLLISON, ROBERT 1980 b, „Economic Regulation in Mercantile England: Heckscher Revisited", *Economic Enquiry.*

ELLIOT, J. H. 1967, „Comment" in TREVOR ASTON, Hrsg., *Crisis in Europe*, New York.

ENGELS, FRIEDRICH 1974, *Die Lage der arbeitenden Klasse in England* in Karl Marx Friedrich Engels Werke, Band 1, Berlin 1974.

FENOALTEA, STEFANO 1975 a, „The Rise and Fall of a Theoretical Model: The Manorial System", *Journal of Economic History.*

FENOALTEA, STEFANO 1975 b, „Authority, Efficiency, and Agricultural Organizations in Medieval England and Beyond", *Journal of Economic History.*

FINLEY, MOSES 1971, *The Ancient Economy*, Berkeley, Cal.

FLANNERY, KENT 1968, „Archaeological Systems Theory and Early Mesoamerica" in B. J. MEGGERS, Hrsg., *Anthropological Archaeology in the Americas*, Anthropological Society of Washington.

FLANNERY, KENT 1969, „The Origins and Ecological Effects of Early Domestication in Iran and the Near East" in P. S. VEKO und G. W. DIMBLEY, Hrsg., *The Domestication of Plants and Animals*, Chicago.

FLOYD, JOHN 1969, „Preferences, Institutions and the Theory of Economic Growth", Diskussionsvorlage, University of Washington.

FORKES, R. J. 1955, *Studies in Ancient Technology*, Band III, Leiden.

FORREST, W. G. 1966, *The Emergence of Greek Democracy*, London.

FRIEDMAN, DAVID 1977, „A Theory of the Size and Shape of Nations", *Journal of Political Economy.*

GEERTZ, CLIFFORD 1973, „Ideology as a Cultural System" in C. GEERTZ, *The Interpretation of Cultures*, New York.

GEORGESCU-ROEGEN, NICHOLAS 1969, „The Institutional Aspects of Peasant Communities: An Analytical View" in C. R. WHARTON Jr., Hrsg., *Subsistence Agriculture and Economic Development.* Chicago.

GIBBON, EDWARD 1946, *The Decline and Fall of the Roman Empire*, hrsgg. v. J. B. BURY, New York.

GOLDBERG, VICTOR 1976, „Regulation and Administered Contracts", *Bell Journal.*

GORDON, HOWARD SCOTT 1954, „The Economic Theory of a Common Pool Resource: The Fishery", *Journal of Political Economy.*

GUNDERSON, GERALD 1976, „Economic Change and the Demise of the Roman Empire", *Explorations in Economic History.*

GUNDERSON, GERALD 1982, „Economic Behavior in the Ancient World" in ROGER RANSOM, RICHARD SUTCH und GARY WALTON, Hrsg., *Explorations in the New Economic History: Essays in Honor of Douglass C. North*, New York.

HALL, CHRIS 1980, „The Predatory State: A Theory of Scattered Strips Agriculture", unveröffentl. Manuskript, University of Washington.

HAMILTON, ALEXANDER, JAY, JOHN und MADISON, JAMES 1937, *The Federalist: A Commentary on the Constitution of the United States*, New York.

HARLAN, JACK R. und ZAHARY, DANIEL 1966, „Distribution of Wild Wheat and Barley", *Science.*

HARTWELL, R. M. 1971, *The Industrial Revolution and Economic Growth*, London.

HAYEK, F. A. 1937, „Economics and Knowledge", *Economica.*

HAYEK, F. A. 1945, „The Use of Knowledge in Society", *American Economic Review.*

HECKSCHER, ELI 1955, *Der Merkantilismus*, Jena 1932.

HICKS, JOHN D. 1961, *The Populist Revolt*, Lincoln, Neb.

HICKS, J. R. 1969, *A Theory of Economic History*, London.

HIRSCHMAN, ALBERT O. 1974, *Abwanderung und Widerspruch*, Tübingen.

Historical Statistics of the United States 1975, Washington, D.C. (U.S. Government Printing Office).

HOBSBAWM, ERIC 1967, „The Crisis of the Seventeenth Century" in TREVOR ASTON, Hrsg., *Crisis in Europe*, New York.

HODGES, HENRY 1970, *Technology in the Ancient World*, Harmondsworth.

HORWITZ, M. J. 1977, *The Transformation of American Law 1780–1860*, Cambridge, Mass.

HUGHES, J. R. T. 1977, *The Governmental Habit*, New York.

HURST, WILLARD 1956, *Law and the Condition of Freedom in the Nineteenth Century*, Madison, Wis.

ISAAC, ERICH 1970, *Geography of Domestication*, Englewood Cliffs, N.J.

International Encyclopedia of the Social Sciences 1968, New York.

JENSEN, M. und MECKLING, W. 1976, „Theory of the Firm: Managerial Behavior, Agency Costs and Ownership Structure", *Journal of Financial Economics*.

JONES, A. H. M. 1966, *The Decline of the Ancient World*, London.

KAHAN, ARCADIUS 1973, „Notes on Serfdom in Western and Eastern Europe", *Journal of Economic History*.

KAU, JAMES B. und RUBIN, PAUL 1979, „Self Interest, Ideology, and Log Rolling", *Journal of Law and Economics*.

KELLER, MORTON 1977, *The Affairs of State*, Cambridge, Mass.

KLEIN, B., CRAWFORD, R. C. und ALCHIAN, A. 1978, „Vertical Integration, Appropriable Rents, and the Competitive Contracting Process", *Journal of Law and Economics*.

KOLKO, GABRIEL 1963, *The Triumph of Conservatism*, Glencoe, Ill.

KUHN, THOMAS S. 1973, *Die Struktur wissenschaftlicher Revolutionen*, Frankfurt/M.

KULA, WITOLD 1976, *An Economic Theory of the Feudal System*, London.

LADURIE, EMMANUEL LeROI 1979, *The Territory of the Historian*, Chicago.

LANDES, WILLIAM und POSNER, RICHARD 1975, „The Independent Judiciary in an Interest Group Perspective", *Journal of Law and Economics*.

LATANE, BIBB, SILLIAMS, KIPLING und HARKINDS, STEPHEN 1979, „Social Loafing", *Psychology Today*.

LEE, RONALD 1978, „Model of Preindustrial Dynamics with Applications to England" in CHARLES TILLY, Hrsg., *Historical Studies of Changing Fertility*, Princeton, N.J.

MACHLUP, FRITZ 1958, *An Economic Review of the Patent System*, Washington, D.C. (U.S. Government Printing Office).

MARGLIN, STEPHEN 1974, „What Do Bosses Do?" *Review of Radical Political Economy*.

MARTIN, PAUL und WRIGHT, N. E., Hrsg. 1967, *Pleistocene Extinctions*. New Haven, Conn.

MATHIAS, PETER 1969, *The First Industrial Nation*, New York.

McAVOY, P. W. 1965, *The Economic Effects of Regulation: The Trunk Line Railroad Cartels and the Interstate Commerce Commission Before 1900*, Cambridge, Mass.

McCLOSKEY, DON 1976, „English Open Fields as a Behavior Towards Risk" in PAUL USELDING, Hrsg., *Research in Economic History*, Band I.

McMANUS, JOHN 1972, „An Economic Analysis of Indian Behavior in the North American Fur Trade", *Journal of Economic History*.

McMANUS, JOHN 1975, „The Costs of Alternative Economic Organization", *Canadian Journal of Economics.*

McNEILL, WILLIAM 1976, *Plagues and People,* New York.

MEED, RONALD, Hrsg. 1953, *Marx and Engels on Malthus,* London.

MILLER, GEORGE H. 1971, *Railroads and the Granger Laws,* Madison, Wis.

MILLWARD, ROBERT 1981, „The Emergence of Wage Labor in Early Modern England", *Explorations in Economic History.*

MUSSON, A. E., Hrsg. 1972, *Science, Technology and Economic Growth in the 18th Century,* London.

NATIONAL BUREAU OF ECONOMIC RESEARCH 1972, *Economic Growth,* New York.

NEF, JOHN U. 1957, *Industry and Government in France and England 1540—1640,* Ithaca, N.Y.

NELSON, R., PECK, M. und KOLACHEK, E. 1967, *Technology, Economic Growth and Public Policy,* Washington, D.C.

NISKANEN, W. 1971, *Bureaucracy and Representative Government,* Chicago.

NORTH, DOUGLASS C. 1953, „Entrepreneurial Policy and Internal Organization in the Large Life Insurance Companies at the Time of the Armstrong Investigation of 1905—06", *Explorations in Entrepreneurial History.*

NORTH, DOUGLASS C. 1968, „Sources of Productivity Change in Ocean Shipping", *Journal of Political Economy.*

NORTH, DOUGLASS C. 1977, „Non-Market Forms of Economic Organization: The Challenge of Karl Polanyi", *Journal of European Economic History.*

NORTH, DOUGLASS C. 1978, „Structure and Performance: The Task of Economic History", *Journal of Economic Literature.*

NORTH, DOUGLASS C. und THOMAS, ROBERT 1971, „The Rise and Fall of the Manorial System: A Theoretical Model", *Journal of Economic History.*

NORTH, DOUGLASS C. und THOMAS, ROBERT 1973, *The Rise of the Western World: A New Economic History,* Cambridge.

NORTH, DOUGLASS C. und THOMAS, ROBERT 1977, „The First Economic Revolution", *Economic History Review.*

OLSON, MANCUR J. 1968, *Die Logik des kollektiven Handelns,* Tübingen.

PARSONS, TALCOTT 1937, *The Structure of Social Action,* New York.

PERROT, JEAN 1966, „Le Gisement Natoufien de Mallaha (Exam), Israel", *L'Anthropologie.*

PIRENNE, HENRI 1939, *Mohammed and Charlemagne,* London.

POLANYI, KARL 1957, *The Great Transformation,* New York.

POLANYI, KARL 1977, *The Livelihood of Man,* New York.

POSTAN, M. M. 1972, *The Medieval Economy and Society,* London.

PREVITT-ORTON, C. W. 1966, *The Shorter Cambridge Medieval History,* 2 Bände, Cambridge.

RENFREW, COLIN 1972, *The Emergence of Civilization,* London.

RIMLINGER, GASTON 1960, „The Legitimization of Protest: A Comparative Study in Labor History", *Comparative Studies in Society and History.*

RINGROSE, DAVID 1973, „Comment" zu „War and the Birth of the Nation State", *Journal of Economic History.*

ROEHL, RICHARD 1973, „Comment" zu „War and the Birth of the Nation State", *Journal of Economic History.*

Rosenberg, Nathan 1972, *Technology and American Economic Growth*, New York.
Rosenberg, Nathan 1974, „Karl Marx and the Economic Role of Science", *Journal of Political Economy*.
Rosenberg, Nathan 1976, *Perspectives on Technology*, Cambridge.
Rostovtzeff, M. 1926, *The Social and Economic History of the Roman Empire*, Oxford.
Rostovtzeff, M. 1941, *The Social and Economic History of the Hellenistic World*, Band I, Oxford.
Roth, Cecil 1954, *History of the Jews*, New York.

Samuelson, Paul 1978, „The Canonical Classical Model of Political Economy", *Journal of Economic Literature*.
Scheiber, Harry 1972, „The Road to Munn: Eminent Domain and the Concept of Public Purpose in the State Courts" in Flemming und Baily, Hrsg., *Law in American History*.
Schmoockler, Jacob 1957, „Inventors Past and Present", *Review of Economics and Statistics*.
Schumpeter, Joseph 1949, „Science and Ideology", *American Economic Review* (Deutsch u.d.T.: „Wissenschaft und Ideologie", *Hamburger Jahrbuch für Wirtschafts- und Gesellschaftspolitik*, Band 3, 1958).
Schwarzman, Maurice 1951, „Background Factors in Spanish Economic Decline", *Explorations in Entrepreneurial History*.
Smith, Vernon 1975, „The Economics of the Primitive Hunter Culture, Pleistocene Extinctions, and the Rise of Agriculture", *Journal of Political Economy*.
Starr, Chester 1977, *The Economic and Social Growth of Early Greece*, Oxford.
Stigler, George 1961, „The Economics of Information", *Journal of Political Economy*.
Struever, Stuart, Hrsg. 1971, *Prehistoric Agriculture*, Garden City, N.J.

Tilly, Charles 1969, *From Mobilization to Revolution*, Reading.
Tilly, Charles, Hrsg. 1978, *Historical Studies of Changing Fertility*, Princeton, N.J.
Tilly, Charles, Tilly, Louise und Tilly, Richard 1975, *The Rebellious Century*, Cambridge, Mass.
Trevor-Roper, Hugh 1967, „The General Crisis of the Seventeenth Century", in Trevor Aston, Hrsg., *Crisis in Europe*, New York.

Ulen, Thomas 1980, „The Market for Regulation: The I.C.C. From 1887–1920", *American Economic Review*.
Umbeck, John 1981, *A Theory of Property Rights: With Applications to the California Gold Rush*, Ames, Iowa.

Vives, Vincent 1969, *An Economic History of Spain*, Princeton, N.J.

Walton, Gary 1971, „The New Economic History and the Navigation Acts", *Economic History Review*.
Weber, Max 1909, „Agrarverhältnisse im Altertum", *Handwörterbuch der Staatswissenschaften*, 3. Aufl., I. Band.
White, Lynn 1962, *Medieval Technology and Social Change*, Oxford.
Williamson, Oliver 1975, *Markets and Hierarchy*, New York.
Wittfogel, Karl 1957, *Oriental Despotism: A Comparative Study of Total Power*, New Haven, Conn.

Young, Allyn 1928, „Increasing Returns and Economic Progress", *Economic Journal*.

Personen- und Sachregister

Anmerkung: Die kursiven Ziffern bezeichnen Seiten, auf denen das Stichwort in einer Fußnote erscheint.